法律援助制度研究

郭 婕／著

红旗出版社

图书在版编目（CIP）数据

法律援助制度研究／郭 婕著.
—北京：红旗出版社，2017.8（2024.8重印）

ISBN 978－7－5051－4273－2

Ⅰ.①法… Ⅱ.①郭… Ⅲ.①法律援助－司法制度
－研究－中国 Ⅳ.①D926

中国版本图书馆 CIP 数据核字（2017）第 193113 号

书　　　名	**法律援助制度研究**
著　　　者	郭　婕
责任编辑	刘险涛　周艳玲
封面设计	高　建

出版发行	红旗出版社	地　　址	北京市沙滩北街 2 号
邮政编码	100727	编 辑 部	010－57274526
E－mail	hongqi1608@126.com		
发 行 部	010－57270296		
印　　刷	北京京华虎彩印刷有限公司		
开　　本	700mm×1000mm　　1/16		
字　　数	320 千字	印　　张	20.75
版　　次	2018 年 1 月北京第 1 版	2024 年 8 月北京第 3 次印刷	
ISBN 978－7－5051－4273－2		定　　价	62.50 元

欢迎品牌畅销图书项目合作　　联系电话　010－57274627
凡购本书,如有缺页、倒页、脱页,本社发行部负责调换。

出 版 说 明

　　近年来，作者立足法律援助实践需求，利用日常工作调研、参加国际国内会议、赴国外考察和培训、撰写部级理论研究课题、与国内外同行保持网络沟通交流等机会和方式，认真从事法律援助理论研究工作，取得了一些理论研究成果。这些研究成果主要涉及国内法律援助机构设置、经费保障、人员构成、服务方式、标准建设、服务质量及网络服务创新等。

　　这些研究成果具有如下特点：一是力求内容全面翔实。主要涉及从法律援助机构建设到法律援助业务提供、质量控制等诸多方面，较详细介绍了国内外发展现状，并尽可能展现好的经验和做法。二是紧密结合实践需求。研究成果立足法律援助实际需求，具有一定操作性和实用性，为我国法律援助制度政策的完善提供了参考，为基层法律援助人员开阔视野、拓展思路提供了帮助。如关于法律援助值班律师制度、法律援助服务质量评估制度的研究成果，已被借鉴应用于当前司法体制改革和法律援助实践。三是密切关注前沿发展。作者通过参与国际法律援助研究工作，与国外同行保持沟通关系，多渠道及时把握国际法律援助最新发展趋势和动向。如关于法律援助网络技术创新、自代理服务、社区法律教育的创新研究等。

　　透过这些研究成果和法律援助发展实践不难看出，我国法律援助是司法制度和社会公共服务制度的一项重要内容，其发展是一项系统工作，理应在公检法相关部门及全社会的广泛支持与参与下，在提高公众法律意识、预防矛盾纠纷，构建司法服务良性互动关系、推进以审判为中心的诉讼制度、培育发展政务大数据等方面发挥更加重要的作用。但从我国法律援助工作现状来看，相关部门及社会公众对该项工作的认识和参与度还有待加强，法律援助制度创新发展及其在司法服务和社会公共服务中的作用还有待有效发挥。

为此，作者借助承担北京市哲学社会科学规划办公室"北京市刑事法律援助制度研究课题项目（2011）"的有利时机，从这些研究成果中有针对性地选出部分论文或者报告，集结出版发行。这既是对作者近年来理论研究成果的一次总结和梳理，也希望能够通过研究成果的出版发行，在更大范围内引起人们对法律援助工作重要性的认识，引起更多专业人士的兴趣和共鸣，为我国法律援助决策工作、服务创新发展等尽可能提供更多思路和成果。

为便于读者阅读使用，本书按国内和国外两部分编排。受写作时主客观条件限制，书中不妥和疏漏之处在所难免，敬请读者谅解并批评指正。

作　者
2017 年 2 月 26 日

目录 CONTENTS

上 篇 国内部分

下 篇 国外部分

上　篇
国内部分

完善刑事法律援助制度的建议①

近年来，在贯彻落实 2012 年《刑事诉讼法》及其规范性文件的过程中，各地司法行政机关、法律援助机构、律师协会以及公安机关、检察机关和法院采取多种措施，努力做好有关刑事法律援助立法成果的贯彻落实工作。但由于受主客观因素的影响，在落实立法成果的过程中各地还存在一些困难和问题。为此，笔者建议，围绕党中央所提出的"推进国家治理体系和治理能力现代化"的总目标，有必要转变工作方法和思路，借助互联网技术，创新刑事法律援助各项工作，重在以网络调研、培训、宣传、评估等手段促进刑事法律援助制度成果的落实，改善部门协作机制、扩大培训宣传效果、提高服务质量、节约服务资源，促进公共服务职业共同体的形成，综合提升社会治理能力现代化水平。当然，在创新刑事法律援助工作的过程中，要注重各省级司法行政机关和法律援助机构的管理优势，充分发挥其在全省刑事法律援助工作发展"一盘棋"中的指导和引领作用。

一、完善刑事法律援助调研机制

调研是科学决策的基础，是促进制度落实的有效手段，刑事法律援助也不例外。围绕刑事法律援助制度建设和落实工作，各级司法行政机关、法律援助机构、律师协会及相关部门要创新思路，开展灵活多样的调研活动，及时了解刑事法律援助工作的现状和问题，调整工作思路和对策。

（一）采取灵活多样的调研机制

建立定期实地调研与网络即时调研相结合，以网络即时调研为主的机制。在以往传统的定期调研和实地调研的基础上，利用法律援助网站、相关部门网站、QQ 工作群、微信群等，建立覆盖全国的日常工作即时调研性质的刑事法律援助信息收集反馈机制，实现刑事法律援助调研工作的电子化、动态化、联动化、客观化、高效化；建立内部调研、联合调研以及外部调研相结合的机制，即可以建立由司法行政机关、法律援助机构和律师协会参与的内部调研机制，或者建立与公检法协作的联合调研机制，或者建立外部调研机制，如请求各级人大开展调研，或者借鉴国内外相关部门的做法，以合同方式将调研活动外包给专业社会调查机构、高校等第三方开展刑事法律援助社会调查活动，并由司法行政机关、法律援助机构等享有最终调研成果的所有权。②在刑事法律援助制度的贯彻落实方面，由各级人大牵头联合相关部门和组织开展调研更有其必要性、可行性和权威性；可以开展针对不同对象的调研活动。如开展针对刑事法律援助律师、刑事法律援助受援人及其家属、公检法办案人员及普通公众等的网络调研活动，增强其对刑事法律援助制度的了解和把握。

（二）建立健全调研结果及相关信息发布平台和渠道

借鉴国内外政府信息公开的做法，建立调研结果及相关信息的发布机制。如借鉴最高法院新出台的《关于人民法院在互联网公布裁判文书的规定》中提出的"从2014年1月1日起，全国各级法院应在裁判文书生效后7日内将其传送至中国裁判文书网公布"的做法，③建立健全刑事法律援助制度调研结果及相关信息的发布平台和渠道，以确保刑事法律援助制度调研活动及其结果的客观性、公正性和使用价值，扩大调研活动及其结果的影响，增进公检法等相关部门对刑事法律援助工作的重视程度。可以将相关调研结果发布在统一的网站上，或者刊登在杂志简报或者内参上，或者以人大代表提案的形式引起相关部门的重视。而从2012年《刑事诉讼法》颁布以来，各地开展的刑事法律援助调研活动来看，基本上是根据上级主管部门调研通知要求开展的，仅仅将调研结果报送上级部门完事，除了相关调研人员外，其他公检法办案人员、法律援助机构人员、律师等法律服务人员和广大公众是难以了解调研结果的，这不利于刑事法律援助制度存在问题的解决，不利于刑事法律援助工作的健全发展。所以，从刑事法律援助制度的长远发展来看，有必要建立以网络化为主的调研结果和信息发布机制，实现调研结果的最大化共享，展示取得的成就，共同面对存在的问题。

二、完善刑事法律援助工作部门间协作和监督考评机制

各级司法行政机关、法律援助机构和公检法等可以采取多种措施，重点是落实立法规定，不断规范细化工作标准和救济措施等制度。如针对调研发现的有的公检法机关不能依法按时向犯罪嫌疑人、被告人履行法律援助告知义务以及通知辩护问题：一是可以进一步加强公检法司之间的联席会议制度和定期会商机制。公检法司通过定期召开刑事法律援助工作联席会议，相互通报情况，讨论立法和规范性文件的贯彻落实情况并及时研究协调解决刑事法律援助工作中存在的困难和问题，总结推广成熟有效的工作经验，并且要对外公开会商讨论结果和立法及规范性文件的贯彻落实情况，以信息网络公开促进立法成果的落实。二是建立司法体制内的办案人员相互监督反馈机制。如为防止法官权力滥用，有的国家建立了律师评价法官制度，以问卷形式向律师征询对法官的评价意见，其中的问题涉及法官的行为举止、审判控制技巧和依法判决能力等。④借鉴此经验，各级司法行政机关、法律援助机构和律师协会可以联合公检法等相关部门，共同建立刑事法律援助案件指派人员、办案律师等与侦查人员、检察人员和法官等之间的相互评价机制，设立不同的意见评价卡、明确评价内容和指标，确定评估流程和评价结果的使用等，以相互监督促进立法成果的落实。三是可以请求各级人大常委会启动外部专项执法检查机制，设立工作考评目标，督促公检法机关积极履行刑事法律援助工作中应当承担的职责，以专项考评检查促进立法成果的落实。如针对各地刑事法律援助工作中公检法机关通知辩护函不统一、不规范、内容简单等问题，可以借鉴某些省份的做法，由司法行政机关和公检法共同制定统一规范的法律援助告知和通知公函，并将这些公函挂在省级司法行政网站或者省级法律援助网站上，供人下载使用。另外，各地刑事法律援助还可以借鉴某些地区的做法，要求各级公安机关和司法行政机关将看守所法律援助工作列入年度工作计划和责任目标考核内容，确保按期完成目标任务，定期召开协调会通报工作情况，各级法律援助机构要把看守所法律援助工作纳入法律援助工作规划，协同看守所建立完善法律援助工作制度，对案件质量实行协同监督，确保看守所法律援助工作正常、规范运行，公安机关、检察院和司法行政机关

要及时相互通报与法律援助有关的违反规定的情况，并书面相互通报调查处理结果。

完善电话服务平台，创新法律援助办案服务配合机制。目前许多地方法律援助机构都开设有"12348"法律援助电话服务平台。为了加强日常工作配合机制，及时履行刑事法律援助案件的告知、通知、指派办案、法律咨询等义务，可以整合公检法和法律援助机构、律师协会之间的电话联系，加强"12348"法律援助服务平台与其他公共服务电话之间的指引和转介功能，以便咨询人能够及时找到所需要的法律援助和法律服务。

开发刑事法律援助办案信息网络共享平台，顺畅案件办理协作机制。鉴于目前在公检法办案人员履行通知义务、法律援助机构在指派律师办案时，电话沟通难以做到全面客观、及时有效地转交并保存案件基本信息等问题，笔者建议，如果有可能，可以由全国法律援助机构或者各省级法律援助机构统一开发一个公检法办案机关和法律援助机构之间的刑事法律援助办案信息网络共享平台，公检法办案人员在接手案件时，可以通过登录该平台，录入需要通知的案件信息资料，法律援助机构在看到相应的案件信息资料后，可以通过该平台及时完成律师指派和通知公检法办案人员的工作手续等。同时为该平台配备微信提示功能，以便办案人员即时接收相关信息，及时履行通知指派义务等。

三、完善即时性培训宣传和信息公开制度

现代化网络、QQ在线交流、博客、微信等信息传播技术的快速发展，使得法律援助培训宣传和信息公开等的成本最小化、传播快捷化、受众最大化、影响持久化等已成为了可能。在这方面，有的地方法律援助已经取得了一些成熟的做法。各地在推进刑事法律援助制度的落实过程中，也要跟上信息传播技术的发展，以最小成本开展好刑事法律援助的行政管理与技术支持工作，将更多的法律援助经费投入办案活动中去，这也是各国法律援助经费支出的总趋势。

（一）现场培训与多样化远程培训机制相结合

可以开展现场专题培训活动，也可以利用网络视频等技术开展无纸化即时性远程培训活动。从目前国外法律援助培训经验来看，远程培训投入

成本低、时间少，在确定的培训时间段内，学员通过办公室、家中电脑就可以参加学习和在线讨论。目前，各地法律援助机构大都配备有电脑网络服务，法律援助人员也都拥有 QQ 号，所以刑事法律援助也可以利用远程视频技术，采取激励措施，调动刑事辩护经验丰富的律师的积极性，通过 QQ 群视频聊天技术为办理刑事法律援助案件的青年律师提供即时培训指导，开展互动性的在线办案技能技巧讨论，并将这种带帮教制度形成固定的模式。⑤同时，法律援助机构可以指定专人将在线讨论的有效内容整理成 Word 文档或者 PDF 文档并以刑事法律援助办案指南等形式，发布在法律援助网站的培训栏目下，供办理同类刑事法律援助案件的青年律师学习使用，增强法律援助网的知识性、权威性和影响力。省级法律援助机构也可以依托法律援助网建立刑事法律援助青年律师 QQ 群，办理刑事法律援助案件的律师可以在线讨论分享自己的办案心得体会等（当然要遵守刑事案件有关保密制度），并指定专人负责 QQ 群的讨论引导工作，增强法律援助对青年律师的吸引力，将法律援助打造成青年律师学习成长的平台，既为其将来更好地从事私人性质的刑事辩护服务积累丰富的技能和经验，也为将来的刑事法律援助工作积累更多的人力资源。也可以利用法律援助平台，建立并指定专人负责有公检法、法律援助机构和律师等参加的刑事法律援助办案协作 QQ 群，供办案人员开展在线交流、学术讨论，加强相互理解与支持，以充分发挥刑事法律援助在构建公检法办案人员和律师等法律服务人员良性关系中的重要作用。

（二）建立立法和规范性文件等的信息公开共享机制

指定专人及时将与刑事法律援助有关的立法、规范性文件甚至会议成果等发布到法律援助网站的专门栏目上，同时开通与公检法、民政、劳动仲裁等部门之间的网站链接，建立健全与刑事法律援助服务有关的信息共享机制和平台，加强相互之间的网上互动，减少行政工作成本，以信息公开共享制度促进刑事法律援助告知、通知、指派等办案制度的贯彻落实工作，减少人为阻力的存在空间。

（三）建立刑事法律援助培训师资队伍

这方面司法行政机关、法律援助机构与律师协会之间可以协作制定一些激励措施和机制。如对于实际志愿参与刑事法律援助授课的老师，每授课1小时，可以免去4个小时的律师协会年度培训学习时数，以鼓励有经验的律师志愿参与刑事法律援助授课活动。并可以在各级司法行政网、法律援助网、律师协会网上或者通过其他媒体平台宣传志愿参与刑事法律援助授课的老师，或者通过评优制度对其进行表扬，多方面扩大其社会声誉，多培养学者型律师。

（四）创新网络刑事法律援助在线服务功能

增强法律援助网络服务功能，明确法律援助服务方式、范围和服务流程等。并可以借鉴"淘宝网"商家与客户之间能够即时聊天的做法，为网上申请法律援助栏目配备专门聊天工具，以便有专人为法律援助申请人提供即时帮助，帮助其快速申请法律援助；或者借鉴国外法律援助在线申请的做法，由律师等法律援助服务人员代替申请人提出在线法律援助申请。⑥另外，可以借鉴荷兰等国家的做法，建立网络视频等刑事法律援助咨询服务制度，通过在刑事法律援助办案过程中采用视频咨询等技术，以为当事人提供更快捷的服务，减少时间耗费、提高服务效能，减少不必要的交通差旅等。⑦

（五）设置刑事法律援助网上图书馆

在目前场地式图书馆、纸质式图书难以适应工作需要的情况下，可以设置刑事法律援助网上图书馆栏目，及时全面收集与刑事法律援助有关的电子图书、立法文件、调研报告、研究成果、办案技能技巧指南等信息资料并放在网上图书馆栏目中，通过手机微信提示功能，告知法律援助机构工作人员、律师等法律援助办案人员登录网上图书馆即时浏览、下载与其工作相关的信息资料。

（六）创立刑事法律援助办案信息网络公开等机制

如可以借鉴最高法院裁判文书网络公开的做法，要求各级法律援助机构将已办结的刑事法律援助案件信息等上报省级法律援助机构，并统一发布在省级司法行政或者法律援助网站上。通过将这些与受援人密切相关的信息发布在专门网站上，不仅可以为公众提供有关法律援助流程公开及信息查询服务，而且可以促使相关人员认真办案，提高刑事法律援助办案质量，提高刑事法律援助统计数据的真实性，将法律援助经费支出落在实处。在刑事法律援助流程公开方面，根据国务院《政府信息公开条例》和司法部《办理法律援助案件程序规定》的要求，各级法律援助机构可以利用司法行政网站、12348电话语音系统、微信平台、电子公告屏和触摸屏等现代信息技术，为公众提供全方位、多元化、高效率的刑事法律援助服务。

（七）创新刑事法律援助宣传制度

可以在法律援助网上设置法律援助知识宣传栏目，将现有宣传产品放在宣传栏目内，或通过微博、微信等宣传平台，及时宣传刑事法律援助，提高刑事法律援助的社会知晓率。可以将法律援助网打造成办理刑事法律援助案件的优秀青年律师的宣传平台，制定专门的办案人员宣传网页，宣传青年律师办理的刑事法律援助案例和先进事迹等，以扩大青年律师的社会知名度，帮助青年律师做好自我推广宣传工作，促使其尽快融入法律服务市场。

注释：

①本文为笔者承担的2011年北京市哲学社会科学规划办公室"北京市刑事法律援助制度研究"项目课题的部分研究成果。本论文集的出版资金来源于该项目课题经费，并获得了北京市哲学社会科学规划办公室的批准。

②青年网："北京市未成年人刑事案件社会调查培训班举办"，http://qnzz.youth.cn/place/shengji/201304/t20130428_3164066.htm（2013年11月27日访问）。

③新京报："最高法：明年起裁判文书生效7日内须上网"，2013年11月29日，参见新浪新闻中心：http://news.sina.com.cn/c/2013-11-29/023928840781.shtml（2013年11月29日访问）。

④戴维·鲁本（美）：《律师与正义——一个伦理学研究》，戴锐译，中国政法大学出版社2010年7月第一版，第241页。转引自元宗宝："构建法官和律师良性互动关系——以加强法院管理为视角"，《人民司法》2013年第21页。

⑤之所以要将带帮教制度形成固定模式，是因为，据对北京市青年律师的调查发现，有50%的人对其所在律所有无带帮教制度回答不清楚，另外50%的人回答是肯定的，带帮教制度并没有形成固定模式，也出现了许多负面的声音。青年律师缺乏专业经验和社会阅历，其中又有许多人迫于生计从事刑事辩护业务，而刑事辩护有高度风险，所以带帮教制度非常重要。参见：王隽、周塞军主编：《北京律师发展报告（2011）》，社会科学文献出版社，第164－165页。

⑥请参见 http：//civil－eligibility－calculator.justice.gov.uk/（2013年11月28日访问）。

⑦郭婕：《第十届国际法律援助组织会议综述——困难时期的法律援助》，《广西政法学院学报》2014年第1期。

（原文发表于《中国法律》，2014年第10期）

论我国法律援助机构设置
主要问题及对策建议

  法律援助机构是开展法律援助工作的组织基础，是各国法律援助管理工作的重点。在我国，自法律援助制度建立以来，如何设置法律援助机构一直是争议较多且没有得到有效解决的问题之一。2003年，国务院《法律援助条例》（以下简称《条例》）的颁布实施对于促进各地法律援助机构数量的增多、政府法律援助经费的增加等，产生了极大的促进作用。但是，有关法律援助机构设置的历史性问题，如各种性质的法律援助机构共存，《条例》并没有发挥出积极的规范引导作用。近年来，有关法律援助机构设置的问题进一步突出。如在各种性质的法律援助机构之外，又派生出法律援助管理机构，进一步加剧了法律援助机构设置、职权分配问题的复杂化。[①]从法律援助实践来看，法律援助机构设置的问题得不到有效解决，已经阻碍了法律援助工作的深入发展，导致各项法律援助创新活动停滞不前。这种担忧在法律援助系统较为普遍存在。[②]为此，笔者拟提出一些解决问题的对策建议，供借鉴参考。

一、法律援助机构设置问题突出

（一）法律援助机构性质不统一

  从目前法律援助机构的性质来看，主要包括行政性质法律援助机构、参公管理法律援助机构和全额拨款事业单位三类。[③]这是在《条例》出台之前已经存在但《条例》立法没能给予有效解决的突出问题。国务院在制定《条例》时，由于考虑到当时各地法律援助机构设置的现状，既要对已有法律援助机构从法律上给予确认，又要给地方司法行政机关自主决定本区域内法律援助机构的布局和数量留下空间和余地，所以将法律援助机构的设置权完全授予了地方司法行政机关，这促成了各类性质的法律援助机构并存及层层设立的局面。④这种局面不仅在全国范围内存在，在所有的省份范围内存在，而且仅从某个设区市来看，所属各县（区、市）法律援助机构的性质也不尽相同。目前，还有部分省级法律援助机构属于参公管理事业单位或者全额拨款事业单位，从理论上讲，作为事业性质的机构开展对下级行政性质的机构的监督管理工作，是难以说得通的。

（二）法律援助机构职能不统一。

根据《条例》第5条的规定，直辖市、设区的市或者县级人民政府司法行政部门根据需要确定本行政区域的法律援助机构。由此规定可以看出，法律援助机构设置要遵守按需设立的原则。而依据该条及《条例》第4条的规定，⑤《〈条例〉释义》进一步指出：一是法律援助机构直接面向需要法律援助的人群提供服务，不需要按照行政架构层层设立，不存在上下隶属关系，所有的法律援助机构都应当设在同一个层面上；二是司法部和各省司法行政部门只负责法律援助的监督管理工作，不具体负责组建法律援助机构，也不具体提供法律援助服务，原有的省级司法行政部门的法律援助机构应依法逐步转变职能和工作方式。按照此解释，各省级法律援助机构都应当转变职能和工作方式。但从实际情况来看，许多省级法律援助机构在转变职能和工作方式的过程中，由于各种主客观原因，并没有认真按照《条例》立法要求去做，进一步加剧了法律援助职能和工作方式的不统一。如有的省份采取的转变方式是，设立新的监督管理部门，但同时保留原有省级法律援助机构。这样形成的法律援助组织机构系统，难以实现《条例》立法规定的原义及机构设置的科学性、高效性，极易造成法律援助职能不统一、交叉重叠、政出多门的现象。法律援助机构职能的不统一还表现在法律援助经费的管理使用、法律援助申请审批权的分配等方面。当然，这种现象不是法律援助所独有，也是其他一些政府部门在进行内外部职能划分时出于各自利益等考虑而产生的普遍性问题。⑥

二、新增法律援助管理机构使问题更加复杂化

法律援助管理机构是近三四年来新出现的一种说法。⑦据统计，截至2010年，全国共有法律援助管理机构300个。其中，全国共有25个省级法律援助管理机构纳入了司法行政机关序列。在300个法律援助管理机构

中，与法律援助机构分开运行的共 73 个，占管理机构总数的 24.3%。从概念上来看，法律援助管理机构是司法行政机关设立的、负责监督管理法律援助工作的内设机构或直属行政机构，而法律援助机构是依据《条例》负责受理、审查法律援助申请，指派或者安排人员为经济困难的公民提供法律援助的机构。[⑧]按照《条例》规定，法律援助机构的设立于法有据。那么，法律援助管理机构设立的依据是什么呢？具体监督哪些法律援助工作呢？退一步来说，如果法律援助管理机构是依据《条例》第 4 条规定设立，并依据《条例》第 19 条开展工作的话，那么它与司法行政机关内设的、负责行政复议的法制部门是什么关系呢？[⑨]从法律援助管理制度的立法设计来看，从财政部门和审计部门（经费管理）、法制部门（行政复议）、纪检监察部门（违纪）直到司法部门（违法），这些都属于对法律援助工作负有监督管理职责的部门，既有外部监督管理，也有内部监督管理，构成了非常完备的法律援助监督管理体系。现有的法律援助管理机构有的属于内设机构，有的属于直属机构，而其中大部分法律援助管理机构和法律援助机构之间又没有完全分开，是否分开，能否分开，何去何从，不得而知，增加了法律援助机构设置的复杂性、法律援助人员的迷茫感，势必影响到法律援助事业的深入发展。从部颁内部文件规定来看，法律援助管理机构和法律援助机构处在同一层级，都从不同方面负责法律援助工作，皮毛之间，焉能分开，如何明确界定二者之间的职权，平衡二者之间的关系呢？

由以上分析讨论不难看出，法律援助机构的性质不统一、职能不统一，两套机构并行，再加上法律援助机构的布局不合理、层级太多等，导致的最大问题是，法律援助管理和施援工作相互掣肘，有限资源浪费，难以在司法服务工作中有效发挥其应有的对困难群体保护、对司法权力制衡的职能和作用。

而从正在进行的事业单位改革来看，采取哪种机构设置模式将直接影响法律援助的存在方式和发展方向，影响法律援助制度在社会政治经济生活和司法系统中作用的发挥，直至影响法律援助制度存在的基础。[⑩]到底采取哪种机构设置模式能最大限度地体现法律援助制度存在的价值，发挥法律援助对困难群体、司法制度乃至社会经济的积极作用？在全国人大启动法律援助立法之前，这是亟须法律援助理论界和实务界通过实证研究、比较分析等尽快找出解决思路的重大问题。

三、意见和建议

根据相关立法规定，考虑法律援助实践，结合世界其他国家和地区做法，就法律援助机构设置问题，笔者给出的建议是：采取政府性质、单一系统模式，名称应当为法律援助机构。其理由在于以下几点：

（一）采取政府性质是由法律援助行为的性质决定的

《条例》规定，法律援助是政府责任，法律援助机构存在的首要职能是受理审批法律援助申请。从《行政诉讼法》《行政复议法》的受案范围和司法实践分析，法律援助机构受理审查法律援助申请的职能应当属于具体行政行为，而且是可提起行政诉讼的具体行政行为，因为法律援助机构作出的给予（不予）法律援助决定书将会对法律援助申请人的权利义务产生实际影响；[①] 而从《行政许可法》相关规定分析，法律援助服务既不是公民能够自主决定的，也不是律师协会、律师事务所等行业组织或者中介机构能够自律管理的，更无法依靠市场竞争机制做到有效调节，所以只能采取政府性质的专门法律援助机构负责管理实施。

（二）采取单一系统模式是由立法所决定的

在《条例》实施之后，法律援助管理机构出现之前，为了规范地方各级人民政府机构设置，加强编制管理，提高行政效能，2007 年，国务院出台了《地方各级人民政府机构设置和编制管理条例》（以下简称《管理条例》）。根据《管理条例》第 10 条规定，"地方各级人民政府行政机构职责相同或者相近的，原则上由一个行政机构承担"，这为设立单一系统法律援助机构提供了法律依据。《管理条例》第 7 条还规定，"县级以上各级人民政府行政机构不得干预下级人民政府行政机构的设置和编制管理工作，不得要求下级人民政府设立与其业务对口的行政机构"。在此情况下，如果要想突破《管理条例》的原则性规定并行设立法律援助管理机构和法律援助机构，则必须为两个并行机构的存在提供更高层次的法律依据，即通过全国人大专门立法解决问题。

（三）采取单一设置模式是各国通行的做法

法律援助机构设置是各国和地区法律援助立法的首要内容。从世界其他国家和地区，乃至联合国最新刑事法律援助立法及实践来看，政府在出资设置法律援助机构的时候，基本上都采取了单一设置模式，而鲜有我国如此复杂的设置管理体制。国外的单一模式主要包括两种类型：一是民刑不分体系下的单一设置模式；二是民刑分开体系下的单一设置模式。民刑不分体系下的单一设置模式，可以以法律援助发源地英国以及加拿大、澳大利亚、新西兰和我国台湾地区等为代表。如英国的英格兰和威尔士地区，法律援助管理实施机构统一为英格兰和威尔士法律服务委员会。[12]而且，从2012年开始，为了加强对法律援助工作的管理，经过广泛充分的讨论和征求意见建议，以最新立法规定为依据，英格兰和威尔士法律服务委员会已经从非政府部门性质的独立的公共法定服务机构转变为司法部的一个内设部门（法律援助局）。民刑分开体系下的单一设置模式主要是指美国。在美国，刑事法律援助与民事法律援助分属不同系统，其中刑事法律援助以法院公设辩护人模式为主导，[13]民事法律援助则是以法律服务公司为主导。[14]从澳大利亚法律援助管理体制来看，在各省和地区法律援助委员会的基础上，也设有全国法律援助委员会。作为大陆法系代表的德国以行事严谨著称，法律援助以法院诉讼代理类为主，由法院负责法律援助工作，没有成立单独的法律援助机构。[15]

我国香港地区采取了法律援助实施机构与监督机构并存的设置体系。不过，需要强调的是：一是作为法律援助实施机构的法律援助署属于香港政府公务员性质的机构，而作为法律援助监督管理机构的法律援助服务局属于社会性质的机构，其董事会成员都由社会人士兼职、纯义务性质，不拿政府薪水；二是法律援助服务局成立的目的，是为了确保公众在法律援助管理上有更大的参与机会，以及增强法律援助的独立性。从此不难看出，香港法律援助管理与实施机构的分设模式与我们的做法是完全不同的。

在总结各国和地区立法及实践经验的基础上，联合国最新通过的国际法律援助文件——《关于在刑事司法制度中获得法律援助机会的原则和准则》[16]明确要求：各成员国应当建立一个全国性的法律援助机构，以做好法律援助实施、管理、协调和监督工作；要确保该法律援助机构的工作独立性，履行职能时不受任何个人和机构干涉。即各国应当考虑建立具有独立决策权、执行权的法律援助机构，其权限至少要包括：人事任用权，法律援助服务人员资质认证及服务指派权，制定服务标准、培训要求、需求评估、法律援助预算和工作规划以及负责建立独立投诉处理部门的权力等。

从近年来我国法律援助监督管理机构成立以来的工作实践来看，两个机构并行，不仅没有实现预想的监管效果，反而是人心涣散，遇事扯皮，成本增加，效力低下。

（四）名称为法律援助机构是由《条例》所规定并且是各国的通行做法

《条例》第4条明确规定的机构名称是法律援助机构而非法律援助管理机构。从法律援助实践来看，法律援助的管理与实施是分不开的，所以如果机构名称为法律援助管理机构的话，那么法律援助实施职能如何履行呢？鉴于此，在对法律援助机构进行命名时，各国和地区都没有命名为法律援助管理机构的。如上文提到的英格兰和威尔士法律服务委员会（Legal Services Commission）、澳大利亚法律援助委员会（National Legal Aid）、美国的法律服务公司（Legal Services Corporation）、我国香港地区的法律援助署（Legal Aid Department）等，在其名称中均没有出现"管理"两个字。所以，鉴于《条例》和国外的做法，笔者认为，以法律援助机构命名是适当的，更能全面涵盖法律援助的职能和作用。

注释：

①这从近年来的全国法律援助统计分析数据的复杂化中可见一斑。另外，在法律援助管理机构出现之前，配合2008年国务院三定方案工作的开展，结合国内外相关机构设置的经验，曾提出设置单一系统模式的行政性法律援助机构的建议，但未被采纳。

②比如近年来开展的全国性法律援助值班律师试点工作、法律援助办案质量管理工作等创新活动，进展很慢、收效甚微。

③还有个别基层地方，认为法律援助工作可有可无，可轻可重，没有

单独设立法律援助机构，而是由其他部门承担法律援助工作。

④国务院法制办政法司、司法部法律援助中心和司法部法规教育司编：《〈法律援助条例〉通释》，中国法制出版社，2003年第1版，第9页。

⑤《条例》第4条："国务院司法行政部门监督管理全国的法律援助工作。县级以上地方各级人民政府司法行政部门监督管理本行政区域的法律援助工作"。

⑥金国坤：《行政机关间的权限冲突解决机制研究》。http://www.xj71.com/2012/0105/657448.shtml。

⑦参见司法部法律援助中心编：《中国法律援助年鉴（2010）》，中国民主法制出版社，第191页，注1和注2。

⑧此外，根据《条例》规定，法律援助机构还负责提供法律援助咨询，接受办案人员提交的结案材料，向办案人员发放办案补贴等。

⑨《条例》第4条和第19条分别规定"国务院司法行政部门监督管理全国的法律援助工作。县级以上地方各级人民政府部门监督管理本行政区载的法律援助工作""申请人对法律援助机构作出的不符合法律援助条件的通知有异议的，可以向确定该法律援助机构的司法行政部门提出"。而从法律援助审批行为来看，符合具体行政行为的构成要件，应当视为具体行政行为，那么，对于申请人提出的法律援助异议申请，理当由司法行政机关法制部门和司法部门处理。在实践中也曾多次发生法律援助申请人因不满不予法律援助的决定而将法律援助机构告上法庭，被法庭受理的案例。

⑩近两年来，因为事业单位改革直接涉及法律援助机构的调整方向，在调研和日常电话往来中，经常有地方法律援助机构的人员询问事业单位改革的动向以及对法律援助机构会产生什么样的影响，很多人都对法律援助的前途感到迷茫。

⑪参见：《广东河源审结全省首宗不服拒绝法律援助状告法援中心案》，http://news.sina.com.cn/s/2003 - 11 - 13/08442126368.html；《关于教育行政主管部门出具介绍信的行为是否属于可诉具体行政行为请示的答复》，http://dalianfalv.blog.sohu.com/156770269.html。

⑫成立于2000年，是由司法部主管的非政府部门公共机构。法律服务

委员会内设由独立委员组成的董事会，负责把握英格兰和威尔士法律援助工作发展的策略方向，从整体上监督法律援助工作的开展情况。法律服务委员会委员由司法大臣任命，司法大臣就英格兰和威尔士的法律援助工作向内阁负责。法律服务委员会主任作为法律援助行政长官，负责在英格兰和威尔士开展法律援助服务提供工作、实施法律援助改革项目等。法律服务委员会在伦敦设有总部，并在英格兰和威尔士的其他地区设有13个分部，负责法律援助管理实施工作。在法律服务委员会内部，设有刑事辩护服务部和民事法律服务部，分别负责刑事和民事法律援助工作。另外，法律服务委员会还在英格兰和威尔士分别设有2个公共辩护人办公室，负责提供公共辩护服务，确定刑事法律援助办案所需成本的高低。

⑬公设辩护人包括联邦公设辩护人和州公设辩护人，是指经联邦各级法院或者州各级法院法官聘任，在联邦政府或者州和地方政府财政支持下，服务于本法院公设辩护人办公室，为触犯联邦刑法或者各州刑法，没有经济能力聘请律师，且可能面临监禁刑的犯罪嫌疑人、被告人提供刑事法律援助的、具备刑事辩护资质的专职律师。公设辩护人办公室设置与检察官办公室设置相对应，是联邦政府、州政府或者地方政府的职能部门。

⑭按照美国《法律服务公司法》的规定，法律援助服务公司是一个独立的非公司法人性质的法定机构，具体负责民事法律援助工作，主要行使两个职能：一是经费拨付和管理。国会每年都直接拨款给法律服务公司，法律服务公司再向全国各地法律援助服务机构拨款，并对拨款使用情况进行监督。法律服务公司设监察室、主任办公室，负责对法律援助服务机构进行财务审计，并监督其遵守联邦法律。在全国所有的民事法律援助资金中，法律服务公司提供的资金占80%以上。二是对接受其资助的地方法律援助服务机构的业务进行指导和规范，确保服务质量和效率，鼓励更多的执业律师参与法律援助工作。

⑮因为德国在首次开展法律援助联邦立法时，经对法律援助实施体制问题进行认真考虑，立法人员得出结论：由于法律援助与法院工作密切相关，所以将法律援助实施工作委托给法院才是合乎逻辑的做法。当时，法律援助仅限于法院诉讼领域，而没有考虑到非诉讼领域的法律援助。当1980年法律援助咨询计划出现的时候，虽然该计划与法院诉讼程序没有任

何关联，但是由于法律援助咨询计划服务量比较小，其实施工作仍授权由法院负责，其管理工作也由法院负责开展，法院工作的独立性，保证了法律援助工作的独立性。在德国，法院独立于联邦、州和地方政府之外。法律援助作为法院的从属性制度，由法官负责审批法律援助申请，法官的独立性保证了法律援助的独立性。德国法官属于任命终身制（非经选举产生），拥有完全的独立性，不受任何形式的监督的约束。所以，法律援助由各个州的法院负责开展，并由各州提供经费支持。全国有 500 多个区法院。通常情况下，如果当事人需要法律援助，可以先同这些区法院联系。每一个区法院都有一个柜台，可以为当事人提供一般性法律援助信息及法律援助申请服务。至于包括法律援助在内的司法管理实施工作（the administration of justice），由 16 个州——而非联邦政府——负责开展，不存在联邦层次的中央管理体系。在 16 个州中，法律援助管理实施工作被授权给州法院，而不是某个州法律援助委员会或者基金会负责。按规定，联邦各州通过对法院工作负有监管职责的部门，为法院提供所需的法律援助经费。在法院内部，没有专门的办公室负责法律援助事务。法官及其书记员除了要负责日常办案工作外，还要负责法律援助申请的处理工作，包括对申请人进行必要的经济状况审查和案情审查。由于缺乏集中的管理实施机构，所以没有开展过法律援助宣传推广活动。通常，16 个州的司法厅（department of justice）会在它们的综合性网站上公布法律援助信息资料。类似地，大部分地方律师协会也会在其办公场所摆放法律援助宣传册。概言之，德国法律援助公众知晓程度不是太高。Dr Matthias Kilian（郭婕译）：《德国法律援助制度》《中国法律援助》，2011 年第 2 期。

⑯联合国《关于在刑事司法制度中获得法律援助机会的原则和准则》自 2007 年起草以来，经过多次讨论修改，已于 2012 年年底由联合国大会批准通过实施。

（原文发表于《行政与法》，2013 年第 8 期）

论法律援助标准的建立与完善

针对当前"社会矛盾明显增多，教育、就业、社会保障、医疗、住房、生态环境、食品药品安全、安全生产、社会治安、执法司法等关系群众切身利益的问题较多"的现象，十八大报告明确指出要"建立健全党和政府主导的维护群众权益机制，完善信访制度，完善人民调解、行政调解、司法调解联动的工作体系，畅通和规范群众诉求表达、利益协调、权益保障渠道"。从多年的执法和司法实践来看，十八大报告提出的这些社会矛盾涉及的对象大都是社会困难群众。要想畅通和规范群众诉求表达、利益协调和权益保障渠道，首先有必要进一步建立健全作为困难群众权益重要保护机制的法律援助制度，以充分发挥其在现代化市场经济中对困难群众权益的保护作用。近年来，伴随着我国司法体制和工作机制改革的深入发展，对抗式诉讼、非法证据排除、量刑规范化等制度不断确立，集中表现在以《刑事诉讼法》为主要标志的相关立法成果的不断丰富。而从国际上来看，联合国新近通过了作为法律援助专门规范性文件的《关于在刑事司法系统中获得法律援助机会的原则和准则》（以下简称联合国《原则和准则》）。这些国内外立法成果也都对我国法律援助制度的健全发展提出了更高的要求。笔者认为，从我国十多年法律援助实践经验来看，法律援助制度的健全发展的关键是各项法律援助标准的建立完善。本文结合法律援助实践经验，试对法律援助标准的概念、种类、存在问题及未来发展等作如下探讨。

一、法律援助标准概述

法律援助标准，是对各种法律援助概念和日常性活动所作的动态的统一性规定，是对一定时期内的法律援助实践经验和成果进行总结概括，并经相关机构协商一致，由主管部门批准，以特定形式发布，在法律援助工作中共同遵守的准则和依据。之所以说法律援助标准是法律援助制度得以顺利实施的关键，因为法律援助标准不仅决定着法律援助覆盖面的大小、法律援助经费投入的多少，而且影响着法律援助服务人员参与法律援助工作的热情、法律援助管理水平和服务质量的高低。从实践来看，法律援助立法的过程，实质上也就是各项标准的不断完善和规范化发展的过程。从法律援助标准的种类上来看，有多种标准，涉及法律援助工作的方方面面，可以说每一项工作都需要有相应的标准。但是，从目前我国法律援助标准立法情况来看，还存在许多不完善之处。[①]主要表现在：一是法律援助标准的类别太少，仅包括公民经济困难标准、事项范围标准（含对象兼特定诉讼阶段及刑罚标准）和办案补贴标准，通称为"法律援助'三项标准'"。结合国内外立法和实践经验，笔者认为，法律援助标准范围，不仅仅指《条例》规定的"三项标准"，还应当包括但不限于《条例》没有予以规定、但在实践中已经存在且各地情况不一的案情审查标准、案件指派标准、异地协作标准、案件统计标准和服务质量标准等。其中，经济困难标准、事项范围标准、案情审查标准之间关系密切，是在法律援助申请受理审查阶段应当予以综合考虑的标准，而案件指派标准、案件统计标准、服务质量标准和办案补贴标准之间关系密切，直接影响着法律援助服务的质量和效率。二是《条例》关于法律援助标准的概念、构成指标不明确，导致实践中各项标准的可操作性不强。三是相关标准太低，落实不到位，导致指定辩护率低，挫伤法律援助服务人员的积极性，法律援助服务质量和效率得不到重视，法律援助难以成为司法制度的有机成分，难以发挥其在对抗式诉讼模式下的制衡作用，难以实现法律援助的应有之义。四是没有建立起全国协调的标准动态调整机制，导致各地标准指标各异，不利于法律援助工作的协调开展。[②]虽然司法部《关于建立法律援助"三项标准"动态调整机制的指导性意见》《关于加强和改进法律援助工作的意见》等对法律援助标准动态调整机制提出了要求，但这些规定只是宣示性和口号式的，缺乏规范性文件应有的指导和规范意义。

二、经济困难标准

在英国、加拿大等国家，经济困难标准被称为"财务资格（financial

eligibility）"等，是申请人获得法律援助或者寻求市场化法律服务的重要分界点，是法律援助特有的标准和核心条件，也是各国法律援助规范化发展的核心和难点问题。③从《条例》及相关规范性文件的内容和法律援助实践来看，目前，我国法律援助经济困难标准还存在一些问题，影响着法律援助工作的深入发展。

（一）经济困难标准缺少明确概念

从立法上看，虽然《条例》提出了"经济困难标准"的概念，但关于经济困难标准的定义和具体指标，《条例》没有规定，仅通过简单授权，要求"由省、自治区、直辖市人民政府根据本行政区域经济发展和法律援助事业的需要规定"。从该规定来看，经济困难标准授权立法的内容不完整、目的不明确，更没有严格的授权立法的期限和监督程序规定，相关配套规范性文件也没有对经济困难标准的定义、具体指标作出界定，而仅规范了经济状况证明表的出证机关、公章要求、几种特殊类型的经济困难证件和证明材料。

（二）经济困难标准过于严苛

在《条例》授权基础上，各省（区、市）地方立法通常采取以下做法对法律援助经济困难标准作出调整：一是将当地最低生活保障待遇或者将最低生活保障待遇上浮一定比例（比如1.5倍）④作为经济困难标准，也有个别发达地方如上海等以低收入家庭标准⑤或者以最低工资标准⑥作为经济困难标准，法律援助申请人的收入低于这些标准的就被认为是符合法律援助的经济困难条件；⑦二是均规定了几类免于经济困难标准审查的情形⑧。由此带来的弊端是：各地立法关于经济困难标准及其具体指标各异，无明确的经济困难标准认定方法，有损于法律援助立法的可操作性和权威性，不利于全国法律援助工作的统一化发展。⑨另外，无论是以最低生活保障待遇还是以低收入户为经济困难标准，都不符合我国法律援助实践需要和法律援助立法本意。⑩从调研和统计情况来看，享有最低生活保障待遇的人对法律援助的需求并不高⑪，而真正需要法律援助的人虽然经济困难但因不符合苛刻的经济困难标准而得不到援助。⑫

在我国刚开始建立法律援助制度时，由于法律援助经费不足、法律援助机构人手不够、法律援助经验缺乏、网络技术不发达、信息共享机制不健全等客观原因的存在，法律援助经济困难标准参照各地最低生活保障标准或者最低工资标准执行，比较简单直观、操作性比较强。但是随着法律援助实践的深入开展，在经济困难审查方面取得的经验和研究成果日益增多，对现行法律援助经济困难标准存在的弊端、非合理性以及与包括最低生活保障标准（最低工资标准）在内的社会救助的区别等认识也日益深刻。[13]所以，有必要在总结各地实践经验并借鉴国外成熟做法的基础上，对经济困难标准及构成指标、审查方法等作出更加科学合理的规定。而从健全经济困难标准的可行性来看，目前律师收费指导标准、最低工资标准、居民人均家庭支出标准等标准和指标体系的存在，以及银行工资支付系统、个人存款账户实名制、不动产登记制等与个人收入和财产管理相关的法律法规的健全，网络技术的发达确保了部门间信息共享机制形成，这些也为建立相对合理的、多层次的法律援助经济困难指标体系和审查方法，促使法律援助机构对申请人经济状况及时开展多渠道实质性审查提供了可能。需要强调的是，在对申请人经济状况审查方面，需要通过立法赋予法律援助机构与公安等其他执法部门相类似的调查取证权力。值得一提的是，在经济困难标准和指标体系的确定及动态调整、计算方法、实质调查等方面，我国香港地区、英国等国家和地区已经取得了相对合理的、值得借鉴的经验，可以加强对该地区经验的学习，也可以通过对外交流合作机制，加强对其他国家和地区相关经验的了解和借鉴。[14]

三、事项范围和对象、特定诉讼阶段及刑罚标准

（一）事项范围标准

这主要是指民事和行政法律援助事项范围，即在民法和行政法领域，明确哪些事项属于法律援助服务的案件范围。这方面目前存在的主要问题：一是《条例》规定的事项范围较窄，跟不上形势发展的需要；二是由于《条例》授权立法，导致各地立法规定的事项范围不统一，不利于各地工作的衔接与配合。另外，由于法律援助事项范围受社会经济等的影响很大，经常会发生变化，比如近年来，有关土地流转、房屋拆迁、环境保护等方面的案件比较多。对此，有两个建议供选择：一是在事项范围立法方

面，由人大通过"列举优先事项（作为最低事项范围标准）"并辅之以"兜底条款"的形式予以规定。然后，随着形势发展，由司法部结合新的民事行政立法司法解释成果，如民事案由制度等，对一定时期各地经常发生的法律援助事项，定期以指导性文件的形式进行及时动态总结调整，以保持全国法律援助事项范围的一致性。[⑮]二是随着办案专项经费的增加，也可以借鉴广东省的做法，对法律援助事项不作任何限制，只要法律援助申请人符合经济困难标准及案情标准，就为其提供法律援助服务。

（二）对象兼特定诉讼阶段及刑罚标准

这主要是指刑事法方面的案件范围。这方面存在的问题主要是，《条例》相关规定较窄，已不适应形势发展的需要，与最新刑事立法相抵触：一是《刑事诉讼法》规定，在所有的公诉案件中，公诉人都要出庭，而《条例》第十二条规定显然与该新规定相抵触[⑯]；二是《刑事诉讼法》和配套司法解释及相关规范性文件，如《最高人民法院关于适用〈中华人民共和国刑事诉讼法〉的解释》和公安部《办理刑事案件程序规定》等均明确规定，在所有的诉讼阶段，当事人都可以申请法律援助，显然《条例》规定的诉讼阶段标准较窄；三是《刑事诉讼法》规定，可能被判处无期徒刑或者死刑的刑罚标准，已经超出了《条例》第十二条第二款关于"被告人可能被判处死刑"的刑罚标准；四是从可以获得法院指定辩护的特殊被告人来看，《条例》仅规定了"被告人是盲、聋、哑或者未成年人的而没有委托辩护人"情形，《刑事诉讼法》的规定也显然高于《条例》的规定，所以有必要对《条例》作出修改，以适应上位法立法成果的发展；五是关于证人、服刑人员是否享有法律援助的权利，《条例》没有规定，但在实践中，出于司法利益和法律援助实践需求的考虑，有的法律援助机构已经或者打算为证人提供法律援助。[⑰]而在一些国家和地区，目前法律援助在刑事司法系统中的作用和地位日益重要，其重要表现之一是将证人纳入了法律援助的对象范围。而对证人提供法律援助，是衡量现代诉讼制度是否健全完善的标志之一，不仅可以起到证人保护的作用，也能够促进证人出庭作证，保障诉讼活动正常顺利进行。[⑱]联合国《原则和准则》也明确要求，服刑人员和证人也应当有权获得法律信息和法律援助，以便了解和有效维护自己的权利。[⑲]

从这些立法及司法实践经验来看，我国已有必要通过人大立法，扩大法律援助的事项范围和对象范围，并将服刑人员、证人等纳入到刑事法律援助对象范围之中，确保法律援助在刑事司法服务中发挥更大的作用。

四、案情审查标准

综合各国和地区法律援助立法及实践经验，笔者认为，案情审查标准由司法利益标准、[20]胜诉可能性标准[21]和法律援助效益标准[22]组成，是法律援助机构授予申请人法律援助的重要依据。公民提出法律援助申请，与向法院提起诉讼一样[23]，也要符合相应的条件或者标准，即提出法律援助申请要有合理的理由。通过立法规定案情标准的法理依据是，任何申请人要想获得法律援助，必须证明本人有合理理由参与法律程序，因为这决定着申请人案件是否有合理的胜诉机会。在法律援助申请审查中纳入案情审查的意义在于：一是可以确保法律援助不被滥用，避免公民一遇到利益纠纷，就诉诸法律，轻易将诉讼视为解决问题的途径；二是通过案情审查，可以帮助法律援助服务机构和人员更加审慎地为申请人提供法律援助服务；三是通过案情审查确保不向无正当理由提起诉讼的申请人提供法律援助，可以节省有限的法律援助资源。[24]虽然，《条例》第十七条规定，公民申请法律援助应当提交与所申请法律援助事项有关的案件材料，但《条例》的立法本意并不是为了通过案情审查，以发现法律援助申请事项的司法利益、胜诉可能性及法律援助效益的大小，而是为"便于法律援助机构了解法律援助申请的具体内容，在审查符合法律援助条件以后，能够尽快办理或组织办理该法律援助事项"，才要求"申请人在申请时应同时提供与所申请法律援助事项有关的案件材料"[25]。另外，在法律援助实践中，许多地方法律援助都将案情审查纳入了法律援助审查之中，但由于缺少具体的案情审查标准和指标，有的地方将案情审查推向了极端，要求申请人"必须有充分证据证明自己的合法权益受到侵害"，对于法律援助申请人来说，该要求比民事诉讼法规定的起诉条件还严格。[26]需要强调的是，由于与法无据，在法律援助申请审批工作中，进行案情审查容易引起矛盾，曾发生过法律援助机构因在案情审查时拒绝给予法律援助而被申请人告上法庭遭败诉的案例。[27]不过，也有许多地方没有将案情审查标准纳入法律援助审查标准之中，导致法律援助资源难以用于最需要帮助的困难人群。[28]为此，笔者建议，在调研总结各地法律援助案情审查好的做法，并借鉴我国诉讼立法及国外法律援助立法相关经验的基础上，有必要通过全国人大立法，将案情审查纳入法律援助审查标准之中，制定出合理的案情审查标准和指标体系。

五、案件指派标准

《条例》第二十一条规定："法律援助机构可以指派律师事务所安排律师或者安排本机构的工作人员办理法律援助案件；也可以根据其他社会组织的要求，安排其所属人员办理法律援助案件。"由此规定可以引申出以下有关法律援助案件指派标准的问题：一是什么样的案件可以指派律师事务所安排律师办理、什么样的案件可以安排本法律援助机构人员办理、什么样的案件可以安排社会组织办理？二是在同一辖区内的律师事务所之间分配案件的标准是什么？三是各类法律援助服务人员在办理法律援助案件、提供法律咨询时的资质要求是什么？如果没有明确资质要求，在办案过程中就会产生许多问题。如有的地方咨询工作实行律师轮流值班制度，有的情况下，个别前来寻求咨询的当事人会就同一个问题多次来访，而不同的值班律师因工作年限、工作经验不同，导致解答问题的方式、对问题的看法及给出的建议也会有所差异，这可能给当事人造成一定疑惑，甚至不利于当事人问题的解决。[29]对于这些标准，《条例》没有规定，司法部和全国律师协会作为法律援助全国最高行政管理部门或者全国性律师行业自律组织，也缺少相应的法律援助案件指派标准的规定，而理论界也鲜有人对法律援助案件指派标准作专门研究，但该问题在实践中又确实客观存在。四是在中西部律师资源困乏地区，如何建立长期有效的指派工作机制？新修订的《刑事诉讼法》第三十三条规定，犯罪嫌疑人在侦查期间，只能委托律师作为辩护人，这无疑更增加了中西部律师资源困乏地区法律援助案件指派工作开展的困难程度。各地案件指派标准不一[30]，由于法律援助立法缺少统一规范，法律服务资源各异，确实困扰着法律援助指派工作的顺利开展。如有的律师表示自执业以来从来没有获得过指定辩护的机会。[31]而从当前实践中法律援助办案律师指派方式来看，主要包括按顺序轮流式、随机抽取式、固定指派式、志愿报名式、任意指派式、受援人选择式等，从这些指派方式来看，各有其优缺点，需要立法时予以综合考虑，针对不同地区，设计出相应的指派标准依据，供各地参照使用。而在法律援助机构自办案和对外指派办案之间，目前还没有相应的指派标准，随意性更大，缺少成熟的做法。[32]在这方面，我国香港地区的现有做法，可以为法律援助立法提供一定的借鉴经验。[33]

六、办案协作标准

（一）部门协作标准

部门协作机制，也叫部门配合机制或者部门衔接机制等，主要是指在提供法律援助服务过程中，如何从制度上促使相关部门履行协作义务，做好法律援助。该机制包括两层含义：一是法律援助与其他政府部门之间的协作机制；二是与司法部门之间的协作机制。《条例》出台后，司法部曾联合相关部门出台了一系列规范性文件，但从调研掌握情况来看，由于这些规范性文件效力层次低、配套政策不到位、部门业务经费不足、对法律援助认识不够等原因，这些规范性文件的执行情况并不理想。随着相关法律法规的制定和修改，有的规范性文件已与上位立法相抵触；如《劳动争议调解仲裁法》第 53 条规定："劳动争议仲裁不收费。劳动争议仲裁委员会的经费由财政予以保障。"显然，《关于贯彻落实〈条例〉切实解决困难群众打官司难问题的意见》第四部分"建立法律援助与劳动仲裁的衔接机制"作出的"对法律援助机构决定提供法律援助的案件，劳动仲裁部门要先行缓收仲裁费"的规定已无存在的必要。有的规范性文件的规定虽然很好，但并没有被新的上位法立法成果所吸收。如最高法院、最高检察院、公安部和司法部《关于刑事诉讼法律援助工作的规定》第 4 条，明确指出侦查机关、检察院、法院负有告知犯罪嫌疑人（被告人）如果经济困难可以申请法律援助的义务，而新修订的《刑事诉讼法》第 33 条规定的辩护告知义务中并没有明确将法律援助纳入告知义务范围。从全国情况来看，除了法院指定辩护机制相对健全以外，包括侦查阶段、审查起诉阶段在内的其他部门参与机制一直不太健全，受援人的权利难以得到有效保护。而最近最高人民法院和公安部围绕新《刑事诉讼法》通过的相关司法解释和规范性文件虽然明确将法律援助纳入了刑事辩护告知义务范围，但与全国人大立法相比，并结合以往的实践经验，由于这些规范性文件的效力层次较低，在实践中仍然可能存在不被重视及认真遵守的问题。

实践中，近年来，各地探索多种途径，积极加强部门之间的良好沟通，努力促进协作机制的建立。如由地方政府牵头，成立由公、检、法、司、民政、劳社、工商、档案、建设、卫生、国土等相关单位负责人及律师代表参加的法律援助协调委员会，定期召开会议等；建立了法律援助与司法救助对接机制、与民政部门经济困难状况审查共享机制、与信访部门信息沟通联运机制等，明确了双方之间的协作权利义务等；有的地方在法律援助服务部门协作方面，提出了"无缝服务"的理念；有的地方相关部门通过开展联合调研活动、召开座谈会、出台规范性文件等，加强部门协作关系。㉞这些做法对于通过法律援助立法，加强部门协作机制的建立提供了很好的实践经验。而政府数据网络管理系统的建立健全、"12348"服务热线的健全发展，无疑为顺畅法律援助部门协作机制，强化公安、检察机关和法院履行新修订的《刑事诉讼法》规定的法律援助通知义务等提供了物质技术基础。对于这些经验，有必要通过立法加以固定化、标准化，形成长效规范化协作机制。

（二）异地协作标准

异地协作也是法律援助实施工作中的常见问题之一。虽然《条例》及相关规范性文件没有对异地协作作出规定，但实践中，出于办案工作需要，各地积极探索法律援助异地协作模式，取得了初步成效，大部分省份或者城市通过签署省际间或者城际间法律援助协作公约或者协议，就异地协作原则、组织形式、方法流程等达成了基本共识。不过，各地在采取协议模式，按照遇事协商原则开展法律援助异地协作的过程中，逐渐暴露出一些亟待解决的问题。这些问题主要表现在：首先，由于异地协作缺少上位法依据，而协作公约或者协议的效力又太低，甚至没有效力，遇事临时协商机制又有赖于双方自愿，而非因国家强行法的约束，导致协作的随意性非常大。实践中常见的情形是，一方不积极配合协作，导致工作延误，无法实现协作的目的。其次，新实施的、与异地协作有关的规范性文件的规定太简单，难以全方面满足异地协作实践的需要。2012 年由司法部颁布实施的《办理法律援助案件程序规定》（以下简称《规定》）没有对异地协作作专章规定，而是纳入了第四章"承办阶段"的调整范围之中，仅对办案阶段的异地调查取证（第28条）作出了简单规定。但从实践来看，在法律援助申请受理审查阶段，也经常存在异地协作的问题，如转交法律援助申请、为当事人调取经济困难证明材料等。关于协作双方其他的权利和义务、协作事项、协作方式、协作责任、协作经费问题等关键性事项，《规定》也没有作出调整。笔者建议，在开展异地协作立法方面，一方面要深入开展调研活动，及时总结好的做法和经验，查找出亟待解决的困难和问题；另一方面可以借鉴公安、检察等相关机关的经验。如针对协作产生的费用问题，《城际间法律援助工作协作协议》的规定是，"协作城市间，接受委托受理的法律援助案件办结后，受援人住所地的法律援助机构应支付案件办理所在地的法律援助机构必要的办案补贴。案件受理所在地与受援人住所地的办案补贴不一致的，由双方法律援助机构协商解决"。由于各地办案补贴标准不一致，实际操作起来比较麻烦，是否可以借鉴公安部《公安机关办理刑事案件程序规定（修正）》第309条的规定，对于法律援助异地协作请求，协作地法律援助机构应当无条件配合，不收取任何费用。[35]如果考虑到基层法律援助经费紧张的现实，可以探讨将异地协作经费纳入到中央或者省级办案专款的可行性。

七、案件统计（包括归档）和补贴发放标准

（一）案件统计标准

案件统计标准是开展全国法律援助信息统计管理工作的重要指标和依据，直接反映经济困难标准、事项范围标准、案情审查标准、案件指派标准等是否得到有效遵守，衡量着各项法律援助活动是否达到相应的质量标准，决定着办案补贴标准的落实，是中央和省级办案专款拨付和发放的重要依据，也是法律援助机构开展日常服务质量管理工作的重要内容。但是，对于案件统计标准，《条例》没有明确，仅要求法律援助办案人员在案件结案时要向法律援助机构提交结案报告材料，而各地规范性文件确定的案件统计标准指标各异，归档管理办法也不尽相同，存在着内容指标不明确、管理不规范、保存机构不统一等问题，调研中发现各地的争议和意

见也比较大。㊱如实践中，对于同样类型的工伤案件，有的法律援助机构立一卷，有的法律援助机构则按案件所处不同阶段分别立多卷。对此，建议通过专门研究，在总结广东、江苏、山东等好的做法并借鉴律师事务所、人民法院、人民检察院、公安机关、劳动争议仲裁机构、行政复议机构等办理相关案件的统计标准的基础上，由人大立法作出原则性规定，再由司法部出台专门规范性文件予以调整，明确案件统计标准指标及归档办法，以便做好法律援助数据收集和分析工作，增强全国法律援助网络信息管理工作的科学性和权威性，为更好地开展法律援助管理工作提供基础性依据。㊲

（二）办案补贴标准

同样，关于办案补贴标准，《条例》也只是以概念的形式提出，并通过授权，要求"法律援助办案的标准由省、自治区、直辖市人民政府司法行政部门会同同级财政部门，根据当地经济发展水平，参考法律援助机构办理各类法律援助案件的平均成本等因素核定，并可以根据需要调整"㊳，而没有对办案补贴的定义和构成要素、发放对象、发放时限、发放条件、动态调整时限等作出明确规定，导致了许多问题和争议的产生，亟待从立法层面给予解决。如法律援助补贴标准普遍较低，有的连正常办案的成本费都不够，更不用提办案服务费。低标准的办案补贴，挫伤了法律援助服务人员积极性㊴，难以吸引合格法律服务人员参与办案活动，导致法律援助办案走过场，影响了法律援助服务的质量和效率㊵；办案补贴标准僵化，基本上都采取包干补贴的方式，与市场化机制下办案报酬的差距特别大，并存在发放不及时、不按标准发放等问题㊶；关于法律援助机构人员办案是否能够领取补贴存在争议，各地的规定和做法也不致。㊷笔者认为，对于办案补贴标准，由两个要素构成，即实际办案支出和服务费。其中实际办案支出包括法律援助案件所必要的交通费、差旅费、通信费、鉴定费、复印费、翻译费、餐费等费用㊸，在这方面，广东的做法比较成熟，开展法律援助立法时可以予以吸收调整。

八、服务质量标准和监控方法

自法律援助制度在我国建立以来，如何提高法律援助服务质量一直是法律援助工作的重点内容之一。围绕该问题，各地不仅通过广泛调查研究，取得了大量的研究成果，许多地方还通过积极探索建立服务质量标准和监控方法，积累了很好的经验。④如有的法律援助机构确立了"案前告知、案中指导、案后监督"的原则，对法律援助案件的办理过程实行全方位的动态跟踪指导；有的法律援助机构组织相关专业人员旁听法律援助案件的法庭审理，听取受援人及有关部门意见，并做好跟踪调查、处理和反馈工作；有的法律援助机构采取审查案件材料、监察案件质量，向受援人发放《征询意见表》，向法院等有关单位发放意见反馈表，组织人大，政协、公、检、法、政法委的有关人员对法律援助案件办理质量进行评议等方法，开展法律援助案件审查监控工作。遗憾的是，《条例》及其规范性文件没有对这些成果和经验予以统一调整，导致各地服务质量标准各异、监控方法不同，许多地方的法律援助服务质量得不到足够重视，许多司法行政机关和法律援助机构只注重办案，忽视对办案质量的监控。如在办理刑事法律援助案件时，有的办案人员没有做到及时会见被告人、查阅案卷、出庭，没有积极尽到辩护职责，走过场现象严重，影响了法律援助的形象。值得高兴的是，司法部新通过的《办理法律援助案件程序规定》对法律援助案件的受理、审查、承办等标准和流程作出了初步规定，为规范办案提供了全国性依据。目前，在法律援助服务质量标准和监控方法上，许多国家已经有了非常成熟的做法。司法部法律援助中心作为全国法律援助理论工作的主管部门，一直比较关注法律援助服务质量问题，出版了许多翻译和研究成果，值得全国人大立法时借鉴。⑤目前，司法部法律援助中心正在部分地方开展法律援助服务质量评估试点工作，以为立法提供基础性信息资料。另外，法律援助作为法律服务的特殊形式，许多律师事务所在法律服务质量管理方面取得的经验也值得全国人大立法时借鉴。

注释：

①虽然《条例》作为法律援助专门立法，在促进我国法律援助全面发展方面发挥了积极作用，但由于受立法时主客观原因的影响，导致《条例》在法律援助标准方面还存在许多亟待完善之处。

②比如一国之内各地经济困难标准不统一，也是世界上许多国家面临

的共同问题。目前，加拿大、澳大利亚都在尝试建立全国统一适用的经济困难标准指标体系。参见 Dr. MelinaBuckley *Moving Forward on Legal Aid.*

③杨泳：《论法律援助经济困难标准》，《中国司法》2004 年第 6 期。

④《河南省人民政府办公厅转发省司法厅关于确定全省法律援助范围和经济困难标准意见的通知》："法律援助经济困难标准由各地根据当地经济发展状况和法律援助工作的需要，可适当高于当地最低生活保障标准执行。对于其他特殊情况需要申请法律援助的，由司法行政部门确定。"

⑤《关于贯彻执行〈上海市人民政府关于调整法律援助对象经济困难标准和扩大法律援助事项范围的通知〉的意见》："本市法律援助对象经济困难标准调整为本市城乡家庭人均可支配收入标准（具体按照市统计局最新公布的本市低收入家庭人均可支配收入标准执行）。根据上海市统计局最新公布的《2011 年统计年鉴》显示，本市低收入家庭人均可支配收入标准为 14996 元/年（1250 元/月）。因此，法律援助申请人人均家庭收入低于 1250 元/月的，法律援助机构应当认定其符合法律援助经济困难标准。"

⑥http://www.cnnb.com.cn/nbfwmh/system/2009/05/06/006091948.shtml。

⑦在此，笔者无意探讨最低生活保障待遇或者最低工资标准的制定是否有科学合理的依据，是否是在广泛调研的基础上得出的，但从法律援助实践来看，将最低生活保障待遇或者最低工资标准作为法律援助经费困难标准是不符合法律援助实践需要的。

⑧《北京市人民政府办公厅转发市司法局关于公民申请法律援助经济困难标准和事项补充范例》："本市法律援助申请人经济困难标准，按照申请人是否享受城市居民最低生活保障待遇或农村居民最低生活保障待遇确定。具体标准按照市政府公布的城市居民最低生活保障标准或申请人户籍所在地的区（县）政府当年公布的农村居民最低生活保障标准额度参照执行。"

⑨金羊网：何为低收入户？让人"蒙查查"。http://news.qq.com/a/20091208/001989.htm。

⑩因为，法律援助的立法本意，是对于遇到涉法涉诉问题，但通常经济上又非常困难，请不起代理人、辩护人的公民，由国家为其提供免费法律服务的一项法律保障制度。而经济困难的公民包括但并不限于享受最低

生活保障待遇的人或者最低收入户，还应当包括那些虽不属于低保对象或者低收入户，但仍无经济能力寻求市场法律服务的人。

⑪"据近几年统计数据显示，每年提供的法律援助案件中，属于低保对象的不足20%，甚至有些地方只达到3%"，参见高贞《法律援助审查中的若干问题探讨》《中国司法》2008年第2期。

⑫比如以北京市为例，按照《北京市2012年律师收费标准》关于"民事诉讼案件按审判阶段确定收费标准"的规定，其中"计件收费标准为每件收费3000～10000元"，而按照同期北京市发布的《关于调整北京市2012年最低工资标准的通知》规定，北京市最低工资标准从2012年1月1日起调整为每人每月1260元。另外，根据北京市统计局公布的数据，2012年1－4月份，北京市被调查的5000户城镇居民人均家庭总支出为10497元。如果以一个三口之家（一对夫妇加一个孩子）为标准来计算最低工资收入，该家庭1－4月份的总工资收入为10080元（假定该家庭没有其他收入或者资产可支配），与同期人均家庭总支出相比，结果是：10080元－10497元＝－410元。这种情况下，该三口之家如果遇到民事法律问题需要法律援助，虽然连3000元的律师费（民事最低计件标准）都付不起，但因为其工资收入超过了北京市城市最低生活保障标准而无法获得法律援助。http：//zhengwu. beijing. gov. cn/tjxx/tjsj/t1226604. htm。

⑬参见郭婕《谈法律援助与社会救助的区别》《中国司法》，2008年第5期；又见杨泳《论法律援助经济困难标准》《中国司法》，2004年第6期。另外，值得一提的是，目前出现了一种非常令人担忧的现象：一方面，近年来，随着中央对法律援助办案专款拨付力度的加大，法律援助经费紧张的局面有所改善，另一方面，受经济困难标准和事项范围标准的限制，各地法律援助案源量不足，但中央专款只能用于办案，导致法律援助办案数据造假，而需要法律援助的人又得不到援助，办案补贴太低导致办案人员积极性不高、法律援助服务质量低下等问题。http：//www. tianya. cn/publicforum/content/law/1/129908. shtml。

⑭Legal Aid Services Council：*Legal Aid in Hongkong.*

⑮在法律援助事项规范化调整方面，可以借鉴最高法院动态发布民事案件案由的做法，并建立上下级司法行政机关及法律援助机构之间的法律

援助情况和问题及时报告反馈机制。

⑯《条例》第 12 条规定："公诉人出庭公诉的案件，被告人因经济困难或者其他原因没有委托辩护人，人民法院为被告人指定辩护人时，法律援助机构应当提供法律援助。"

⑰新浪新闻中心网："证人被报复可申请法律援助"，http：//news. sina. com. cn/c/2009－10－23/052216485160s. shtml。

⑱郑志华：《德国刑事证人法律援助制度研究》《法制博览》，2012 年第 1 期。

⑲http：//www. un. org/chinese/News/fullstorynews. asp？ NewsID＝17711。

⑳联合国制定的《公民权利和政治权利国际公约》《关于律师作用的基本原则》和《关于在刑事司法系统中获得法律援助机会的原则和准则》等对"司法利益"标准作出了规定。出于"司法利益"的要求，许多国家在刑事法律援助立法中，将为可能判处监禁以上刑罚的案件提供法律援助作为最低限度标准，参见郑自文《国际人权公约与中国法律援助事业的发展》《党的十六大以来法律援助理论研究文集》，中国民主法制出版社，2009 年 10 月第 1 版。"司法利益标准（the interests of justice）"又被称为"威杰里标准"（Widgery Criteria），该标准是指在任何条件下，法律援助申请人虽然不符合经济困难标准，但可以因其案件符合"司法利益标准"而被酌情给予法律援助。该标准的指标包括：控罪是否严重到可能使被告丧失自由或生计，或名誉确有可能严重受损；或控罪会否带来重大法律问题；或被告是否有精神病或其他精神上或身体上的残障以致无法理解诉讼的程序及自辩；或在抗辩过程中，是否涉及追查和会见证人，或需要由专家盘问控方证人；或提供法律代表以维护被告人以外之人士的利益，例如在幼童被性侵犯的案件中，被告人应避免亲自盘问证人。参见：http：//webarchive. nationalarchives. gov. uk/＋/http：//www. dca. gov. uk/legalhelp/faq/cds. htm＃part3；http：//www. martynprowel. co. uk/TheInterestsofJustice-Test. html。

㉑针对法律援助申请审查工作，许多专业人士指出，对于法律援助申请的审查，不应停留在形式上，应尽可能对案情作比较深入的了解和分析，对于明显于法无据或者即便胜诉也无法执行，提供法律援助对当事人

维权无益的事项申请，要拒绝给予法律援助，做好说服工作，以免浪费法律援助资源，参见贾午光《调动资源强化职能充分发挥法律援助在构建和谐社会中的作用》《党的十六大以来法律援助理论研究文集》，中国民主法制出版社，2009 年 10 月第 1 版。

㉒施博：《法律援助审查刍议》，法律援助效益是指以较小的法律援助资源投入产出较大的法律援助收益。追求法律援助资源的效益最大化是实现法律援助目标的内在要求，因此法律援助效益是影响法律援助决定的重要因素，理应成为法律援助的审查内容。法律援助效益审查主要有几种情形：一是案件争议标的大小。一般说来，案件争议标的额的大小与法律援助的效益大小存在正相关关系。例如工资拖欠纠纷，如果拖欠工资额少于法律援助成本（含办案补助、交通通信文印费用等），从法律援助效益计，就算是申请人符合经济困难条件且确信案件能够胜诉，法律援助机构也没有必要给予其法律援助。（笔者认为，遇到这种情况，虽然没有必要通过提供法律援助帮助当事人寻求诉讼救济，但可以通过提供和解或者调解服务，帮助当事人解决问题。）二是法律专业服务的必要性。如果案件简单或适用法律明了或申请人文化程度较高，对法律专业服务的必要性要求往往不高，法律援助机构应考虑让当事人自己去争取权益，把机会留给那些对法律专业服务要求较高的法律援助申请。三是裁决结果的可执行性。实现申请人的合法权益不只是要得到一个公正的裁决，更需要该裁决结果能得到及时全面适当的执行。不具有执行可能的裁决结果无论是对受援助人还是对法律援助机构而言，都意味着时间、精力和物质的浪费。因此，对可以预见的裁决结果，法律援助机构应尽可能审查其可执行性。http://www.zhushan.gov.cn/zssfj/flrz/200806/20155.html。

㉓根据新《民事诉讼法》规定，起诉必须符合相应的条件。

㉔Legal Services Commission：*Legal Aid in Hongkong*（2008），P105.

㉕国务院法制办政法司、司法部法律援助中心、司法部法规教育司编著：《〈法律援助条例〉释义》，中国法制出版社，2003 年 11 月第 1 版，第 64 页。

㉖高贞：《法律援助审查中的若干问题》《中国司法》2008 年第 2 期。

㉗参见网易新闻中心"法援中心拒绝法律援助南海市民告上法庭胜

诉"。http：//news. 163. com/40716/9/0RDF1BV80001122E. html。

㉘周晓丹：《浅议法律援助的对象及范围》，http：//www. tieqiaolawyer. com/news. asp？id=2140。

㉙南海区法律援助处：《南海区法律援助律师值班咨询工作的调研报告》《佛山市法律援助信息》2008 第 8 期。

㉚甚至在北京市各个辖区内，律师指派标准也不一致。有资料显示，北京市各法律援助中心本着"善用资源、合理配备"的原则总共形成了 6 种指派方法，各种方法不尽相同。6 种指派方法分别为：按律所名称顺序轮流指派，如海淀区、房山区法援中心；律所志愿报名参加，如东城区、丰台区法援中心；轮流指派和志愿报名相结合，如市法援中心、朝阳区法援中心；集中指派兼顾其他律所，如昌平区法援中心；固定律所并固定律师，如西城区法援中心；按律师的专业与分工安排，如通州区法援中心。很明显，有些指派规则向律师提供的机会更均等，有的则不那么均等，有律师也曾抱怨："西城区法援一直只有那 8 家律所在承担，其他律所没有机会，这样一来，想提供法援的不能参与，不想提供的可能又得赶鸭子上架。"对于这种不均等的指派方法，北京市法律援助中心主任王学法表示，如果是按照客观情况设计的，并且控制好律师的质量，也是可行的，但如果这种方法本身就具有随意性，或者有人情关系，那就很可能导致援助不力的后果。http：//www. law－lib. com/fzdt/newshtml/shjw/20120223152023. htm。

㉛江苏苏州知本律师事务所律师邹毅表示，他执业以来从来就没有参加指定辩护的机会。"很多地方的法律援助指派方法并不统一，我在苏州，却从来没搞清楚如何才能参与指定辩护的案件。"有的律师甚至"什么都没做就被剥夺了法律援助的资格"。http：//www. law－lib. com/fzdt/newshtml/shjw/20120223152023. htm。

㉜许多法律援助机构"重办案、轻管理"的思想还比较严重，将大量时间用于办理法律援助案件，而忽视了法律援助申请受理审查、办案质量监督管理工作。

㉝Legal Aid Services Council：*Legal Aid in Hongkong.*

㉞参见：http：//www. sqrb. com. cn/news/2012 － 05/18/content＿1435556. htm；http：//news. jcrb. com/jxsw/201202/t20120229＿813812. html。

㉟公安部《公安机关办理刑事案件程序规定（修正）》第309条的规定："对异地公安机关提出协助调查、执行强制措施等协作请求，只要法律手续完备，协作地公安机关就应当及时无条件予以配合，不得收取任何形式的费用。"

㊱如关于法律援助案件档案的保存问题，实践中一般有两种做法，一是由法律援助机构统一集中阅卷保存，一是由承办人所在机构分散阅卷保存。参见刘趁华《关于规范法律援助案件档案管理工作的几点建议》，《中国法律援助》2006年第1期。

㊲翟洁君：《法律援助数据收集和分析机制研究》《中国法律援助》2008年第8期。

㊳《条例》第24条第2款。

㊴正是由于法律援助办案补贴太低或者没有补贴，才导致经常发生有关法律援助是政府责任，还是律师义务的问题的争论。

㊵彭莉红：《法律援助办案补贴若干问题浅议》《中国法律援助》2008年第9期。

㊶桑宁：《法律援助办案补贴问题刍议》《中国法律援助》2007年第1期。

㊷如按照《广东省支付办理法律援助事项补贴暂行办法办法》的规定，法律援助机构工作人员可以与律师、社会组织人员、基层法律服务工作者一样领取补贴，但在实践执行中存在争议，有的地方不同意法律援助机构工作人员领取办案补贴。参见彭莉红《法律援助办案补贴若干问题浅议》《中国法律援助》2008年第9期。

㊸参见《广东省支付办理法律援助事项补贴暂行办法》。

㊹相关理论研究成果请参见贾午光主编，桑宁、郑自文副主编《党的十六大以来法律援助理论文集（下）》，中国民主法制出版社，2009年10月第1版。其中《建立健全我国法律援助案件质量监控体系的思考》（作者为司法部法律援助中心原副主任郑自文）一文对构建我国法律援助质量服务控制制度的必要性、国外法律援助服务质量制度、各地实践做法，以及如何构建全国性法律援助服务制度等进行了深入思考，对推动各地开展法律援助服务质量标准建设发挥了积极的指导作用。

㊺桑宁、蒋建峰：《英国刑事法律援助质量控制体系及启示》《中国司法》2007 年第 1 期；郭婕：《英格兰和威尔士法律援助工作经验概述》《中国司法》2011 年第 7 期。

（原文发表于《法治研究》，2013 年第 4 期）

法律援助法律关系

不同的法律规范调整不同的社会关系，并形成了与之相对应的法律关系。在我国，法律援助法律关系作为法律关系的一种特殊形态，它是由我国现行法律援助法律规范所调整的，特定法律援助主体之间在实施法律援助过程中产生的以法律援助权利和义务为主要内容的一种法律关系。在法律援助制度理论研究和实务中，法律援助法律关系是一个非常重要的基础性概念，所有法律援助现象都可以用法律援助法律关系加以分析和说明。为了帮助相关机构和人员更好地学会运用法律援助法律关系研究、分析法律援助中所出现的各类法律援助事件和事实，及时解决法律援助工作中出现的困难和问题，笔者根据《条例》等法律法规及规范性文件规定，试对我国法律援助法律关系论述如下。

一、法律援助法律关系的构成要素

与其他法律关系的构成要素一样，法律援助法律关系也是由主体、客体和内容三个方面的基本要素构成。

（一）法律援助法律关系的主体

法律援助法律关系的主体是指在具体的法律援助法律关系中享受法律援助权利、承担法律援助义务的当事人。我国法律援助法律关系的主体主要包括：

1. 政府。主要是各级政府及所属司法行政部门等。

2. 法律援助机构。这里的法律援助机构是指狭义的法律援助机构，即根据《条例》规定，由政府依法拨付经费和编制成立，隶属于各级司法行政机关的法律援助机构。[①]

3. 法律援助服务人员。主要是指参与办理法律援助案件和事项的社会律师、基层法律服务工作者、法律援助机构内的专职律师及相关工作人员、社会组织内的工作人员及法律援助志愿者等。

4. 法律援助受援人。主要是指中国公民，但也包括特殊情况下的外国公民。

受法律援助法律关系的行政性质所决定，上述主体在法律援助法律关系中的地位是不同的。如政府和法律援助机构代表国家实施法律援助的机构设立、工作监督、管理和组织实施等职权。根据行政法原理，在具体的行政法律关系中，处于管理一方的主体称为"行政主体"，处于被管理一方的主体称为"行政相对人"，所以法律援助法律关系的某些方面表现为政府和法律援助机构对法律援助服务人员和法律援助受援人的监督和管理。

法律援助法律关系主体是法律援助法律关系的首要构成要素。如果没有法律援助法律关系主体，由法律援助法律关系客体反映出来的内容就无所归属，法律援助法律关系就无法成立。法律援助法律关系存在于两个或者两个以上主体之间，因此，只有一个主体，没有相对方，法律援助法律关系也难以成立。

（二）法律援助法律关系的客体

法律援助法律关系的客体主要包括行为和财物。前者指法律援助法律关系主体的作为和不作为。它既包括政府和法律援助机构等的一系列行政行为，也包括法律援助服务人员提供法律援助的行为及法律援助受援人为配合法律援助而采取的行为。前者如政府依法设立法律援助机构、拨付法律援助经费、对法律援助机构进行监督管理及法律援助机构代表政府在具体提供法律援助过程中的申请审查、组织法律援助实施等行为，后者如法律援助服务人员接受指派或者安排办理法律援助案件的行为。财物是指具有使用价值和价值的物质资料，既可以表现为法律援助机构的办公场所、办公设施等物质形式，也可以表现为办公经费、鉴定费、复印费和法律援助服务人员的办案补贴等货币形式。

法律援助法律关系的客体是法律援助法律关系内容的表现形式，没有客体，内容就无法体现，从而影响到法律援助法律关系的成立。

（三）法律援助法律关系的内容

法律援助法律关系的内容是指法律援助法律关系中法律援助法律关系

主体所能享受的权利和所要承担的义务，既包括政府和法律援助机构所要承担的职权和责任，也包括法律援助服务人员、法律援助受援人的权利和义务。

法律援助法律关系的内容是法律援助法律关系的核心和关键，没有它，法律援助法律关系将失去存在的价值和意义。

二、法律援助法律关系的特征

（一）从主体资格上看，法律援助受援人主体资格具有特殊性

表现在：一是根据我国法律援助法律法规规定，只有自然人才有可能成为法律援助受援人，其他法人和非法人组织一般不能成为法律援助法律关系的法律援助受援人。二是自然人要想成为法律援助的法律援助受援人，一般情况下要符合一定的经济困难标准和事项范围标准等条件。[②]三是法律援助受援人必须是中国公民，外国人只有在特殊情况下才有可能成为法律援助受援人。

（二）从内容上看，法律援助法律关系具有明显的行政性质

法律援助法律关系体现了国家对公民应尽的义务，《条例》将法律援助明确为政府责任。所以，法律援助法律关系是由政府通过履行行政职权所引起的具有行政性质的法律关系。如政府批准设立法律援助机构的行为、为法律援助提供财政支持的行为，法律援助机构受理和审查法律援助申请人的法律援助申请、指派或者安排法律援助服务人员提供法律援助的行为等，都具有行政法原理上的行政主体与行政相对人之间法律关系的一般特点和规律。

（三）从主体地位上看，政府和法律援助机构处于主导地位

这种主导地位表现在：1. 法律援助法律关系的产生和终止大多取决于政府和法律援助机构的单方行为，无需与法律援助服务人员、法律援助受援人协商一致。[③]如是否给予申请人法律援助、指派和安排律师提供法律援助，是否需要终止法律援助等行为是不受制于法律援助服务人员和法律援助受援人的。2. 为了保证法律援助法律关系的正常实现，政府可以对相关机构和人员采取直接强制措施。例如行政处分和行政处罚，情节严重的还

要追究刑事责任。

（四）从解决争议的方式上看，政府（法律援助机构所属司法行政部门）有处理争议（异议）的权力。

这与民事法律关系不同。在民事法律关系中，争议双方当事人，无论哪一方都无权单方处理纠纷，而只能通过自行和解或者求助于第三人解决。

三、国家与公民之间的法律援助法律关系[④]

（一）国家与公民之间法律援助法律关系的特征

1. 国家与公民之间的法律援助法律关系是宪法层次上的法律关系，是其他法律援助法律关系产生的理论前提和基础。国家权力本质上来看是公民权利的让渡和集中。从理论上看，权利和义务是双向的，公民将自己的一部分权利让渡给国家，在其履行公民义务的同时，有权要求国家保障公民能够实现法律赋予的权利。就获得法律服务而言，受市场机制所决定，有经济支付能力的公民可通过购买的方式获得自己所需要的法律服务，但是，对于因经济困难或者其他特殊原因无法得到有偿法律服务从而难以实现自身合法权利的公民而言，国家有义务通过建立法律援助制度以为这部分公民提供法律援助，真正将法律面前人人平等的原则落到实处。

现代法律援助制度的理论体系是建立在国家法律援助责任（或义务）和公民法律援助权利的基础上。其理论的基点是："国家与公民之间存在着提供和享有法律援助的法律关系，国家负有为社会的贫、弱者提供法律援助的义务（责任），社会的贫弱者享有国家提供法律援助的权利。"[⑤]

2. 国家与公民之间的法律援助法律关系具有抽象性。其表现之一是国家和公民都是高度抽象、静态的概念，体现在宪法条文中的国家对公民应尽的义务和责任，必须有具体的、动态的法律机制以保障其能够有效实施。从法律援助法律法规的规定和实施过程来看，诸多法律援助法律关系正是国家对公民应尽的宪法义务由抽象到具体、由静态到动态的重要表现形式之一。

3. 从法律关系主体之间的关系来看，国家与公民之间的法律援助关系具有极大的间接性。根据宪法规定，国家权力来源于公民权利，国家在享有和行使管理社会的国家权力的同时，也相应地有责任代表公民的利益、采取措施有效保护包括困难者群体在内的公民的合法权益。但是作为法律关系的两个终端、两个高度抽象静态的概念，国家与公民之间不可能直接发生法律援助法律关系，其权利和义务的实现必然需要众多的媒介——包括立法、司法、行政等方面，通过众多机构之间、机构与自然人、自然人之间发生多层次、多角度的具体的、动态的法律援助法律关系才能得以实现。

（二）国家与公民之间法律关系的主要内容

国家与公民之间法律援助法律关系的主要内容体现在宪法规定的公民基本法律权利与义务的主要表现形式和实现方式：一方面，从双方基本法律权利与义务的表现形式上看，根据《宪法》第 33 条的规定："中华人民共和国公民在法律面前一律平等。任何公民享有宪法和法律规定的权利，同时必须履行宪法和法律规定的义务。"如在保障被告人平等享受刑事诉讼权利上，《宪法》规定，"被告人有权获得辩护"。而国家在集中享有公民让渡的权利，要求公民自觉履行宪法法律法规规定的义务的同时，有责任和义务依法保护公民所享有的宪法法律法规规定的各项权利和自由，特别是依法保障社会公正是其首要责任和义务。

从双方权利和义务实现方式上看，国家通过制定法律法规，授权司法、行政等相关机构和部门建立具体机制或制度以保护公民权利和制裁惩罚侵犯公民权利的行为，同时要求或督促公民履行宪法法律法规规定的义务。其中，法律援助正是弥补市场协调机制之不足，充分发挥政府协调机制以实现国家与公民之间权利与义务关系的重要方式之一。在司法实践中，公民能否实际享有由专业技能的法律服务人员提供的法律服务，关系到公民的诉讼权利和实体权利是不是可以得到真正公正、平等地实现。如果公民因经济上的困难得不到市场调节机制下的法律服务人员的帮助，根据《宪法》和相关法律援助法律法规规定，则有权利得到政府调节机制下的国家法律援助。

四、政府与法律援助机构之间的法律关系⑥

（一）政府与法律援助机构之间的法律关系的特征

现代政府的重要职能之一是管理社会公共事务，这也是其进行政治统治的前提和基础。《条例》明确规定了法律援助的政府责任。但是，政府作为行政权力的集合体，不可能具体履行法律援助职能，必须设立履行相应法律援助职能的机构，才能具体承担起对公民的法律援助义务。在各级政府（授权各级司法行政机关）设立法律援助机构、授权法律援助机构履行法律援助职能的过程中，便产生了政府（或者司法行政机关）与法律援助机构之间特定的法律援助法律关系。该法律援助法律关系具有如下特征：

1. 主体双方都是具有法人资格的行政组织，而非自然人。根据行政法学原理，行政职权设定的对象只能是组织而不是个人，把个人定为职权主体会导致对民主的破坏。在我国，法律援助是政府的责任，法律援助机构是政府设立的代表其实施法律援助的专门机构，它只能是行政性质的组织。⑦

2. 是一种内部行政法律关系。根据《条例》规定，不难看出政府与法律援助机构之间法律援助法律关系的内部行政性质。⑧

3. 是一种隶属型的法律关系。⑨主要表现在：第一，法律援助机构是实施法律援助的组织保障，而其批准、设立是通过政府的行政行为根据法律援助工作的需要来设立的。⑩这也是政府承担法律援助责任的首要形式。第二，法律援助机构的运行，离不开政府的财政支持。⑪第三，法律援助机构的规范化等工作，需要通过政府依法行政，制定相应的法规、规章加以调整。第四，法律援助机构组织实施法律援助工作，要接受各级政府的监督和管理。

4. 是依职权而发生的法律关系。依职权行为是指行政主体依据自己的职权，不需要经过相对人的意思表示，如申请、要求等，便能做出并发生效力的行为。政府无论是设立法律援助机构、监督法律援助机构依法开展工作等，都是根据法律援助法律法规的规定，依照职权做出的行为。

5. 是其他法律援助法律关系产生的直接前提和基础。政府通过设立法律援助机构、配备法律援助机构工作人员，为顺利开展法律援助工作提供了有效的组织机构和队伍保障，通过拨付法律援助经费，使得法律援助办案经费有了可靠的物质基础保障。这些构成了法律援助机构与法律援助受援人之间，法律援助机构与法律援助服务人员之间等多种类型的法律援助法律关系的前提和基础

（二）政府与法律援助机构之间的法律关系的主要内容

1. 各级政府的权利和义务。各级政府有义务依法批准建立法律援助机构，有义务为法律援助机构开展法律援助工作提供必要的经费保障，有义务为法律援助机构有效履行法律援助职责提供必要的帮助和支持，有义务对在法律援助工作中做出突出贡献的法律援助机构给予行政表彰和行政奖励等。各级政府有权要求法律援助机构切实、合格地履行法律援助义务，有权对法律援助机构的工作进行监督和管理，确保法律援助机构能够切实担负起政府对公民的法律援助责任⑫。

2. 法律援助机构的权利和义务。法律援助机构作为政府对公民负有法律援助责任的具体组织实施者，有义务合理使用法律援助经费、组织法律援助服务人员为符合法律援助条件公民提供合格的法律援助；另一方面法律援助机构有权利要求各级政府提供法律援助经费、制定法律援助法律法规制度和政策，有权代表各级政府组织实施法律援助，对法律援助服务人员的援助活动进行监督检查，有权要求相关职能部门和机构配合法律援助工作等。

五、法律援助机构与法律援助受援人之间的法律关系

（一）法律援助机构与法律援助受援人之间的法律关系的特征

1. 从该法律援助法律关系的构成要素来看，具有以下特征：

（1）法律关系主体的特殊性。这里的特殊性是指法律援助对象或者说是法律援助受援人的特殊性。从理论上讲，法律援助虽然是政府对公民应尽的责任，但是从法律援助立法意图和工作实践来看，并不是所有公民都能得到法律援助的服务。公民是否能得到法律援助，是要受自身经济条件

等制约的。⑬归纳起来，《条例》规定的法律援助受援人包括以下三个方面的人员：一是有需要代理事项但因经济困难无力支付代理费的公民；二是因经济困难或者其他原因没有委托辩护人的公诉案件中的被告人；三是盲、聋、哑或者未成年人或者可能被判处死刑而没有委托辩护人的被告人。此外，根据我国加入或者签订的有关国际公约和双边司法协助条约等的规定，在我国境内的外国人、无国籍人，有时候也可以获得必要的法律援助。⑭

（2）法律关系客体的特殊性（服务范围的特殊性）。即并不是所有的法律案件或者法律事项都能得到政府法律援助机构提供的法律援助。根据《条例》的规定，法律援助事项范围包括：一是需要咨询、代理的事项，即依法请求国家赔偿；请求给予社会保险待遇或者最低生活保障待遇；请求发给抚恤金或者救济金；请求给付赡养费、教育费、抚养费；请求劳动报酬；主张因见义勇为行为产生的民事权益。此外，还包括各地法律援助立法在上述事项之外所做的补充规定的法律援助事项。二是刑事诉讼中因经济困难没有聘请律师或者没有委托诉讼代理人但需要代理的事项，即犯罪嫌疑人在被侦察机关第一次讯问后或者采取强制措施之日起的代理事项；公诉案件中的被害人及其法定代理人或者近亲属，自案件移送审查起诉之日的代理事项；自诉案件的自诉人及其法定代理人，自案件被人民法院受理之日起的代理事项。三是公诉人出庭公诉的案件，被告人因经济困难或者其他原因没有委托辩护人的，人民法院为被告人指定辩护的事项。

（3）法律关系内容的特殊性。也即法律援助权利和义务的不对等性或者说法律援助的无偿性。在我国，法律援助关系的内容，是指法律援助关系主体在一定条件下依照法律援助法律法规规定所享有的权利和承担的义务，是法律援助关系主体之间利益的获取或者付出的状态。对于法律援助机构而言，它为符合条件的法律援助受援人提供的法律援助是无偿的。法律援助申请经审查，申请人符合法律援助条件，法律援助机构有义务无条件受理，有义务指派或者安排法律援助服务人员为法律援助受援人提供特定事项的法律援助。而法律援助受援人有权获得不需要给付经济对价的免费合格的法律援助，这不同于市场调节机制下的公民与社会律师之间以平等协商、等价有偿为内容的法律服务关系。

2. 从该法律援助法律关系产生来看，是依法律援助申请人的申请或者法院指定而产生。法律规范是法律关系产生和形成的法律依据，没有一定的法律规范就不会有相应的法律关系。但法律规范的规定只是主体权利和义务关系的一般模式，还不是现实的法律关系本身。法律关系的产生和形成还必须具备直接的前提条件，这就是法律事实，它是法律规范与法律关系的中介。根据《条例》规定，这些条件包括法律援助申请人的申请和人民法院的指定。没有法律援助申请人的申请和人民法院的指定，法律援助机构一般不会主动为当事人提供法律援助的。

3. 从该法律关系的性质来看，法律援助机构与法律援助受援人之间的法律援助法律关系是一种行政给付性质的法律援助法律关系。这使得该法律援助法律关系不同于公民与律师事务所及社会律师之间建立在自愿、选择、等价有偿服务等基础之上的委托与被委托关系。法律援助机构和法律援助受援人之间的法律援助法律关系是基于国家对公民的法律援助义务和政府对法律援助机构的授权，法律援助机构所做出的法律援助决定是代表政府，法律援助机构与法律援助受援人之间的关系，是政府履行的行政职责与公民行使权利的行政法律关系。[15]

（二）法律援助机构与法律援助受援人之间的法律关系的主要内容

1. 法律援助受援人的权利和义务。公民有权利向法律援助机构寻求法律咨询服务。在经济困难和特殊情况下，公民有权利就一定法律事项向法律援助机构提出法律援助申请，在符合法律援助条件的情况下有权利得到无偿合格的法律咨询、代理、刑事辩护等法律援助。[16]在提出代理、刑事辩护及疑难法律咨询申请时有义务提交身份证或者其他有效的身份证明，经济困难证明与所申请法律援助事项有关的案件材料，及相关补充材料或者说明等。对法律援助机构做出不符合法律援助条件的通知有异议时，法律援助申请人有权向确定该法律援助机构的司法行政部门提出审查申请。[17]

2. 法律援助机构的权力和义务。法律援助机构有权力审查法律援助申请人提出的法律援助申请，要求法律援助申请人提供相应证明材料，在出现法律援助受援人的经济收入发生变化不再符合法律援助条件、案件终止审理或者已被撤销、法律援助受援人又自行委托律师或者其他代理人及法律援助受援人要求终止法律援助的情形时，有权力终止该法律援助；法律援助机构有义务向公民提供法律援助咨询，有义务指派或者安排法律援助服务人员为符合法律援助条件的法律援助受援人提供无偿合格的法律援助等。[18]

六、法律援助机构与法律援助服务人员之间的法律关系

（一）法律援助机构与法律援助服务人员之间的法律关系的特征

1. 法律关系主体的多样性。这是指法律援助服务人员的多样性。根据《条例》规定，法律援助服务人员包括社会律师、法律援助机构专职律师、法律援助机构工作人员、其他社会组织机构内的工作人员及法律援助志愿者等。[19]法律援助服务人员的多样性，使得法律援助机构与法律援助服务人员之间的法律援助法律关系又包含了多个类型，而且这些不同类型法律援助法律关系的内容，即法律援助权利和义务也不尽相同。

2. 法律关系主体之间关系的间接性。按照《条例》及相关规范性文件的规定，法律援助机构与法律援助服务人员（法律援助机构内的专职律师和法律援助工作人员除外）是不能直接发生指派关系的，而必须通过法律援助服务人员所属的律师事务所、基层法律服务所和社会组织才能发展关系。

3. 法律关系内容的特殊性。这种特殊性表现在：法律援助服务人员提供法律援助义务与获得报酬的不对等性，即法律援助服务人员向法律援助受援人提供符合要求的法律援助后，并不能按照法律服务市场上等价有偿的原则从法律援助机构取得相应的报酬，而只能得到一定的办案补贴。

4. 法律援助关系的行政性质。根据《条例》等规定，法律援助机构指派或者安排法律援助服务人员办理法律援助案件的行为，是一种行政行为。而法律援助服务人员参与办理法律援助案件，及其在办案过程中遇到法律援助受援人出现不再符合法律援助的条件的情形应当向法律援助机构报告的义务，都体现了行政法原理上的行政相对人行政参与和行政协助的

权利与义务。

（二）法律援助机构与法律援助服务人员之间法律援助关系的主要内容[20]

1. 法律援助机构的权利与义务。法律援助机构一旦指派或者安排法律援助服务人员办理法律援助案件，将负有为法律援助服务人员办理法律援助案件创造条件的义务，包括出具相应的法律援助公函和法律文书，以方便法律援助服务人员进行必要的调查取证、查阅案卷或者档案，会见被羁押的犯罪嫌疑人、被告人或者证人；有义务为法律援助服务人员办理法律援助案件协调相关部门，以保证办案工作的顺利进行；有义务为法律援助服务人员办理法律援助案件支付相应的办案补贴，或者支付相关费用；为法律援助服务人员提供培训活动等。[21]

法律援助机构有权利对法律援助服务人员办理法律援助案件和事项的进程、结果进行指导、监督检查，有权要求法律援助服务人员在办结法律援助案件时提交有关的法律文书副本或者复印件以及结案报告等材料。

2. 法律援助服务人员的权利与义务。在办理法律援助案件或者事项时，为了顺利开展调查取证、阅卷、会见被羁押的犯罪嫌疑人（或者被告人）查档等工作，法律援助服务人员有权利要求法律援助机构出具办理法律援助案件必需的法律援助公函和相关法律文书，有权在办理法律援助案件中要求法律援助机构协调相关机构和部门，有权利要求法律援助机构支付办案补贴或者给付相关费用。

法律援助服务人员有义务向法律援助机构报告办理法律援助案件或者事项的进程和结果，有义务接受法律援助机构的监督检查，无正当理由不得拒绝接受、擅自终止法律援助案件；在遇到法律援助受援人经济收状况发生变化，不再符合法律援助条件等情形时，有义务向法律援助机构报告；有义务在办结法律援助案件时提交有关的法律文书副本或者复印件以及结案报告等材料。

七、法律援助服务人员与法律援助受援人之间的法律关系

（一）法律援助服务人员与法律援助受援人之间的法律关系的特征

1. 是一种特殊类型的委托代理关系。其特殊性是针对市场中介条件下社会执业律师等接受当事人的委托或者聘请而产生的委托代理法律服务关系而言的。市场中介条件下的委托代理法律服务关系是由法律关系主体双方在平等协商、自愿选择、等价有偿服务的基础上产生的，特别是委托人享有充分的选择权利，根据《律师法》第 29 条规定："委托人可以拒绝律师为其继续辩护或者代理，也可以另行委托律师担任辩护人或者代理人。"而法律援助服务人员与法律援助受援人之间的法律关系不是通过双方自愿选择的基础上产生的，而是通过法律援助申请人的申请或者人民法院的指定并经由法律援助机构的指派或者安排产生的，法律援助受援人对法律援助服务人员的选择权是受到一定限制的。[22]法律援助服务人员与法律援助受援人之间法律援助法律关系的终止也有其特殊之处，即办理法律援助案件的人员遇到法律规定的情形时，不能自行终止法律援助活动，而要向法律援助机构报告并经审查核实决定是否终止法律援助。[23]

2. 权利义务的不对等性。这种特殊性表现在：办理法律援助案件的人员，在提供法律援助过程中，不得向法律援助受援人收取任何财物，即法律援助受援人得到法律援助服务人员的帮助是无偿的，不需要给付经济上的对价，这与市场经济条件下社会律师与当事人之间等价有偿的权利义务关系是完全不同的。

3. 法律援助服务人员承担法律责任的特殊性。在办理法律援助案件和事项过程中，法律援助服务人员在违反法律援助法律法规规定的情况下所要承担的法律责任与市场经济条件下社会律师因提供服务违法或者因过错给当事人造成损失时所要承担的法律责任是有所不同的。在市场经济条件下社会律师为当事人提供法律服务是个人行为，因提供服务违法或者因过错给当事人造成损失时所要承担的责任主要是民事责任。[24]而法律援助服务人员在提供法律援助的过程中，他们是代表法律援助机构为法律援助受援

人提供法律援助,当法律援助服务人员违法提供法律援助,给法律援助受援人造成损失时,向法律援助受援人承担法律援助责任的直接主体不是法律援助服务人员,而是具体组织实施提供法律援助的法律援助机构。法律援助机构所要承担的是行政赔偿责任,而非民事赔偿责任。⑤而法律援助服务人员所要承担的主要是行政责任(包括行政处分和行政处罚)和刑事责任。

(二)法律援助服务人员与法律援助受援人之间法律关系的主要内容

1. 法律援助服务人员的权利与义务。法律援助服务人员有义务为法律援助受援人提供合格的法律援助,有义务为维护法律援助受援人的合法权益开展阅卷、会见被羁押的犯罪嫌疑人、被告人、调查取证及查档活动,有义务向受援人介绍案件的办理进展情况,有义务为法律援助受援人提供合格的法律援助,及不按规定提供法律援助的情况下有承担相应法律责任的义务等。法律援助服务人员有权要求法律援助受援人提供案件真实情况、相关证据和资料等,有权要求法律援助受援人配合办案活动,有权请求法律援助机构拒绝继续为法律援助受援人提供法律援助等。

2. 法律援助受援人的权利与义务。法律援助受援人有权获得法律援助服务人员提供的合格的法律援助,有权知晓案件的办理进展情况。法律援助受援人有义务为法律援助律师办理案件提供自己所知案件的真实情况,提供所掌握的相关证据、证明材料,有义务配合法律援助服务人员的办案活动。

注释:

①即指政府法律援助机构,而不包括依托工、青、妇、老、残等社会组织建立的法律援助机构。

②参见:《条例》、各地地方条例、农民工政策规定等。

③参见:《条例》第18条、第23条。

④法律援助法律关系的类型非常多,根据现有法律援助法律法规所确定的法律援助主体之间的法律关系来划分,主要包括政府与法律援助机构

之间、法律援助机构与法律援助受援人之间、法律援助机构与法律援助服务人员之间、法律援助服务人员与法律援助受援人之间等多层次多角度的法律援助法律关系。需要强调的是，在学习和掌握这些法律援助法律关系之前，首先要掌握国家与公民之间的宪法性质的法律关系及其特征。

⑤参见宫晓冰主编、郑自文副主编：《中国法律援助制度研究》，中国方正出版社，2004年8月第1版，第50页。

⑥参见宫晓冰主编、郑自文副主编：《中国法律援助立法研究》，中国方正出版社，2001年10月第1版，第41页。

⑦从目前各地法律援助机构的性质和设置来看，有的是行政机关，有的是行政事业单位。

⑧根据行政行为的效力，学理上将行政行为分为内部行政行为与外部行政行为，它们是行政行为的一对基本范畴。内部行政行为是行政主体代表国家对隶属于自身的组织、人员和财物的管理，也即体现了国家的自我管理。而外部行政行为也称公共行政行为，体现了国家对社会的管理。与此相适应，产生了内部行政法律关系与外部行政法律关系。根据行政法学原理，内部行政行为原则上是不可诉行为，不受司法审查，发生违法或者失当时候，主要是依赖行政机关自身的救济手段。

⑨隶属型法律关系是指一方当事人可依据职权而直接要求他方当事人为或不为一定行为的法律关系。隶属型法律关系存在于具有职务关系的上、下级之间，也存在于依法享有管理职权的国家机关和其管辖范围内的各种主体之间。在隶属型法律关系中，法律关系主体的法律地位是不平等的。行政法律关系大部分属于隶属型法律关系，政府与法律援助机构之间的法律援助法律关系也不例外。

⑩参见《条例》第5条第1款规定："直辖市、设区的市或者县级人民政府司法行政部门根据需要确定本行政区域的法律援助机构。"

⑪经费是法律援助机构行使法律援助职责，组织实施为公民提供的法律援助的基本物质保障。为了使法律援助机构能够正常运作，代表政府切实担负起组织实施法律援助的职责，必须将法律援助机构的基本办公经费、工作人员的工资、办案经费等费用纳入到政府的财政预算，使围绕法律援助所开展的一切活动具有必要的经费保障。为此，《条例》第3条第1

款规定："法律援助机构是政府的责任，县级以上人民政府应当采取积极措施推动法律援助工作，为法律援助提供财政支持，保障法律援助事业与经济、社会协调发展。"

⑫参见《条例》第4条第1款："国务院司法行政部门监督管理全国的法律援助工作，县级以上地方各级人民政府司法政部门监督管理本行政区域的法律援助工作。"

⑬《条例》第1条明确规定其立法宗旨和目的是"为了保障经济困难的公民获得必要的法律服务"；第12条规定了关于刑事诉讼中应当提供法律援助的几种特别情形。

⑭参见国务院法制办政法司、司法部法律援助中心、司法部法规教育司编著：《〈法律援助条例〉通释》（以下简称《〈条例〉通释》），中国法制出版社，2003年11月第1版，第19页。关于为农民工提供法律援助，《司法部、财政部贯彻落实〈国务院关于解决农民工问题的若干意见〉的意见》做出了明确规定。此外，关于法律援助受援人条件、事项范围等，在《条例》规定的基础上，各地在制定法律援助地方立法时根据当地法律援助实际需求都做出了相应的补充性规定。

⑮此外，法律援助机构及其工作人员在管理和实施法律援助的过程中，如果出现为不符合法律援助条件的人员提供法律援助，或者拒绝为符合法律援助条件的人员提供法律援助，办理法律援助案件收取财物，从事有偿法律服务，侵占、私分、挪用法律援助经费的行为，不仅损害了贫困公民应享有的法律援助权利，浪费了国家有限的法律援助资源，而且是对政府法律援助声誉和形象的极大损害，根据《条例》规定，直接负责的主管人员以及其他责任人员是要承担行政责任的。这也充分体现了该法律援助法律关系的行政性质。从学理和实质意义上讲，法律援助机构为法律援助受援人提供法律援助的行为是一种可诉行政行为，法律援助受援人对其不服可以提起行政诉讼，即法律援助机构受理和审查法律援助申请，组织实施法律援助等行为都应该是可诉行政行为。因为这些行为会对法律援助申请人、法律援助受援人及法律援助服务人员发生法律上的效果。虽然目前法律援助法律法规对其还没有做出明确规定，但在法律援助实践中，已经发生过法律援助申请人因不服法律援助机构终止提供法律援助决定而寻

求司法救济的案例。参见司法部法制司编《全国司法行政机关行政复议应诉工作会议材料汇编》2006 年 6 月印刷，第 21 页。原案例大致经过是：2004 年，一位法律援助申请人对北京市法律援助中心决定终止对其的法律援助不服，向北京市司法局提出审查请求，北京市司法局法律援助处经过调查，做出维持北京市法律援助中心终止援助决定的审查决定。申请人不服，复议至北京市人民政府，北京市人民政府维持了北京市司法局的审查决定。申请人仍不服，诉至人民法院，一审北京市司法局胜诉，申请人仍不服，又提出了上诉。由此可见，各地法律援助机构及法律援助服务人员在提供法律援助的过程中，一定要树立正确的观念，不要认为法律援助是免费服务，《条例》又没有为申请人、法律援助受援人等提供司法救济途径而可以敷衍了事。一定要根据《条例》及相关规范性文件的规定，按照职权行事，做到事实清楚，程序合法，适用法律法规正确。否则，法律援助机构基于政府授权履行法律援助职责，属于政府行为，一旦由于法律援助机构或者法律援助服务人员的过错，导致法律援助受援人重大损失的，法律援助机构很可能要承担行政赔偿责任。这显然不同于律师事务所及律师和当事人之间的等价有偿的市场中介行为，其行为过错导致的重大损失属于民事责任，律师事务所和律师所要承担的责任也是民事责任。参见《〈条例〉通释》，第 70－71 页。

⑯参见《条例》第 10 条、第 11 条、第 12 条、第 20 条。

⑰申请人是否可以就该异议提出司法救济，《条例》等相关法律法规没有做出规定，但现有的司法实践已经发生了相关案例。

⑱参见《条例》第 18 条、第 21 条、第 23 条、第 25 条。

⑲《条例》虽然没有对基层法律服务工作者参与法律援助工作做出明确规定，但是，考虑到基层法律援助工作的实际需求，司法部明确要求广大基层法律服务工作者继续参与提供法律援助，相关规定参见司法部《律师和基层法律服务工作者开展法律援助工作暂行管理办法》（2004 年 9 月 8 日 司法通〔2004〕132 号）。

⑳根据法律援助法律法规规定，结合法律援助实践活动不难看出，不同层次法律援助机构与法律援助服务人员之间的法律援助法律关系是不一样的。如司法部法律援助中心和省级法律援助机构与法律援助服务人员之

间的关系与市、县（区、市）法律援助机构与法律援助服务人员之间的法律关系是不一样的。司法部法律援助中心和省级法律援助机构主要负责对全国或全省法律援助工作的管理和监督，市、县（区、市）法律援助机构负责具体组织法律援助服务人员为法律援助受援人提供法律援助。

㉑参见司法部、民政部、财政部、劳动与社会保障部、国土资源部、建设部、卫生部、国家工商行政管理总局、国家档案局《关于贯彻落实〈法律援助条例〉切实解决困难群众打官司难问题的意见》（司发通〔2004〕127号）。

㉒从目前法律援助实践来看，部分地方对此限制做出了一定的突破，给予了法律援助受援人一定的选择权。

㉓参见《条例》第23条规定。该规定也充分说明，在组织实施法律援助的过程中，法律援助机构始终处于主导和决定地位。

㉔根据《中华人民共和国律师法》第49条规定："律师违法执业或者因过错给当事人造成损失的，由其所在律师事务所承担赔偿责任。律师事务所赔偿后，可以向有故意或者重大过失行为的律师追偿。律师和律师事务所不得免除或者限制因违法执业或者因过错给当事人造成损失所应当承担的民事责任。"

㉕《中华人民共和国宪法》第41条规定："由于国家机关和国家工作人员侵犯公民权利而受到损失的人，有依照法律规定取得赔偿的权利。"《中华人民共和国国家赔偿法》第2条规定："国家机关和国家工作人员违法行使职权侵犯公民、法人和其他组织的合法权益造成损害的，受害人有依照本法取得国家赔偿的权利。"目前，《条例》对于因为法律援助机构组织实施法律援助和法律援助服务人员为受援人提供法律援助时违法或者存在过错造成法律援助受援人损失时，法律援助机构应当对法律援助受援人所要承担的责任并没有做出明确规定。但是，随着法律援助工作的深入发展，该问题是无法回避而需要加以研究解决的。

（原文发表于《山西省政法干部学院党报》，2010年第3期）

法律援助咨询研究

从各国和地区法律援助立法和司法实践来看，法律援助咨询是律师等法律援助服务人员为当事人提供法律援助的重要形式之一①，特别是在一些英美法系国家和地区，法律援助机构通过制订法律援助咨询计划、咨询服务标准，开通全国性或者地区性咨询热线、网络系统，充分发挥签约律师事务所、法律援助咨询中心及其他法律服务机构专业人士的作用，为社会公众提供了便捷、优质、均衡化的法律援助咨询服务。而我国，由于法律援助起步较晚，法律援助咨询在法律援助工作中的重要性还没有得到充分认识。为此，笔者试从比较分析法律援助咨询的概念、种类、立法例、质量标准等入手，结合实践经验对法律援助咨询作简单分析讨论，以期对我国法律援助咨询服务有所借鉴和帮助。

一、法律援助咨询的概念、分类、作用及效力

（一）法律援助咨询的概念

在弄清楚什么是法律援助咨询之前，首先要明白什么是咨询。按照《牛津高阶英汉双解词典》英文解释，"咨询是指为他人提供应当做某事（what to do）及如何做某事（how to do）的意见"。②而据《现代汉语词典》："咨，是指跟别人商量。咨询是指征求意见，多指行政当局向顾问之类的人员或特设的机关征求意见。"③由此可见，关于"咨询"的英文解释比中文解释更能体现其应有之义。而就法律援助咨询而言，结合各国和地区法律援助实践，笔者认为是指从事法律援助服务的律师等法律专业人员应当事人要求，针对当事人遇到的法律问题，以事实为依据，以法律为准绳，进行分析研究后得出结论，并向当事人提供的法律援助咨询意见。

（二）法律援助咨询的分类

按照不同的划分标准，法律援助咨询有多种分类。如按法律部门来

分，各国不尽相同，但一般不外乎民事法律援助咨询、劳动法律援助咨询、刑事法律援助咨询、家庭法律援助咨询等；按法律援助咨询是否收费来分，包括免费法律援助咨询和收费法律援助咨询；按法律援助咨询的复杂程度来分，包括简单法律援助咨询和复杂的预约择时法律援助咨询；按法律援助咨询的形式来分，包括口头法律援助咨询和书面法律援助咨询；按照是否需要借助现代化媒介来分，包括面对面法律援助咨询、电话热线法律援助咨询和网络法律援助咨询等。④不同类别的法律援助咨询其提供主体的资质、侧重点、效力、质量标准等会有所不同。⑤

（三）法律援助咨询的作用

关于法律援助咨询的作用，可以从不同的层面和角度来分析。从当事人的角度来看，法律援助咨询可以帮助当事人消除疑问，知道应当做某事及如何做某事，从而正确地规避和解决法律问题，保护自身合法权益；从司法层面来看，通过律师等法律援助服务人员为当事人提供法律援助咨询，有助于做好诉讼分流、减少诉讼，节约法律资源等；从法律援助工作层面来看，律师等法律援助服务人员多为当事人提供法律援助咨询，能够扩大法律援助覆盖面，使更多的困难群体获得法律援助；从国家和社会层面来看，法律援助咨询可以更有针对性地宣传普及法律知识，提升法律援助知晓程度，提高人们依法维权意识，成为安排困难群体日常生活、促进法治化进程和一个国家法治化文明程度提高不可或缺的力量。

（四）法律援助咨询的约束力

从表现形式上看，法律援助咨询分为口头咨询和书面咨询。笔者首先讨论书面咨询的法律约束力。有人认为，法律援助咨询机构和询问人之间一般没有因提供服务而设定的合同关系，只是对询问人提供法律帮助，没有法律上的约束力。⑥笔者认为这种说法不尽周全合理，容易产生认识及实践做法上的误区，从而在实践工作中降低了对法律援助咨询人员的资质、能力水平等的要求，导致法律援助咨询质量不高，影响到当事人合法权益的有效保护。这是目前我国各地法律援助工作中存在的突出问题之一。笔者认为书面法律援助咨询是有法律约束力的：一是对于法律援助咨询意见书中的事实部分，其真实性应当由当事人负责，法律援助律师一般不负责对事实部分进行调查，相应的该部分的内容对律师也就不会有约束力。但根据当事人陈述的事实，由律师出具的法律意见部分，其法律适用的正确性应当由律师负责，对律师是有约束力的。二是从英国、加拿大、澳大利亚等国家和地区来看，律师等法律服务人员为当事人出具书面法律援助咨询不正确时，当事人是享有投诉权利的。

关于口头咨询的法律约束力。目前，在国内，一般情况下人们会认为传统口头法律援助咨询由于缺乏有效的固定形式，很难在事后将咨询内容公之于众，因此对其法律约束力难以界定。但是随着现代科学技术的发展，口头咨询已从传统的面对面交谈形式延伸到电话、网络会员在线法律援助咨询等，这种情况下，咨询内容可以通过电话记录、网络记录的形式予以固定并公之于众，这种借助现代技术手段提供的口头法律援助咨询是否具有法律约束力？如近年来我国各地逐渐开通的12348法律援助专线被视为实现法律援助"零距离"、均衡化发展目标，解决律师分布不均、资源短缺等问题的有效途径，而该专线提供法律援助咨询服务是否具有法律约束力呢，笔者认为答案是肯定的。对于传统口头咨询，即使没有法律约束力，笔者认为也应当认真对待，否则如果质量不高，同样容易失去老百姓对法律援助的信任。[7]

二、法律援助咨询与相关概念之间的联系

（一）法律援助咨询与代理、刑事辩护等法律服务

从立法来看，法律援助咨询看似没有法律代理、法律辩护规定得严格，但从司法实践来看，法律援助咨询可以说是代理、刑事辩护、代书等法律服务有效开展的前提和基础。这就相当于医院门诊服务和住院、手术等医疗服务之间的关系。通常，病人到医院看病，挂号后要到相应门诊室与医生会面，医生通过"望闻问切"，详细询问病人情况，必要时还要辅之以现代化检查手段，才能查明病人病情，制作诊断书，确定下一步诊疗方案等。法律援助咨询也是这样，当事人见到律师等法律服务人员后，只有通过双方认真交流，律师等法律服务人员才能掌握当事人所遇法律问题的基本情况，出具正确的法律意见，确定下一步行动方案，如是否需要为当事人提供诉讼代理或者辩护服务，制作代理书或者辩护书，帮助当事人

提起诉讼等。此外，法律援助咨询并不必然引起法律代理和法律辩护，但法律代理和法律辩护过程中必然包含有法律援助咨询。

（二）法律援助咨询与法律宣传教育

笔者认为法律援助咨询与法律宣传教育在解决法律问题的针对性、实用性、目标等方面有着很大不同。如就其针对性来看，法律援助咨询的针对性极强，从立法和实践来看，法律援助咨询一般是由律师等法律服务人员针对某个人或者特定一群人遇到的具体法律问题提供意见和建议，相比而言，法律宣传针对性就弱得多，通常是就某类法律知识发挥广而告知的作用；就其实用性和目标而言，法律援助咨询的实用性更强，其目标通常是通过"就事论事"，帮助当事人解决现实的法律问题，而法律宣传教育一般是为了起到预防和避免法律问题发生的作用，其目标是通过在法律援助领域开展针对广大困难群体的法律教育活动，逐步将广大困难群体培养为"有能力的公民"：一是在日常工作生活中能够养成依法办事的习惯，及时预料并自觉规避法律问题的发生；二是在遇到常见简单法律问题时，能够利用所学的法律知识和技能，通过自助方式及时解决法律问题；⑧三是遇到复杂法律问题靠自身能力无法解决时，知道如何寻求法律援助或者其他形式的帮助。社会生活是复杂多变的，法律专业分工越来越细密，法律宣传教育不可能面面俱到、包治百病，不可能把每一个人都培养成法律专业人士，它一般只能帮助当事人解决简单的法律问题，而对于复杂法律问题，当事人必须寻求律师等专业法律人士提供的有针对性的咨询帮助，才能有效维护自己的权利。关于法律宣传教育的局限性，在许多国家和地区已形成共识⑨。就其产生而言，法律援助咨询的提供是被动的，一般是由有需求的当事人在遇到法律问题时主动与律师等法律服务人员沟通协商，寻求帮助，而法律宣传则是由相关部门结合实际工作需要主动开展的。就形式而言，法律宣传的形式非常多，可以是某个具体活动、整套信息计划、培训课程、教室授课、剧场演出、电视节目、指导计划、网站宣传等，而法律援助咨询一般是律师等法律服务人员针对某个具体法律问题，通过面对面、电话、网络等方式与当事人进行口头或者书面交流。当然，从立法和规范性文件及司法实践来看，法律援助咨询与法律宣传教育又是密不可分的。比如英国、加拿大等国家，将法律援助咨询作为法律宣传教育的一个有机组成部分，又如在我国，"送法下乡"等大型法律援助宣传教育活动也往往伴随着各类法律援助咨询活动。就影响力而言，法律宣传要比法律援助咨询的影响力大得多，如通过媒体发布一个法律援助宣传广告，很快就会把一部法律告知整个社会，而法律援助咨询的影响力可能仅及于某一个或者某一群询问人。就效力而言，与法律宣传相比，法律援助咨询的约束力要强得多，法律援助咨询一般会对当事人的实体和程序权利产生影响，所以提供法律援助咨询的机构和人员要受法律约束力的影响。

（三）法律援助咨询与法律援助信息

法律援助信息是指与法律援助有关的各类消息、知识和资料（facts）的总和，是支持和保障法律援助工作顺利开展的基础性资源。就区别来看，笔者认为法律援助信息是一个静态概念，而法律援助咨询是一个动态概念；就联系来看，二者是方法与内容的关系。如借助现代化互联网、电话专线，人们可以轻松获得各种各样的法律援助信息，甚至还能借助这些法律援助信息解决简单的法律问题。但是，更多情况下，这些法律援助信息是否正确，如何有效利用法律援助信息解决复杂的专业化的法律问题，当事人则需要向律师等法律援助服务人员寻求专业化的法律援助咨询帮助。当然法律援助咨询并不是人与人之间传递法律信息的唯一方法，如通过开展全方位、多角度的动态或者静态法律宣传教育活动等也是向人们传递法律信息的重要方法。⑩此外，从加拿大、澳大利亚等国家的法律援助立法和实践来看，自助法律信息服务、社区法律教育⑪、法律援助咨询、法律代理等都是为当事人提供法律帮助的重要方式方法。⑫

三、关于法律援助咨询立法例

（一）国内关于法律援助咨询的立法例

法律援助咨询作为律师等法律援助服务人员为当事人提供法律服务的首要方式，《条例》对其作出了明确规定。第二条规定"符合本条例规定的公民，可以依照本条例获得法律援助咨询、代理、刑事辩护等无偿法律服务"；第十条规定"公民可以就本条第一款、第二款规定的事项向法律援助机构申请法律援助咨询"；第二十五条规定"法律援助机构对公民申请的法律援助咨询服务，应当即时办理；复杂疑难的，可以预约择时办理"。

（二）国外关于法律援助咨询的立法例

国外法律援助立法也将法律援助咨询作为为当事人提供法律援助和法律服务的重要方式。如英格兰和威尔士《1999 年获得司法公正法》规定，"社区法律服务包括：提供有关法律、法律制度及如何获得法律服务的一般信息，针对当事人遇到的具体问题提供法律援助咨询，就如何预防、解决法律权利义务纠纷为当事人提供帮助等"。爱尔兰《1995 年法律援助法》规定，"法律援助咨询是指由法律援助委员会专职事务律师或者由法律援助委员会聘请的私人事务律师、大律师为当事人提供的口头或者书面法律意见和建议"。《美国法律服务公司法》规定，"律师可以为符合条件的受援人提供法律援助咨询和代理服务，以维护该受援人的合法权益"。加拿大《BC 省法律服务协会法》《1998 年安省法律援助法》则规定，法律援助当局可以"通过为当事人提供即决法律援助咨询、信息工具包（information packages）、自助手册（self – help kits）、帮助当事人准备法律文书等，以帮助当事人开展自助代理服务"。在这些立法规定的基础上，各国和地区法律援助主管机构还通过制定规范性文件或者其他类似方式，对法律援助咨询主体、咨询形式、咨询对象、咨询质量标准等作出了规定和阐释。

四、各国和地区法律援助咨询发展及成就

长期以来，英国、加拿大、美国、澳大利亚、新西兰和中国香港等国家及地区法律援助机构均将法律援助咨询作为法律援助工作的重点内容，通过建章立制，积极开展法律援助咨询工作，为广大困难群体提供了大量法律援助咨询服务。据统计，2007 – 2008 年度，英格兰和威尔士法律援助办案总量为 2502500 件，其中民事法律援助咨询和帮助就占到 33%；2008 年度，美国法律服务公司共资助办结 889155 件案件，其中提供法律援助咨询为 535783 件，约占年度总办案量的 60. 26%；2006 – 2007 年度，加拿大安大略省综合性法律诊所在安省法律援助署资助下，提供法律援助咨询为 101515 件，约占年度法律援助办案总量的 65. 14%。2009 年 1 – 9 月份，

我国台湾地区提供法律援助咨询 18049 件，占同期法律援助办案总量的 35.76%。[13] 各国和地区在为当事人提供法律援助咨询方面取得的经验和做法主要包括以下几点。

（一）明确法律援助咨询目标

各国和地区法律援助咨询工作的总目标可以概括为：一是通过科学统筹法律援助经费，为广大当事人提供从简单咨询到法庭代理的、符合经济效益的（value for money）、一体化优质法律援助咨询等法律服务，将法律援助咨询作为实现法律援助"无缝化"服务理念的重要保障手段之一；二是通过提供法律援助咨询，帮助当事人解决法律争议，以维护当事人的合法权益，促进社会共融和谐（social inclusion）；三是保持法律援助咨询工作的独立性。在提供法律援助咨询服务工作中，不受出资方和政府相关部门的干预等。如英国、加拿大等国家和地区法律援助机构均主张为当事人提供独立的法律援助咨询服务。此外，有的还结合法律援助咨询工作的发展状况，制定出法律援助咨询年度工作目标。如英格兰和威尔士地区，其 2009 - 2010 年度民事司法制度的工作目标之一是，使家庭暴力受害者获得家庭法和社会福利法律援助咨询的人数提升 10%；而其 2009 - 2010 年度刑事司法制度的工作目标之一是通过在全国范围内降低 10% 的刑事辩护服务直拨电话未接电话率，以提高警察局法律援助咨询和帮助的效率。

（二）建立各类法律援助咨询计划

在英国，英格兰和威尔士法律服务委员会建立了社区法律援助咨询计划，为公民提供民事法律援助咨询和帮助。其提供的民事法律援助咨询的形式主要有：全国性专线电话咨询、带有互动交换工具的网络咨询、社区法律援助咨询中心、数字互动电视等。其社区法律援助咨询服务被分为两个水平级：一是一般性法律援助咨询帮助，提供主体主要为公民咨询局和其他咨询机构，针对简单问题为公民提供法律援助咨询、法律援助信息等服务；二是专业化法律援助咨询帮助，提供主体主要为事务律师、法律中心和部分公民咨询局，针对某个专门法律领域的复杂问题为公民提供法律援助咨询、代理等服务。如果当事人对某个法律援助咨询不满意，还可以向法律服务委员会所属社区法律援助咨询部投诉。

英格兰和威尔士刑事法律援助咨询主要包括警察局值班律师法律援助咨询计划和刑事辩护服务法律援助咨询计划。根据一般刑事合同约定，所有被羁押在警察局的人都有权利获得免费的独立法律援助咨询和帮助。当被羁押的人需要获得法律援助咨询时，可以作出两种选择：一是获得值班律师提供的法律援助咨询，其费用由法律服务委员会支付；二是获得被羁押人私人律师提供的法律援助咨询。如果被羁押人持有一般刑事合同，则其费用也由法律服务委员会支付。自 2005 年以来，法律服务委员会还通过设立刑事辩护服务直拨电话项目，为被羁押在警察局的人提供电话咨询服务。[14]根据一般刑事合同约定，刑事辩护服务直拨电话为非严重犯罪提供电话咨询服务，包括醉酒驾车犯罪、非监禁犯罪等。刑事辩护直拨电话服务的优点主要表现在：一是加快为当事人提供咨询服务的速度。咨询人员在接到辩护律师呼叫中心的来电后，在 30 分钟内向警察局的回电率高达99%[15]；二是缩短被羁押人在警察局的羁押时间；三是提高纳税人所纳税款的使用价值。而公设辩护人是指受薪刑事律师，可以提供独立的刑事法律援助咨询、代理、辩护服务，被监禁的人每周 7 天，每天 24 小时均可获得公设辩护人提供的法律援助咨询等服务。

在苏格兰，20 世纪 50 年代，苏格兰律师协会（Law Society）就根据《法律援助与事务律师法（1949）》，建立了法律援助咨询与帮助计划。后来，根据苏格兰《法律援助咨询与帮助法（1972）》，苏格兰律师协会又确立了新的综合性法律援助咨询和帮助计划，由事务律师为经济困难的人士提供刑事法律援助咨询服务，以简化刑事法律援助程序（criminal summary legal aid procedure），鼓励当事人尽早作有罪辩护（earlier guilty pleas）。在爱尔兰，2001 年 2 月，爱尔兰司法平等与法律改革部长建立了警察局法律援助咨询计划，该计划规定为经济困难的被侦查羁押人员等提供事务律师免费法律援助咨询服务等。

此外，加拿大、澳大利亚、新西兰和中国香港等国家及地区也通过建立法律援助值班律师计划等，为当事人提供即时民事和刑事法律援助咨询服务。如加拿大 BC 省律师协会提供的法律援助咨询服务包括：法庭值班律师咨询服务；家庭法律师咨询服务；律师或者律师助理（paralegal）提供的法律专线咨询服务（LawLINE phone service）。[16]在澳大利亚，维多利亚州法律援助委员会（Victoria Legal Aid）也建立了法律援助咨询项目⑰。

（三）建立健全各类法律援助咨询服务系统

在政府提供的法律援助资金支持下，各国和地区法律援助机构单独或者与相关机构合作，成立了各类法律援助咨询服务系统，畅通各类服务渠道，方便广大当事人就日常法律问题获得及时便捷的、面对面的、从简单咨询到专业代理的法律援助服务。一是建立或者委托法律援助咨询机构开展法律援助咨询服务。如英格兰和威尔士法律服务委员会与律师协会、法律援助咨询联盟、地方政府等机构合作，充分发挥资金和法律专业优势，在法律援助系统内外成立了许多法律援助咨询中心，或者通过与律师事务所等订立服务合同，为当事人提供包括法律援助咨询在内的法律援助服务。澳大利亚昆士兰法律援助委员会（Legal Aid Queensland）通过为本省多个社区法律中心提供经费支持，以支持其为困难群体提供专业化法律援助咨询帮助等。二是建立网络法律援助咨询平台。如英格兰和威尔士法律服务委员会建立了本地区性的社区法律服务网站。三是建立统一的电话咨询专线，明确了咨询工作时间。通过全国性或者地区电话咨询专线，为当事人提供一体化法律援助咨询服务。如2004年英格兰和威尔士法律服务委员会建立了地区性统一社区法律援助咨询专线电话（08453454345），就教育、就业、家庭、住房、债务等问题为困难群体提供法律援助咨询及转介服务。加拿大各省则通过布里奇斯专线为被逮捕、拘留或者被侦查人员提供电话咨询服务。⑱澳大利亚新南威尔士州设有全州性的法律专线电话，为来电人士提供电话信息、转介和咨询服务⑲，并设有法律援助青少年热线电话，由经验丰富的刑事律师为少年犯提供法律援助咨询。此外，各国和地区法律援助机构还明确了为当事人提供电话咨询的时间段，一般为周一至周五的工作时间，也有提供全天候服务的，如英格兰和威尔士警察局值班律师计划，随时都有值班律师为被羁押人员提供法律援助咨询服务。

（四）明确法律援助咨询人员资质和队伍保障

从各国法律援助立法和规范性文件来看，法律援助咨询的提供主体主要是法律援助机构内专职律师和私人执业律师。如澳大利亚维多利亚州，法律援助律师在全州15个法律援助办公室、各类法院、社区中心和其他延伸场所、监狱、惩教场所（correctional facilities）、青少年司法中心（juvenile justice centers）、青少年拘留所（remand centers）、看守所等为困难群体提供法律援助咨询服务。有的法律援助主管机构还为法律援助律师等咨询人员提供各种日常培训活动，为法律援助咨询中心配备带薪律师。有的法律援助主管机构则与私人执业律师订立服务合同，以便私人律师在某一法律领域或者针对具体法律问题为当事人提供法律援助咨询。如英格兰和威尔士法律服务委员会就通过订立民事和刑事法律援助合同，雇佣私人律师为困难群体提供法律援助咨询。通过这些措施，各国和地区法律援助机构为法律援助咨询工作提供了充分的人力资源保障，提高了咨询人员的能力和素质。

（五）明确了法律援助咨询事项范围和咨询对象

从各国和地区法律援助咨询实践来看，法律援助咨询事项范围和咨询对象均非常广泛，针对与日常生活密切相关事项，大部分人都能够获得首次或者一次性免费法律援助咨询服务，但如果需要进一步的法律援助咨询服务，当事人则需要接受经济状况的审查。如英格兰和威尔士，法律援助咨询事项范围主要为婚姻家庭、债务、教育、社会救济、税收、劳动就业、住房等，而关于法律援助咨询对象，如果当事人需要得到一般性法律援助咨询服务，其首次预约服务是免费的，如果当事人需要更专业的法律援助咨询的话，则要接受经济状况审查[20]；又如在澳大利亚维多利亚州，法律援助机构可以提供免费法律援助咨询的事项范围主要集中在刑事犯罪（特别是被监禁的人、面临严重指控的人或者年轻人被指控）、家庭破裂案件（特别是涉及孩子的案件）、家庭暴力案件、部分民事案件（包括社会保障、债务、精神健康、移民和难民、监护及反歧视案件）、严重交通违法行为、侵权罚款等，而其咨询对象重点为最需要帮助的人，包括社会和经济上的困难群体、不能获得私人律师帮助的人及不能通过其他方式获得法律帮助的人，如果当事人仅需要获得一次性法律援助咨询服务，是不收费的，如果需要获得更多包括法律援助咨询在内的法律帮助，则需要申请法律援助补助金。

在苏格兰，法律援助咨询和帮助计划允许经济困难的当事人获得事务律师提供的法律援助咨询服务，但当事人必须通过向某个事务律师提出法律援助咨询和帮助申请，申请人必须向事务律师声明其财产状况，结合申请人的财产状况，该事务律师将告诉申请人是否享有获得法律援助咨询和帮助的资格，是否需要分担费用⑳；在澳大利亚新南威尔士州，当事人获得法律援助咨询是不需要进行经济现状审查，只要当事人需要获得面对面的法律援助咨询，就可以拨打距离最近的法律援助办公室的电话，预约会见律师。在加拿大 BC 省，即使当事人不符合法律援助条件无法获得法律援助律师提供的代理服务，但他仍然可以有资格获得 BC 省律师协会提供的法律援助咨询服务。

（六）明确法律援助咨询常见问题

为了方便当事人在遇到法律问题时能够尽快获得正确的法律援助咨询，各国和地区法律援助主管机构还及时总结并通过网站公布了一系列法律援助咨询常见问题、公开法律援助咨询电话等。如谁能获得法律援助咨询、当事人需要为法律援助咨询付费吗、当事人能够从哪儿获得法律援助咨询、当事人会见律师之前需要做哪些准备工作、当事人会见律师有时间限制吗等。当事人也可以通过拨打相关电话获得这些常见问题的信息。如英格兰和威尔士社区法律服务网站、澳大利亚维多利亚州法律援助网、加拿大 BC 省法律援助网站上介绍的相关法律援助咨询信息。从澳大利亚维多利亚州法律援助网站法律援助咨询信息中不难看到，当事人可以随时到访某个法律援助办公室，但法律援助律师只能在部分工作日为当事人提供法律援助咨询，所以当事人最好先与法律援助办公室工作人员电话联系，以便确定法律援助律师为其提供法律援助咨询的时间安排。

（七）建立法律援助咨询服务质量控制制度

从各国和地区法律援助质量控制制度来看，法律援助咨询均是其质量控制工作的重点内容，如英格兰和威尔士，无论是其独立的法律援助同行评估制度或者是法律援助专业质量标志制度，均将法律援助咨询作为质量控制工作的重点内容，要求法律援助咨询人员在无法为当事人提供咨询的情况下，要负有将当事人指引或者转介到其他的组织机构的义务，并要求法律援助服务机构制定工作程序时要包括有指引和转介流程，以明确本机构在遇到非特定当事人目标群时，是采取什么办法将其指引或者转介到其他服务机构的。②苏格兰也将法律援助咨询作为刑事和民事法律援助质量控制制度的重要内容；又如加拿大安省，法律援助咨询是安省法律援助署及其地区办公室主任批准私人律师参与各类值班律师计划的重要质量控制指标之一；在美国，对法律援助电话咨询等新型法律援助服务方式进行评估也是法律服务公司、全国法律援助与辩护协会等进行法律援助质量评估的重要内容。

（八）为法律援助咨询提供切实的经费保障

为了做好法律援助咨询工作，各国和地区法律援助机构还为法律援助咨询提供了充足的经费保障，如英格兰和威尔士，2007－2008 年度，法律援助经费总额为 20.586 亿英镑，其中民事法律援助咨询和帮助经费占12%。根据苏格兰法律援助委员会年度报告统计，1989－1990 年度，其用于法律援助咨询和帮助的经费为 10236000 英镑，占年度法律援助总经费支出的 17%（56972000 英镑）；1999－2000 年度，用于法律援助咨询和帮助的经费为 28460000 英镑，占年度法律援助总经费支出的 21%（138125000英镑）。

注释：

①近年来，随着现代科学技术的广泛运用，各国和地区的立法机关、司法机关、律师事务所、各类法律援助咨询中心（legal advice centers）及其他法律服务机构和组织等，通过面对面、热线电话、网络等多种形式为各行业人士提供有偿或者无偿的法律咨询服务，极大地满足了人们的法律需求，推动了法律援助与法律服务事业的快速发展，加速了法治化的进程。

②《牛津高阶英汉双解词典》（第四版），商务印书馆、牛津大学出版社 1997 年版，第 22 页。

③中国社会科学语言研究所词典编辑室编：《现代汉语词典》（2002年增补本），商务印书馆 2002 年版，第 1662 页。《现代汉语词典》关于咨询概念的解释没有《牛津高阶英汉双解词典》准确到位，很可能受这种概念解释的影响，在我国，法律援助咨询的作用和价值没有像英美法系那样得到科学的体现和应用。

④在此，笔者尝试对法律援助咨询作简单分类，可能不尽全面合理，仅希望有助于说明问题，增强读者对法律援助咨询的理解和把握。

⑤如按照咨询的功能来分，可以分为一般法律信息咨询和专业性法律信息咨询，对于提供主体的资质要求是不一样的。对于一般法律信息咨询，如申请人如何申请法律援助，如何就所遇到的法律问题获得法律帮助等，由稍加培训的信息员解答就行了，其作用就像"医院分诊台"，而对于专业性法律援助咨询的解答，则必须由律师等专业人士负责。

⑥参见《〈条例〉通释》第87-88页。

⑦如据一些法律援助工作人员反映，随着人们法律意识的普遍提高，有的上访人到法律援助中心寻求法律援助咨询时，会随身携带录音设备，将咨询内容录下来，以便日后发生纠纷时作为证据使用。这种情况下，如果律师等提供的法律援助咨询意见不正确，极有可能影响到上访人合法权益的维护，使上访人失去对法律援助的信任。

⑧从国外法律援助情况来看，当事人自助方式解决法律问题是有局限的，即只能用来解决简单的法律问题，而对于复杂法律问题，还需要专业人士的帮助。就相当于人们生小病可以自己到药房拿点药吃下，而对于大病还需要到医院去看一样。不能过分夸大法律宣传教育在帮助当事人自助解决法律问题方面的作用。

⑨如具体到法律援助工作，笔者调查发现，通过法律援助宣传提高了法律援助的知晓率，很多经济困难的老百姓遇到法律问题时，会主动到当地法律援助机构寻求帮助。有的当事人事前总认为自己不需要拿一分钱，有政府出面帮助打官司，肯定能打赢。通过咨询律师等法律援助服务，他们才发现，法律援助也不是万能的，并不是什么样的官司都能打，这超出了他们的心理预期，感觉难以接受的例子时有发生。由此可见，包括法律援助宣传在内的法律宣传教育是一回事，而具体法律问题能否解决又是另外一回事。由此，笔者还有一个不太成熟的想法，在目前法律援助减费和分担费用等制度难以实行的情况下，为了尽量防止有限法律援助资源被申请人滥用，在将来的法律援助宣传工作中，是否也要把法律援助的局限性、在打官司时当事人也要付出的代价等设计进去，以引导老百姓理性思考问题，不要动辄诉诸法律援助。

⑩如在许多国家和地区，有关法律援助和法律服务机构通过在宣传栏、报亭、电话亭、图书馆、提示牌等位置和场所摆放法律读物，制作宣传手册、挂画等供读者取阅以获得法律信息知识，就是一种静态的法律宣传教育形式。而制作法律援助电视宣传片、flash、动画等，则是一种动态的法律宣传教育形式。至于动态和静态法律宣传教育二者哪个作用更大，笔者在此不作过多讨论。

⑪安省法律援助署主要为安省社区法律教育提供资金上的支持。

⑫参见新南威尔士州《法律职业法（2004）》。又如在维多利亚州法律援助工作中，VLA法律信息服务项目通过电话服务为当事人提供免费的一般法律信息以帮助当事人知晓法律，以便他们能够针对遇到的法律问题作出最佳决定，而其免费社区法律教育则能够帮助当事人理解某些法律问题（legal issues）。

⑬司法部法律援助中心编：《国外境外法律援助信息》2009年第4期，左秀美编译整理。

⑭详见刑事辩护服务直拨电话手册、质量文件等。

⑮据调查统计，其中98%的来电会在15分钟内得到咨询人员的回电答复。

⑯参见郭婕《法律援助值班律师制度比较研究》《中国法律援助》2007年第11期。

⑰维多利亚法律援助委员会提供的免费法律服务主要包括：电话信息、公共法律图书馆、刊物和讲习班、法律援助咨询、法庭和仲裁值班律师。

⑱参见左秀美《加拿大法律援助值班律师制度及其借鉴意义》《中国法律援助》2006年第11期。

⑲由信息员负责接听电话，就法律援助政策和服务、如何申请法律援助、如何就所遇到法律问题获得法律帮助等答复来电人。如果来电人需要专业的法律援助咨询，信息员可以就此为其提供转介服务。

⑳详细情况请参见郭婕《英格兰和威尔士社区免费法律援助咨询服务制度概述》《中国法律援助》2009年第9期。

㉑如果申请人正在领取失业补助、残疾人工作补助等，则当然享有获

得免费法律援助咨询和帮助的资格。

㉒提供指引服务的目的是为了保证经与当事人初步交谈（还没有提供法律咨询之前），法律援助服务机构工作人员发现无法为当事人提供服务时，将当事人指引到其他服务机构以寻求适当的帮助；而提供转介服务的目的则是为了保证在法律援助服务机构与当事人确立服务关系后发现，无法就该当事人正在面临的问题提供进一步的法律援助咨询等服务时，将该当事人转介到其他服务机构以寻求适当的帮助。

（原文发表于《中国司法》，2010 年第 3 期）

法律援助与社会救助的区别

由民政部负责起草的《社会救助法（草案）》将"法律援助"作为社会救助中专项救助的一部分，与医疗救助、司法救助等一起被纳入了该法的调整范围。[①]笔者认为，这种做法有待商榷，法律援助不应该被纳入到社会救助的立法调整范畴。本文拟从社会救助和法律援助的概念、体制机制、立法政策渊源、实践活动等探讨二者的区别。

一、社会救助和法律援助的定义和区别

关于什么是社会救助和社会救助体系，《社会救助法（草案）》作出了如下界定："社会救助是指国家和社会对依靠自身努力难以满足其生存发展基本需求的公民给予物质帮助和服务。社会救助体系，指的是由国家为保障困难群众的基本生活，帮助解决他们生活中遇到的特殊困难而建立的一系列制度以及为保证这些制度的实施而形成的管理体制、运行机制、组织网络、物质技术条件等要素有机结合而成的整体。适应当前社会主义市场经济发展、改革深入、社会进步要求的新型社会救助体系，从结构上由三部分组成，一是各项制度，包括低保、灾民救助、五保、医疗、住房、教育、司法援助等救助制度……"[②]对该定义及其制度框架内容，笔者有两点不同意见：其一，《社会救助法（草案）》中虽然规定了其救助方式之一是为困难公民提供服务，但这种服务应该是指为困难公民提供保障其基本物质文化生活、生命健康等方面的服务，而不能包括法律援助服务；其二，《社会救助法（草案）》将法律援助与低保、灾民救助、五保、医疗、住房、教育等制度放在一起调整不太合适的，法律援助与社会救助不是一个层面的制度。

就法律援助而言，在不同国家和地区有不同的名称和定义。但不管其名称如何，其内涵是大体相同的，即通常由国家设立的专门法律援助机构

对因经济困难无力支付或不能完全支付法律服务费用的公民，给予免收费或者由当事人分担部分费用的法律帮助，以维护法律赋予公民的权益得以平等的保护和实现。由此不难看出，法律援助是为符合经济困难标准及特殊事项的公民，在遇到包括政府赋予其的社会保险待遇和最低生活保障待遇等社会保障和救济权利无法得到实现等情况下，所提供的最后一道司法救济途径。如经济困难公民在申请社会救济等事项时，若遇到主管部门不作为，可以通过法律援助维护自己依法应该享有的救济权利。对此，有关国家的法律援助立法和政策都作出了相应的规定。《条例》第二章"法律援助范围"第十条作出了明确规定："公民对下列需要代理的事项，因经济困难没有委托代理人的，可以向法律援助机构申请法律援助……（二）请求给予社会保险待遇或者最低生活保障待遇的；（三）请求发给抚恤金、救济金的……"因此，社会救助与法律援助不是一个层次上的概念和制度，即社会救助侧重于行政层次上的概念和制度，而法律援助侧重于司法层次上的概念和制度，法律援助制度是各项社会救助制度得以顺利有效运行的司法保障方式之一。

社会救助制度和法律援助制度之间存在着许多区别之处。主要有：（一）目的和功能作用不同。社会救助以关注民生、保障公民的基本生存权为出发点和落脚点，通过由国家和社会为困难群众提供基本的物质文化生活保障，以满足困难群众最低物质文化生活需求。华建敏同志指出，社会救助指国家通过国民收入再分配，对因自然灾害或其他经济社会原因无法维持最低生活水平的公民给予无偿帮助，以保障其最低生活水平的一种保障制度，其主要是政府对未能参加社会保险，或即使参加了社会保险但生活依然贫困的城乡居民，通过建立最低生活保障制度和社会医疗救助制度承担"托底"责任[③]；而法律援助则是以公民司法人权保护为出发点和落脚点，通过国家和政府为经济困难公民提供专业化的减免费分担费用的法律服务，以使困难公民所享有的政治、经济、文化等权利得到法律上的有效保护和实现[④]。（二）所依据的标准不同。社会救助的对象确定以贫困为事实，严格遵守最低生活保障线标准和低收入家庭标准；而法律援助对象的确定不只是限于最低生活保障线和低收入家庭标准，具体表现在：一是法律援助经济困难标准的确定要高于最低生活保障线和低收入家庭标准，这已被各国法律援助立法和司法实践活动所证明⑤。二是根据《条例》及相关规范性文件的规定，对于法律援助申请的审查，除了要考虑经济困难标准因素，还要受法律援助对象范围和法律援助事项范围的限制。三是对于刑事法律援助案件、特殊事项和特殊对象，基于对公民司法人权等的保护，有时候是不需要考虑经济困难标准的。此外，对于法律援助申请的审查，还要考查司法成本等因素。（三）体制及工作重点不同。社会救助体制采取的是"政府主导，民政主管，部门协作，社会参与"模式，工作重点是救助申请人的资格审查和批准等；而法律援助体制采取的则是"政府主导，司法行政部门主管，法律援助具体运作，部门支持，社会参与"模式，工作重点是对法律援助办案等程序和服务质量结果的控制等。

当然，社会救助与法律援助之间也存在一定的联系。主要表现在：（一）被救助与被援助对象的经济困难标准的确定上存在一定的重合；（二）二者的实现都以政府切实承担责任为主要前提；（三）日常工作中都需要相关部门的支持、配合及全社会的广泛参与等。如为了加强相关部门在法律援助工作中的配合力度，司法部、民政部等相关部局联合下发的《关于贯彻落实〈法律援助条例〉切实解决困难群众打官司难问题的意见》规定了司法行政部门与民政部门在了解经济困难公民法律援助需求、审查法律援助申请人经济困难等方面的协作机制⑥。但是，二者之间的联系并不必然构成《社会救助法（草案）》将法律援助纳入专项救助的原因，不能因为两个制度间有一定的联系就将其纳入同一个立法范畴加以调整。

二、我国社会救助与法律援助的法律法规、政策渊源不同

（一）《宪法》渊源不同

社会救助的《宪法》渊源表现在该法第二章（公民的基本权利和义务）第四十五、第四十六条等规定。如第四十五条规定："中华人民共和国公民在年老、疾病或者丧失劳动能力的情况下，有从国家和社会获得物质帮助的权利。国家发展为公民享受这些权利所需要的社会保险、社会救济和医疗卫生事业。国家和社会保障残疾军人的生活，抚恤烈士家属，优待军人家属。国家和社会帮助安排盲、聋、哑和其他有残疾公民的劳动、生活和教育。"据此，1998 年广东省制定的《社会救济条例》第一条明确

规定："为了维护公民的基本生活权益，保持社会稳定，根据《中华人民共和国宪法》第四十五条规定，结合我省实际，制定本条例。"由此推断，社会救助制度的目的和作用是为经济困难的公民提供基本的物质文化生活保障。

而法律援助在《宪法》上的渊源出自该法第三章（国家机构）第一百二十五条规定："人民法院审理案件，除法律规定的特别情况外，一律公开进行。被告人有权获得辩护。"这是我国法律援助最直接的宪法渊源，即为刑事案件的被告人提供免费的法律服务，以保障经济困难及特殊刑事案件的公民与其他公民一样，享受《宪法》所赋予的"中华人民共和国公民在法律面前一律平等"的权利的实现。而且，随着法律援助制度的深入发展，法律援助已经从刑事逐步扩大到民事、行政等法律援助领域。

（二）法律法规渊源不同

目前调整社会救助活动的法律法规规范性文件主要有：国务院《城市居民最低生活保障条例》《城市生活无着的流浪乞讨人员救助管理办法》《五保供养条例》及相关规范性文件。社会救助事项（范围）表现在城乡低保救助、医疗救助、临时性救助、住房救助、助学救助、就业帮助等。而调整法律援助活动的法律法规主要是《刑事诉讼法》《条例》，各地方法律援助条例、办法及法律援助规范性文件等。如《条例》对法律援助立法目的、制度性质、政府责任、经费来源、机构人员队伍建设、经济困难标准和事项范围等都作出了相应的规定和调整。《条例》不仅是以往法律援助实践经验的集中体现，而且为时机已经基本成熟，正在酝酿起草阶段的《法律援助法》的出台奠定了坚实的立法基础。

（三）政策渊源不同

社会救助与法律援助的政策渊源不同集中体现在1993年中国共产党第十四届中央委员会第三次全体会议通过的《中共中央关于建立社会主义市场经济体制若干问题的决定》、2005年国务院总理温家宝所作《政府工作报告》和2006年10月18日党的十六届六中全会通过的《关于构建社会主义和谐社会若干重大问题的决定》等文件的相关规定。如《中共中央关于建立社会主义市场经济体制若干问题的决定》提出，要"建立多层次的社会保障体系，对于深化企业和事业单位改革，保持社会稳定，顺利建立社会主义市场经济体制具有重大意义。社会保障体系包括社会保险、社会救济、社会福利、优抚安置和社会互助、个人储蓄积累保障"。

而 2005 年国务院《政府工作报告》则同时包括了社会救助和法律援助。其中社会救助作为维护困难群众基本物质文化生活水平需要的重要社会保障手段之一，被放在该《报告》第五部分"积极发展社会事业和建设和谐社会"部分"（二）进一步做好就业和社会保障工作，提高人民生活水平"中来说的，即"高度重视解决城乡困难群众基本生活问题。各地要加快建立城乡特殊困难群众的社会救助体系，帮助他们解决看病、住房、子女上学等实际困难。完善农村'五保户'供养制度。增加扶贫投入，积极帮助贫困地区群众脱贫致富。做好受灾地区减免税收和受灾群众生产生活救济等工作"。而法律援助作为实现我国民主法治建设的重要基础和手段之一，则是被放在第五部分"积极发展社会事业和建设和谐社会"中来说的，即"（三）加强民主法制建设，切实维护社会稳定"来强调，要求"做好法律服务和法律援助工作"。

《关于构建社会主义和谐社会若干重大问题的决定》同样是将社会救助作为保障困难群众基本物质文化生活水平的重要手段，放在该《决定》第四部分"加强制度建设，保障社会公平正义……（六）完善社会保障制度，保障群众基本生活"中，即"适应人口老龄化、城镇化、就业方式多样化，逐步建立社会保险、社会救助、社会福利、慈善事业相衔接的覆盖城乡居民的社会保障体系"。而将法律援助放在第四部分"加强制度建设，保障社会公平正义……（二）完善法律制度，夯实社会和谐的法治基础"中，即"拓展和规范法律服务，加强和改进法律援助工作"。

三、各国和地区有关社会救助与法律援助立法例不同

（一）社会救助与法律援助分别由相应立法例来调整

无论是英美法系还是大陆法系国家和地区，都制定了不同的法律法规等对社会救助和法律援助分别作出调整。英美法系国家以英国和美国为代表，社会救助最先起源于英国，其社会救助由《国民救助法》等所调整，而美国社会救助由《社会保障法》所调整，该法通过提供失业保险与退休

养老方案，奠定了美国社会保险制度的基础与范例，此后该法不断扩充，以应对全体公民的生老病死、医疗保健、育幼养老、残障照顾和临终安乐等重大事故。大陆法系国家以德国为代表，其社会救助主要受《社会法典》《帝国保险法》《劳动资助法》《联邦社会救助法案》及其配套规章等所调整；在我国台湾地区，社会救助是受《社会救助法》所调整。

关于法律援助立法，在英国，法律援助由 2000 年 4 月 1 日起实施的《获得司法公正法》等所调整，美国则是由联邦《刑事公正法》《美国州公共辩护人（法）》《法律援助（服务）公司法》等所调整；德国法律援助由民事诉讼法等调整⑦，台湾地区法律援助由《法律扶助法》所调整。

（二）社会救助与法律援助分别由不同的机构及组织管理实施

各国和地区社会救助一般都是由社会保障或社会服务机构组织管理实施的。如美国社会保障管理实施机构主要为：在中央为总部设在马里兰巴尔的摩市的社会保障局，内设 15 个部门；在地方设有 10 个地区办公室、6 个审查中心及近 1300 个现场办公室⑧。此外，美国还设有社会保障委员会、各州政府就业保障局、各地方县政府公共社会服务部等机构和组织参与社会保障工作⑨。《台湾社会救助法》将社会救助的主管机关规定为：在中央为内政部；在省（市）为省（市）社会处（局）；在县（市）为县（市）政府。在德国，针对贫困群体的社会救济由社会服务办公室负责提供救济，其救济标准由联邦政府劳工和社会部统一制定；针对失业者的失业保险是由职业介绍部门负责；针对老病残者的照顾，即护理保险和工伤保险分别由法定医疗保险机构、保险公司和联邦劳动和社会秩序部（工伤保险最高行政管理部门）、同业联合公会（工伤保险社会管理组织）、同业公会（工伤保险经办机构）负责管理或实施。而在法律援助的管理和实施体制上，各国和地区主要是根据国家立法设立独立的法律援助委员会（或称为署、局）或者司法部门直接设立法律援助机构来负责管理和实施。

1. 设立独立的法律援助委员会（或称为署、局）。由一个根据《法律援助法》设立的、独立于政府之外的委员会对法律援助进行管理，如加拿大、英国、新西兰、澳大利亚、南非、印度等国家中的多数省（州、地区）均实行这种模式。在美国，刑事和民事法律援助机构是分开设立的，其刑事法律援助机构一般是设在各州县的公设辩护人办公室，但在民事法律援助方面，美国政府根据国会通过的《法律服务公司法》（其实就是"法律援助公司法"），设立了一个独立的专门的全国性机构即法律援助公司来进行管理。加拿大有 6 个省的法律援助工作由依照法律设立的独立委员会管理，包括安省、纽芬兰、新斯科舍、魁北克、马尼托巴、萨斯喀彻温和 BC 省。在英国，由依法设立的独立法律援助委员会（后改为法律服务委员会）[⑩]管理法律援助。

2. 亚洲的一些国家，如印度尼西亚、越南、新加坡等国，在政府的司法部内都设有"法律援助局"管理法律援助工作，我国香港特区则更直接设立属于政府机构系列的"法律援助署"管理法律援助（香港还有一个所谓的法律援助机构，即香港法律援助服务局，但根据法律，它只是一个由民间人士组成的法律援助政策咨询机构，不是法律援助机构）。在美国，有几个州中的刑事法律援助由州长任命的公设辩护人组成公设辩护人办公室管理。在加拿大，爱德华王子岛的法律援助工作不经过立法，而由省政府（通过省司法部）直接管理。[⑪]台湾法律援助的主管机关为司法院，法律援助业务实施组织则为法律扶助基金会和法律扶助基金会分会，各级法院、检察院、律师公会及律师负有协助实施法律扶助事务的义务[⑫]。

（三）提供社会救助和法律援助的形式（种类）不同

从各国和地区立法来看，社会救助形式和法律援助形式不同。社会救助一般有两种形式：一是急难、灾害救助。这是暂时的、应急的，被救助者并非都是低收入者。如果接受救助后，被救助者仍面临困难无法解决，就将被当地部门依法纳入低收入贫困群体，接受长期救助。二是一般性救助，救助事项非常广泛，它包括家庭补助、收容安置、伤残病疗补助、失业救助等，通常又分为贫困地区和贫困户的救助。如《美国社会保障法》所调整的救助形式非常广泛，包括失业保险、老年退伍保险、医疗补助、补充安全收入及为儿童、老人、盲人、残障人士提供的各项专业与非专业社会服务等。

台湾《社会救助法》规定的救助形式，指的是生活扶助、医疗补助、急难救助及灾害救助，[⑬]对于法律扶助形式则是由《法律扶助法》来调整，主要有法律咨询，调解、和解，撰拟法律文件、诉讼或者仲裁代理或者辩护及其他经法律扶助基金会决议的事项。

（四）提供社会救助和法律援助的方式、目的等不同

就提供社会救助和法律援助的方式来看，二者也是不同的。各国为被救助者提供救助的方式主要是提供实物或者现金帮助。如德国为贫困群体提供社会救济的方式为：一是发放保障金，由社区救助机构发给保障对象银行卡，也有的发给现金支票；二是提供必要的生活服务，主要是雇请专人为老年人、残疾人和儿童等特殊保障对象提供生活护理等服务。而法律援助则是为受援人提供法律咨询、撰写法律文书、参与和解和调解、代理、辩护等专业性的减、免费或分担费用的法律服务。

各国和地区提供社会救助和法律援助的目的不同。提供社会救助的目的是使享受救助者能够获得最基本的生活保障。如德国社会救助法律规定，其社会救济是指"对不能以自己的力量为自己提供生活费或者在特殊生活状况下不能自助，也不能从其他方面获得充分救济的人，有获得与他的特殊需要相适应的人身和经济帮助的资格，使他有能力自助，能够参与社会生活，使他合乎人道的生活得到保障①"。台湾建立社会救助制度的目的是"为照顾生活困难之低收入者及遭受紧急患难或非常灾害者之生活，并协助其自立"。

而各国和地区建立法律援助的目的则是为了受援助者得到法律上的公正公平待遇。如台湾地区建立法律援助制度的目的是"为保障人民权益，对于无资力，或因其他原因，无法受到法律适当保护者，提供必要之法律扶助"。香港法律援助的目的是"确保所有符合资格接受法律援助的人士不会因欠缺经济能力而没法寻求公义"。

四、《社会救助法（草案）》不该将法律援助纳入

从以上分析并结合我国现有社会救助和法律援助立法例和实践来看，二者在概念内涵和外延、立法渊源、立法原则和规范、管理体制、工作程序、提供社会救助和法律援助的形式、方式等方面都是不同的。那么，《社会救助法（草案）》为什么把法律援助纳入其调整范围呢？我们似乎可以从现有的法律援助在相关城乡社会保障体系或者社会救助体系等规范性文件中的出现得到一点解释。2000 年 12 月 25 日，国务院下发了《关于印发完善城镇社会保障体系试点方案的通知》。该《通知》附带的《试点方

案》首次将法律援助纳入了社会保障体系，即"（七）大力发展慈善机构、服务于贫困家庭的基金会等非营利机构。非营利机构用于公益事业的支出，可按税法有关规定在缴纳企业所得税前扣除；企业和个人向慈善机构、基金会等非营利机构的公益、救济性捐赠，可全额在税前扣除。鼓励社会各界向贫困家庭提供法律援助、基本医疗服务，为贫困学生提供助学金"。该《试点方案》提到的法律援助应该是社会上广泛流传的民间公益性质的法律服务，而不是严格意义上的政府法律援助。

但是，在贯彻落实该《试点方案》的过程中，部分地方政府及相关部门没有将民间公益法律服务与政府法律援助有效区别开来，而是纷纷将政府法律援助纳入到加快城乡社会救助体系建设的救助制度之中。如黑龙江省人民政府《关于加快城乡社会救助体系建设的意见》74 号）提出要突出重点，加快城乡社会救助体系建设，其中工作重点之一就是："（八）积极推进法律援助规范化救助体系。要积极贯彻落实《条例》《黑龙江省法律援助办法》的规定，县级以上政府要将法律援助经费纳入年度财政预算，以保障法律援助事业与经济社会协调发展。各级司法部门要按照《黑龙江省法律援助办法》的有关规定，为城乡救助对象无偿提供法律咨询、代理、刑事辩护等法律援助，并按照省司法厅、民政厅《关于黑龙江省公民申请法律援助经济困难标准的规定》要求，及时受理弱势群体提出的法律援助申请。各有关部门要认真执行司法部、民政部、财政部等九部局《关于贯彻落实〈法律援助条例〉切实解决困难群众打官司难问题的意见》和省高级人民法院、省司法厅等六部门《关于向法律援助受援人提供缓、减、免收费的通知》的有关规定，切实保障困难群体的合法权益。"

而湖南省长沙市岳阳区《关于建立城乡社会救助体系的实施意见》对法律援助工作作出更加明确的规定："（八）法律援助。系对本区户籍的民政救济对象实行的一种专项救助。由区司法局法律援助中心组织落实。当事人持有效的救济证件（《五保证》《低保证》《特困证》或《残疾证》）和申请，经村（居）委会出具特困证明、乡（街）审核后，并经区民政局初审转区司法局法律援助中心，主要采取对当事人进行维权的办法。"该《实施意见》竟然在法律援助申请审查程序中增加了民政部门初审环节，这显然是违背《条例》规定的，也是不符合中央提出的政府机关要减少办事环节，提高行政审批效率的要求的。

长期的执政实践证明，对法律法规政策的正确理解、贯彻落实是依法执政的前提和基础，而良好的立法应该是对以往执政实践活动的高度科学总结和概括。显而易见，各级政府部门对法律法规规范性文件的理解把握有待于进一步提高，贯彻落实工作有待于进一步改善。但是，是不是各地广泛开展的社会救助实践活动促使《社会救助法（草案）》将法律援助纳入其专项救助之中，我们不得而知。如果是，笔者认为这样做是不妥当的。

注释：

①人们对社会保障、社会救济和社会救助等概念的认识和把握是一个逐渐深入、从不规范到规范的过程。表现在：早期各地在立法时，有的省份制定的是《社会救助条例》，有的则制定的是《社会救济条例》；1994年召开的第十次全国民政工作会议上，民政部在总结经验的基础上，提出"保障人民群众的基本权益，建立多层次的社会保障体制，逐步对城市救济对象实行按当地最低生活标准，进行社会救济"的改革目标；2004年，民政部在青岛召开"全国推进城乡社会救助体系建设工作会议"。李学举部长指出，"改革开放以后，国家适时调整了城市农村救济政策和救济办法，社会救济工作更加完善。目前，社会救助由单项制度向制度体系发展，进入了制度体系建设的新阶段。社会救助体系需要统筹考虑和科学规划，应该遵循'单项突破、系统完善、点上突破、面上扩展'的思路"。参见 http：//www. lzmz. gansu. gov. cn/2004 - 9/200491785145. htm；2006年中共中央作出的《关于构建社会主义和谐社会若干重大问题的决定》中对相关概念的使用层次规定得比较明确，即"完善社会保障制度，保障群众基本生活。适应人口老龄化、城镇化、就业方式多样化，逐步建立社会保险、社会救助、社会福利、慈善事业相衔接的覆盖城乡居民的社会保障体系"。

②参见徐克禹、王红《我市新型社会救助体系建设发展方向研究》。ttp：//czmz. cn/2007lilun/2007/C10. htm。

③参转引自华建敏《加快建设中国特色社会保障体系》《新华文摘》2008年第3期。在该文中，华建敏同志将中国特色社会保障体系的基本框

架概括为"4+2"模式：即社会保障、社会救助、社会福利、慈善事业四大部分和住房保障和优抚安置等内容。其中，社会救助分为三类，第一类是经济性救助；第二类是紧急性救助，如灾难救助；第三类是临时性救助，如医疗救助、城市流浪乞讨人员救助等。

④目前，在中国，法律援助是一种免费法律服务，而在国外一些国家和地区，则实行的是分担费用或免费法律服务。

⑤目前，我国一些地方在进行经济困难标准的审查时，只参照最低生活保障线是不对的。

⑥自法律援助制度在我国建立以来，司法部联合相关部委、社团组织等出台了一系列法律援助规范性文件，以加强相互之间在法律援助工作中的协调与配合。

⑦参见司法部法律援助中心组织编译《各国法律援助法规选编》，方正出版社1999年版。

⑧有关美国社会保障的详细信息和资料请参见美国社会保障局网站www.socialsecurity.gov。

⑨详见《1935年美国社会保障法》。

⑩从2013年开始，法律服务委员会被新成立的司法部法律援助局所取代。

⑪有关各国和地区法律援助最新发展信息和资料求教于司法部法律援助中心业务指导处、调研处处长郑自文博士。

⑫在台湾地区，法律援助被称为法律扶助。

⑬参见《台湾社会救助法》（1980年6月14日生效。2005年曾对该法作部分修正）。

⑭参见《社会法典》第1卷，第9条。转引自刘翠霄、玫思娜《德国残疾人社会保障法》，《外国法译评》1996年第3期。

（原文发表于《中国司法》，2008年第5期）

刑事法律援助案件的质量保障①

刑事法律援助办案质量是法律援助工作的核心和生命力，不仅关系到犯罪嫌疑人、被告人等受援人权利的有效维护，而且关系到刑事司法制度改革成果的有效落实和政府法律援助的社会形象。从实践工作来看，如何确保刑事法律援助案件质量，一直是各级司法行政机关、法律援助机构和律师协会的重点工作之一。特别是在 2012 年《刑事诉讼法》及相关规范性文件实施以来，各级司法行政机关、法律援助机构和律师协会坚持以受援人为中心、以刑事法律援助办案律师为中心的原则，采取多种措施，创新刑事法律援助管理和服务，力求在刑事法律援助案件服务流程的各个环节不断提高律师的服务意识和服务能力，多角度地提升刑事法律援助办案质量，并取得了许多成就和经验。

一、明确刑事法律援助办案律师资质，把好"入门关"

为了落实好 2012 年《刑事诉讼法》和相关规范性文件，进一步加强和规范刑事法律援助工作，有效维护刑事法律援助受援人的合法权益，确保刑事法律援助案件质量，各级司法行政机关、法律援助机构和律师协会出台了一系列刑事法律援助规范性文件，明确了办理刑事法律援助案件的律师的资质，各地法律援助机构成立了各种刑事法律援助律师团等专业化队伍，从源头上努力为促进刑事法律援助办案质量提供合格人力资源保障，把好了刑事法律援助办案的"入门关"。如河北省司法厅制定并在网上公开的《刑事诉讼法律援助工作实施细则》（以下简称河北省司法厅《细则》）明确规定：法律援助机构应当根据案情、律师专业特长和执业年限、受援人意愿等因素指派合适的律师承办刑事法律援助案件；各级法律援助机构可以在本地区内组建刑事诉讼法律援助律师服务团；刑事诉讼法律援助律师服务团的律师应当具有三年以上执业经历并主办过五件以上刑事案件；各级法律援助机构应当对参团律师进行登记造册，按照登记顺序指派法律援助案件；对具有重大社会影响的案件或重大疑难案件，法律援助机构要在刑事诉讼法律援助律师服务团中指派资深或知名律师牵头办理；对于可能被判处死刑、无期徒刑的案件，法律援助机构应当指派具有三年以上刑事辩护执业经历并主办过五件以上刑事辩护案件的律师担任辩护人；对于未成年人刑事案件，应当指派熟悉未成年人身心特点的律师担任辩护人。在侦查、审查起诉、一审、二审各阶段，一般指派同一名律师提供法律援助。②

上海市司法局通过下发《刑事法律援助工作实施办法》，改进了刑事法律援助指派方式，明确了法律援助机构应当根据案情、律师专业特长和执业年限、受援人意愿等因素指派合适的律师办理刑事法律援助案件；对于提起公诉的案件，法律援助机构在指派律师时，还应当听取公安机关、人民检察院、人民法院的意见，严格了办案律师的选任；对于未成年人案件，应当指派熟悉未成年人身心特点的律师担任辩护人；对于可能被判处死刑、无期徒刑的案件，应当指派具有十年以上刑事辩护执业经历的律师担任辩护人。此外，上海市司法局会同市检察院联合下发了《关于建立未成年人刑事案件法律援助专业化工作机制的指导意见》，明确要求优化未成年人刑事法律援助律师队伍，"全市各法律援助机构应当选择符合资质的律师组成专业化队伍，优先指派具有刑事辩护经历、熟悉未成年人身心特点、责任心强、声誉好，且具有犯罪学、社会学、心理学、教育学等专业知识的律师，承办未成年人刑事法律援助案件"。由上海、杭州等地情况来看，由于社会经济相对发达，律师资源比较丰富，所以从源头上为优化当地刑事法律援助办案质量设置了更高的资质门槛。

而从全国情况来看，各地对于刑事法律援助办案律师的资质要求，通常都规定为执业年限达到 3 年以上，并要办理过一定数量的刑事诉讼案件或者具有刑事辩护专长。如按照安徽省六安市法律援助中心的要求，其"刑事法律援助青年律师团"成员年龄要在 40 岁以下，执业年限要达到 3 年以上，要办理过一定数量的刑事诉讼案件，具有丰富的刑事案件诉讼经验。③又如，济南市刑事法律援助律师团经前期报名、推荐、选拔，最终确定由 12 家律师事务所的 24 名专业律师共同组成团队，所选律师均执业 3

年以上，具有刑事辩护（代理）执业经历。[④]

二、完善刑事法律援助办案动态控制，把好"过程关"

对刑事法律援助案件的质量进行过程控制，也是各级司法行政机关和法律援助机构的重要工作之一。实践中，各地司法局和法律援助机构通过庭审旁听、重大疑难案件集体讨论、受援人意见表、法官意见表、质量监督卡等，对刑事法律援助案件过程进行多角度监督管理，形成了刑事法律援助办案动态控制体系。如河北省司法厅《细则》在要求律师应当遵守有关法律法规和法律援助业务规程，做好会见、阅卷、调查取证、解答咨询、参加庭审等工作，为受援人提供符合标准的法律服务的同时，还明确规定，法律援助机构依法对律师事务所、律师开展的法律援助活动进行指导，采取重大案件集体讨论、旁听庭审、个案评估、征询办案机关意见等方式，加强案件质量监管，确保办案质量；律师事务所应当对律师办理法律援助案件进行业务指导，督促律师在办案过程中尽职尽责，遵守职业道德和执业纪律。

关于法律援助庭审旁听制度，是指法律援助机构通过到庭旁听，对法律援助案件承办人在法律援助案件开庭审理案件过程中的辩护（代理）表现、适用法律、承办态度、庭审效果等方面情况进行评定，从而对承办人的办案质量给予评价、监督的一项制度。[⑤]法律援助庭审旁听制度作为法律援助办案质量的一种重要监督手段，早在2007年前后，司法部法律援助中心在法律援助机构规范化建设指导意见中，就已将该制度列入了法律援助规范化建设考核目标，许多地方司法局和法律援助机构了也出台了相关规范性文件，成立了法律援助案件旁听庭审评议工作小组等。如安徽省铜陵市司法局制定并通过官网公开了《法律援助案件旁听监督制度》（以下简称《制度》），明确了旁听监督的概念、组织实施主体、旁听监督范围、旁听监督程序、旁听监督要求、旁听案件评判标准、旁听监督考核与奖惩等。具体而言，针对旁听监督主体，《制度》规定，庭审旁听监督人员为各法律援助机构指派及邀请的人员，包括：法律援助机构工作人员，律师协会、公律科、基层工作科、法制科、纪检监察室的工作人员，受法律援助机构邀请的人大代表、政协委员、局行风监督员，根据本制度要求确定的律师事务所、基层法律服务所安排的律师、基层法律服务工作者等；旁听监督范围包括酌定旁听案件和法定旁听案件，即法律援助机构可以对其受理或指派的所有法律援助案件进行旁听监督，法律援助机构和各法律服务单位可以对认为有必要旁听监督的案件组织旁听，但对具有较为重大疑难、群体性或社会影响较大的典型案件应当组织旁听；旁听案件评判标准以软指标为主，兼顾硬指标，即法律援助案件承办人对案件熟知程度如何，代理（辩护）准备是否充分，代理（辩护）词是否符合以事实为根据、以法律为准绳的原则，是否合理、准确，是否对当事人的合法权益进行了有力的辩护，发言及回答问题是否能抓住争议焦点，简明扼要，举证是否有力，辩护分析是否合法、合情、合理，言行举止是否文明以及诉讼（或调解）各环节是否按程序规则尽心履职等。

关于重大疑难案件集体讨论制度，从 80 年代开始，律师管理工作方面就有明确规定，律师办理的案件，凡涉及有重大影响、疑难复杂和改变定性的案件，都要坚持集体讨论制度，这是通过集体智慧确保律师办案质量的重要举措，实践中，各级律师协会和律师事务所也是这样做的。对于确保刑事法律援助案件的质量而言，重大疑难案件集体讨论制度更加重要，因为它关系到对困难群众合法权益的有效保护。许多地方司法局和法律援助机构也建立了法律援助重大疑难案件集体讨论制度，并通过定期会议或者网络在线等形式，对法律援助重大疑难案件进行集体讨论。四川省《法律援助机构重大疑难案件讨论制度（试行）》等规范性文件，通过列举的方式，界定了法律援助重大疑难案件的范围，明确了法律援助重大疑难案件的发现和上报制度，明确了集体讨论会议的发起主体与参会人员、讨论方式、讨论结果采用以及参会人员的误工报酬等，进一步健全完善了法律援助重大疑难案件集体讨论制度。湖南邵阳市法律援助中心在法律援助制度规章汇编中对重大疑难法律援助案件讨论制度具体规定如下：对于受援当事人人数众多的案件（以 10 人为起点），在本辖区或区外有重大影响的案件，重大、疑难、复杂的案件以及其他有必要讨论的案件，应当提交集体讨论后提供法律援助；案件集体讨论活动由法律援助中心主任主持，与会人员至少包括三名以上执业律师（含法律援助专职律师、应邀的社会执业律师），同时可酌情邀请相关专业人士参与讨论；案件讨论实行民主集中制，与会人员逐一发表对案件的意见，少数意见服从多数意见，按多数人的意见由法律援助人员提供法律援助；案件讨论会应做好记录备查，记录应明确各与会人员的意见及讨论结果并装卷归档；法律援助中心应将讨论结果告诉受援人，并征询受援人本人的意见，是否愿意接受法律援助；法律援助中心酌情支付应邀与会人员的误工补助等。[⑥]实践中，对于在本省具有重大社会影响的刑事法律援助案件，有的省份还曾通过省市区三级司法行政机关和法律援助机构联合建立法律援助律师团，确保办案质量，取得了很好的法律效果和社会效果。[⑦]

此外，针对各种刑事法律援助团或者专家库，各地司法行政机关和法律援助机构不断加强日常管理工作。如安徽六安市法律援助中心对刑事法律援助青年律师团实行动态管理，注重日常监督考核，对于律师承办的刑事法律援助案件实行回访制，考核结果作为该市"十佳律师"评比的重要参考依据。对在日常监督检查和信息反馈中表现不认真、责任心不强的律师，予以解聘。通过这些举措，进一步提升了律师提供刑事法律援助服务的能力，提高了刑事法律咨询和办案的质量。

三、探索刑事法律援助办案评估试点，把好"事后关"

做好包括刑事案件在内的法律援助办案质量评估，是司法部法律援助中心的重要职能和重点工作。自 2012 年以来，司法部法律援助中心在借鉴国内外相关做法和经验的基础上，连续三年下发了《法律援助案件质量评估工作方案》，明确了具体的评估指标和第三方同行评估方法等，坚持由少到多、由点及面原则，在许多地方探索开展了一系列包括刑事法律援助在内的法律援助案件同行评估活动，并借助 QQ 质量评估交流群等形式，指导各地制定法律援助办案评估标准指标体系，推动了全国法律援助案件评估工作的开展。

（一）开展法律援助案件质量评估试点活动

2012 年，司法部法律援助中心按照试点先行、逐步推进的工作思路，选择了工作基础比较好的杭州市和南京市法律援助中心作为两个先行试点单位，并制定了《法律援助案件质量评估试点工作实施方案》（以下简称《试点实施方案》），作为开展评估试点工作的基本依据，内容包括试点的主要目的、工作措施、评估方法、评估程序和工作要求等。在试点初期，两个试点地司法局结合工作实际，出台了评估试点工作方案，成立了评估领导机构和专业评估组织，明确了相互之间的关系和职责分工，并建立了评估专家库；对《试点实施方案》中的主要内容和原则要求进行了细化，充实和丰富了评估指标的具体内容；探索制定了评估的基本程序。评估结束后，两个试点地撰写了总结报告，验证了法律援助案件质量同行评估方法的必要性和可行性，对如何构建科学有效的法律援助案件质量评估机制提出了建设性的意见和建议，为完善法律援助案件质量评估制度，稳步推进各地开展法律援助案件质量评估工作积累了经验。

2013年，司法部法律援助中心进一步扩大了评估试点范围，增加深圳、郑州、沈阳、西宁、晋城、石嘴山共八个地方继续开展案件质量评估试点。试点过程中，通过召开专题培训会、建立QQ群、补充完善试点方案等形式，加强了对试点工作的指导，增强了与各试点地方的互动和交流，形成了关于试点工作的基本共识，保证了试点工作的顺利推进。通过2013年的评估试点，促进了案件质量评估指标的基本成熟，评估做法的基本成型，并开始通过同行评估倒逼机制研究制定法律援助案件质量标准，并再次验证了在地市级以上司法行政机关和法律援助机构的组织领导下开展法律援助案件质量同行评估工作的可行性。

2014年，在将法律援助案件质量评估试点工作扩大到32个法律援助机构（省级试点机构12个，地市级试点机构20个）的同时，司法部法律援助中心又在湖北省武汉市和浙江省宁波市分别组织开展了法律援助案件质量评估活动。通过在两个地方开展法律援助案件评估，司法部法律援助中心拟将完善案件质量评估方法，提高案件质量评估的客观性、专业性和科学性，以同行评估方法为主，进一步健全多种评估方式和措施并存的案件质量评估制度体系。

（二）积极探索法律援助案件信息化评估方式

在开展法律援助案件质量试点评估过程中，杭州市、北京市海淀区等地法律援助机构还借助法律援助信息化手段开展评估工作，以提高评估工作效率。如杭州市从2013年1月起正式运行法律援助信息化管理系统，案件受理、指派、监督、意见反馈、结案、补贴发放等均实现了网络化操作。在开展试点评估工作中，又利用法律援助信息化管理系统，探索信息化评估方式。通过法律援助信息化系统，一是规范评估流程，在"杭州法律援助管理系统"中新增案件质量评估模块，系统按照比例随机抽取评估案件，自动生成评估量化表，由评估人员在网上完成评估操作，确保及时规范完成案件质量评估工作；二是强化结果运用，充分利用系统信息化功能，生成案件质量评估数据，通过案件质量评估系统的科学统计分析，形成提升案件质量的指导性意见，为案件质量管理提供科学依据，提高工作效能；三是加强办案监督，规定援助律师须对会见、阅卷等案件办理工作进行网上即时反馈。法律援助援助中心监督人员对案件办理全程进行网上监控，对在规定时间内未能完成相应工作内容的，通过该系统进行督办，保证案件办理进度，提高办案质量。

（三）制定法律援助案件质量标准和评估办法

在法律援助案件质量评估过程中，山西、河南、山东、浙江等多个省份还制定了《刑事侦查、审查起诉阶段法律援助案件质量百分评查办法（试行）》《刑事辩护法律援助案件质量评估标准》《法律援助案件质量监督办法》等，明确了案件评估原则、评估方式、评估人员、评估范围、评估项目、评估标准指标体系及评估分值等，为开展法律援助案件评估工作提供了标准依据。如杭州市《刑事法律援助案件质量评估指标》设有一级评估指标8项，包括会见被告人（15分）、阅卷（10分）、证据运用（18分）、庭审（13分）、法律文书制作（20分）、告知及报告（3分）、法律效果（16分）、办案效率（5分）。在一级指标之下又设有15项二级指标和20项三级指标，并进一步细化了指标分值。这些质量标准指标体系仍以法律援助办案软指标为主，并兼顾硬指标的使用。

四、提供刑事法律援助培训及技术支持，把好"能力关"

（一）积极开展刑事法律援助培训活动

法律援助培训工作也是司法部法律援助中心的一项重要职能。2007年，司法部下发了《关于加强法律援助干部教育培训工作的意见》（以下简称《意见》），提出要联系实际、讲求实效，使法律援助教育培训工作逐步实现科学化、制度化和规范化，要建立层级式的法律援助制度培训体系，使教育教训的管理体制和运行机制更加健全，要加强岗前培训和日常培训工作。根据《意见》要求，并结合 2012 年《刑事诉讼法》和相关规范性文件的落实以及 2012 年法律援助案件试点评估工作中发现的问题等，司法部法律援助中心进一步优化了刑事法律援助培训工作，开展了培训工作专项调研、组建了培训专家库、完善了法律援助业务技术培训计划等，不断提高律师办理刑事法律援助案件的能力和水平，促进了刑事法律援助办案质量的提高。如在中东部省份法律援助业务技能培训班和中东部轮训计划中，将刑事法律援助制度的立法变革、刑事诉讼庭辩技巧、刑事实务技能等作为重点培训内容，受到了培训学员的欢迎。从 2013 年培训计划绩效调查反馈情况来看，93.10% 的学员认为培训活动很有帮助，94.30% 的学员认为培训课程具有很强的针对性和有效性，培训计划的总体满意度达到 96.20%。

2014 年，为了配合法律援助业务技能培训计划实施工作，进一步提高法律援助培训的针对性和有效性，确保培训质量和培训效果，司法部法律援助中心借助"调查派"网络软件，对各级法律援助机构人员进行了在线问卷调查，以全面了解法律援助业务技能培训需求。从问卷调查数据来看，刑事法律援助培训需求主要集中在 2012 年《刑事诉讼法》修改与实务技能（69.80%），法庭辩护技巧（69.30%），与犯罪嫌疑人、受害人及家属、公检法的沟通技巧（54.20%）等方面。通过在线调查，对重点培训对象、培训内容及更佳培训方式等有了进一步了解。

目前，随着现代化网络办公技术的普及，大多数法律援助人员都拥有了网络和电脑设备，为开展远程在线培训等提供了便捷条件。为了顺应现代化技术的发展，在多次培训需求和培训效果问卷调查的基础上，司法部法律援助中心逐步创新了培训理念，开始探索运用现代化培训方法，采取互动式课堂、专题培训、网络在线培训相结合的培训方法，注重课堂参与性和培训对象范围的最大化，通过提供在线即时培训支持，确保了律师办理刑事法律援助案件的能力和质量。

围绕刑事援助办案技能技巧的提高，各地法律援助机构、律师协会也制定了相应的培训计划，转变了培训理念、创新了培训方式，通过举办各种专题培训活动，直接或者间接地促进了刑事法律援助办案质量的提高。

（二）创建法律援助办案支持系统

为提高工作效率，调动办案人员工作积极性，确保办案人员拥有最佳知识和技能，提升法律援助办案质量，实现法律援助可持续发展，司法部法律援助中心在借鉴国内外成功经验的基础上，正着手建设一个法律援助办案网络支持系统，为广大法律援助办案人员提供便捷全面权威的法律援助智力支持。法律援助办案支持系统包括法律法规模块、典型案例模块、法律文书模块、实务指南模块、办案研究模块、网络培训模块、在线论坛模块、视频会议模块等。按照设想，在系统建成后，通过实名注册，刑事法律援助律师可以随时登录支持系统查找办案所需信息，在线交流办案问题和经验，接受在线培训等。

今后，在及时归纳总结各地成就和经验的基础上，司法部法律援助中心将会借助现代化网络技术，不断健全完善刑事法律援助案件质量控制措施，并逐步形成科学合理的刑事法律援助办案质量源流式控制体系，不断推动刑事法律援助办案质量的提升。

注释：

①根据刑事法律援助实施情况总结研讨会上的发言整理。

② http：//sft. hebei. com. cn/system/2014/07/04/010722507. shtml （2014年10月25日访问）。

③http：//www. luan163. com/news/newsshow - 24770. html（2014年10月25日访问）。

④http：//jnrb. e23. cn/shtml/jinrb/20130902/1183753. shtml（2014年10月25日访问）。.

⑤http：//www. tlxsf. gov. cn/new/view. asp？id = 1661（2014年10月26日访问）。

⑥ http：//www. shaoyang. gov. cn/Government/PublicInfoShow. aspx？ ID =1197（2014年10月26日访问）。

⑦http：//www. gypeace. org. cn/info/2433. htm（2014年10月26日访问）。

（原文收录于顾永忠主编：《2013——中国刑事法律援助面临的机遇、挑战与对策》，中国政法大学出版社，2015年10月版）

当前法律援助面临的问题与对策

2013 年 10 月 28 - 30 日，司法部法律援助中心在山东省莱芜市召开了以"新形势下法律援助的创新与发展"为主题的法律援助理论研讨会。研讨会上，与会人员立足法律援助实践，围绕"刑事法律援助的变革与发展""法律援助范围的拓展与便民服务""法律援助工作创新""法律援助服务质量与工作规范""法律援助制度建设与立法完善""法律理论研究工作经验交流"六个专题进行了发言和讨论。本次研讨会展示了当前法律援助理论研究工作的前沿动态和最新成果，既反映了我国法律援助工作的发展趋势，又提出了目前法律援助工作面临的问题和对策，为我国法律援助制度改革与发展提出了富有建设性的意见和建议。针对与会人员也提出一些问题和困惑，笔者试做如下探讨，供读者参考：

一、关于是否建立法律援助专职律师队伍的问题

部分与会人员提出，为保证法律援助办案质量，必须建立法律援助专职律师队伍，特别是要建立刑事法律援助专职律师队伍。近年来，这种观点较为流行。[①]笔者认为，该观点有值得商榷之处，理由在于：一是根据统计，目前，县级法律援助机构平均只有 3.98 人，有的县级法律援助机构负责人还由司法行政机关负责人兼任，实际从事日常法律援助工作的人数平均为 2.98 人，而且全国还有许多县区律师资源不足，很难建立起法律援助专职律师队伍。二是法律援助专职律师在司法体制内工作，难以对公检法的司法不作为行为进行有效的制衡。与其由法律援助机构专职律师办案，不如把案件指派给社会律师办理，法律援助机构主要负责做好审批指派、管理监督以及提供必要协助服务等工作就行了。由社会律师与公检法机关之间发生直接的制衡关系，以充分发挥社会律师的法律服务职能和强项。有人认为，法律援助办案补贴低，大律师不愿意办法律援助案件，一般律

师为了生计，虽然愿意办法律援助案件，但办案能力又不行。国内外实践表明：一是大多数法律援助案件都不是太复杂，没必要过分强调大律师的参与；二是一般律师往往是法律援助办案的主力军，关键是要借助现代化网络技术，为他们提供即时的专业化培训和办案支持。这种情况下，法律援助机构有必要顺应一般律师的办案积极性，并采取有效措施，协调大律师为一般律师办案提供专业化的指导监督。问题的关键是，如何调动大律师的积极性，促使大律师乐意参与法律援助工作，充分彰显其扎实的专业能力和良好职业道德。如果相关部门能够从实际出发，采取以人为本的措施，应当是有社会律师乐意参与法律援助办案、提供办案指导等工作的，这样做可以扩大其知名度和社会形象。②因此，如何认真对待社会律师、充分发挥社会律师参与法律援助服务的积极性，是需要司法行政部门、法律援助机构协调律师协会、社会律师队伍及相关部门，共同研究解决的问题；三是扩大法律援助人员编制也是一个难题。对于扩大法律援助编制的问题，通过各种方法，一直在呼吁，但效果一直不理想。在目前有的省份已明确了编制"零增长"的目标之下，要想扩大法律援助编制更难了。就目前的情况来看，笔者认为，法律援助不宜贪大求全，稳中求进是最好的办法；四是从全国情况来看，对于是否建立法律援助专职律师队伍，各地的看法也不相同，很难"一刀切"。来自于东部和许多大中城市法律援助机构的参会人员认为，没必要建立法律援助专职律师队伍。他们认为将法律援助案件指派给当地社会律师（通过律师事务所指派）是最好的做法；五是目前各地法律援助办案补贴标准普遍比较低，而公务员的工资也不高，对于作为稀缺人才的大多数律师而言，因难以满足其收入企望而不具有吸引力。如果建立了法律援助专职律师办案队伍，可能会使法律援助专职律师在办理法律援助案件之外，或多或少地办理社会案件，不利于法律援助与社会律师之间的团结与协作。据说，该现象在一定程度上是存在的，并且引起了社会律师的不满；六是关于只有法律援助专职律师才能确保法律援助办案质量的观点，笔者认为，法律援助专职律师与办案质量之间是没有必然联系的。这就相当于公办学校和民办学校的老师授课一样，很难说谁的质量一定高或者一定低。关键在于如何从根本上调动社会律师办理法律援助案件的积极性，树立其责任心和作为专业人士的被尊重感，提高其办案技能和技巧等。

二、关于法律援助如何应对基层县区律师不足的问题

这不仅不是西部基层地区独有的问题，也不是中国独有的问题，而是经济发达地区和世界各国都同样存在的问题。据了解，在世界各国的一些大城市的边远县区，同样存在律师资源不足的问题。律师是靠市场养活的，就像是浅水里养不住鱼群一样，为了生存，大量的律师必然会拥向大中城市，这是市场机制自然选择的必然结果。针对该问题，大家往往建议建立法律援助专职律师队伍，上述论述表明这种建议不太现实。笔者认为，应当及时总结现有经验并采取创新性措施。如以前一些省份开展的法律援助工作者证制度，是否可以通过省级公检法司联合发文的方式，同意由基层法律服务工作者、大学生、志愿者等办理简单的刑事法律援助案件，当然这些非律师人员要在有经验的律师的指导监督下办案，并且要限定其只能在律师资源缺乏的地区办案。在律师资源丰富的大中城市则没有必要实施法律援助工作者证制度等，以避免扰乱法律服务市场，影响社会律师的执业权利。

从技术发展上来看，网络即时聊天工具的发展，为各省或者大中城市有经验的社会律师配合法律援助机构，远程指导监督本辖区内的基层偏远地方的非律师办案人员或者无经验律师办理法律援助案件提供了技术上的可能。在这方面，法律援助机构，特别是省级法律援助机构应当有好多事情要做，首先要转变思想，创新意识，积极跟上现代网络新媒体技术的发展，多创造条件，多提供便利，多采取激励措施。从国外法律援助情况来看，在律师资源不足的国家和地区，非律师法律服务人员会参与办理刑事案件，并且有时候年轻律师是办理法律援助案件的主力军，当然这些人员的办案活动离不开有经验的律师的指导与监督。这些做法值得我们借鉴参考。如果由非律师法律服务人员办理刑事案件行不通，是不是可以借鉴某些地方的做法，由上级法律援助机构调剂辖区内的社会律师办案。当然，这还要考虑到无律师县的刑事案件量的多少，如果案件量多，长期调剂也不是个办法。另外，为解决基层地区律师资源不足的问题，从顶层设计的角度考虑，是否可以调整现有的司法资格考试制度，比如提高特定地区司

法资格的通过率,进一步扩大司法资格证书的种类,并明确持不同类别资格证书的律师的服务地区。

三、关于点援制指派方式的问题

点援制是指法律援助中心针对申请人提出的法律援助申请,经审查申请人符合法律援助的条件并做出给予法律援助的决定后,不再直接为受援人指派法律援助办案人员,而是由受援人根据所涉案件的案由、案情等因素,在法律援助中心建立的办案人员名册内或者"法律援助律师库"中自主选择合适的办案人员。一直以来,关于点援制的争议也比较多。如有人指出,点援制虽好,但许多情况下,受援人根本没有自主选择法律援助办案人员的能力。而有些法律援助机构虽然根据律师自愿报名,建立了法律援助律师团(库),但实践中很难开展下去,许多律师常以自身工作忙推托办理法律援助案件,导致点援制流于形式,并且对律师个体很难监督管理。所以,笔者认为,在点援的过程中,最好还要发挥法律援助机构工作人员的作用,帮助受援人从律师团(库)中挑选律师。点援制比较适合在律师资源丰富的地方实施,如果一个地方律师资源比较少,是难以开展"点援制"的,也谈不上律师执业年限限制的问题。所以说,"点援制"不能"一刀切",它是受诸多条件限制的。当然也不能因为"律师库"的律师因为正当原因拒绝办理法律援助案件而认为"点援制"就有问题,关键要找到真正的问题之所在。

在律师资源丰富的地方,法律援助机构最好还是直接给律师事务所打道,与律师事务所订立合同,更好开展管理和监督工作,也能更好地避免律师推托现象的发生。实践中也有受援人根据个人意愿从社会上找律师,再由法律援助机构履行指派手续并发放办案补贴等做法,这些做法也是值得肯定的,毕竟法律援助制度是以受援人为中心的,只要受援人的做法不违法,又能满足其需求,都是值得提倡的。需要强调的是,每个地方的情况都比较复杂,律师事务所和律师数量不同,工作发展程度不同,仍然需要最大化地发挥省级法律援助机构的指导管理作用。如有的省设有省直律师事务所、市直律师事务所、国办律师事务所以及公职律师事务所等。如何发挥这些律师事务所的积极性,就需要省法律援助机构多出激励性措施。

四、关于开展法律援助办案评估工作的问题

与会人员提出了开展法律援助质量办案评估工作的目的和意义是什么。笔者认为，与受援人问卷、法庭旁听等方法相比，法律援助办案评估的优势表现在，评估主体的专业性、评估内容的丰富性、评估过程的全面性、评估结果的客观性等。开展法律援助办案评估工作的目的，是为了提高法律援助服务质量。如果评估过程中发现了严重的质量错误，则需要采取相应的惩罚措施。但惩罚措施不应由法律援助机构来实施，因为法律援助机构不具有这样的惩罚职能。监督职能与惩罚职能是两码事，不能混为一谈，法律援助机构不能越权行事，只须将需要惩罚的人员名单通报相关部门或者组织。在通报相关部门或者组织的时候，法律援助机构要做到质量问题清楚、证据确实可靠。对于确实不适于办理法律援助案件的人员，法律援助机构可以在将来拒绝他们办理法律援助案件。对于法律援助机构而言，开展法律援助办案评估工作，最重要的目的是为了发现办案过程中的好做法和存在的问题，由专人形成书面评估报告，必要时可以形成书面办案指南性材料。至于开展法律援助办案质量评估工作的意义：一是可以将法律援助办案评估结果用于法律援助培训活动，增强法律援助培训活动的针对性；二是可以将法律援助办案质量评估结果，如办案指南性材料等下发给办案人员，或者公布在法律援助网上，指导办案人员更好地开展办案工作；三是法律援助办案评估结果可以为新政策的制定、宣传教育、评优评先等提供参考依据。

五、关于开展法律援助宣传工作的问题

一直以来，有些基层法律援助机构的人员反映，因为经费紧张、人手不足，不敢开展法律援助宣传，因为一宣传法律援助，老百姓都来了，实在难以招架。本次会议上又有人提出了这种说法。法律援助开创时，由于经费紧张、人手不足，确实存在不敢开展法律援助宣传工作的问题。笔者认为，法律援助已经确立发展了 10 余年，大部分地方法律援助经费和人手不足的问题得到了较大缓解，这时候仍不敢宣传法律援助，只能说明法律

援助经费的管理使用有问题了。另外，调研中，有的法官反映，由于法律援助经费困难，对于法院的指派，有时候法律援助机构不配合。这从另一个方面反映出法律援助经费管理使用、办案工作等方面存在问题。

随着网络和移动通讯技术的发展，法律援助也应当创新宣传思维和宣传方式。如可以利用手机群发短信、微信，通过 QQ 等新媒体手段开展法律援助宣传，其中关键要设计出简单明了、引人注目的宣传内容。通过这种宣传方式，不仅可以达到最大化的宣传效果，而且可以节省法律援助人力资源和经费。目前，有些地方法律援助机构虽然已经利用 QQ、微博等开展法律援助宣传工作，但就其内容和持续性等方面，仍然存在一些问题。在利用网络技术开展法律援助宣传等方面，可以在法律援助工作先进的地区开展试点并及时总结经验，以为全国其他地区提供可以借鉴的工作模式和经验。

六、关于如何看待法律援助"顶层设计"的问题

研讨会上，有人也提到了与法律援助顶层设计有关的问题。法律援助顶层设计应当是指运用系统论的方法，从法律援助全局的高度，兼顾法律援助工作发展的各个方面、各个层次、各个要素、各种问题等进行统筹规划，以集中有效资源，按照效率和质量要求以实现法律援助目标。[③]笔者认为，"顶层设计"离不开科学的"理论探索与实践"，要善于采纳合理的意见和建议。好的"顶层设计"，必然要涉及大量的调查研究和征求意见工作，在这个过程中，作为设计者的顶层，要注意顶层与底层等之间的广泛互动。如顶层设计者在完成调研活动后，不应将调研报告束之高阁，仅限于内部掌握就行了，而应公之于众，广泛听取意见和建议，对于初步设计成果，更应广泛征求意见，力求其科学性、实用性和可操作性等。另外，法律援助顶层设计成果出来以后，还要重视其贯彻落实工作，及时纠偏，进一步健全完善。

七、关于《刑事诉讼法》相关立法规定的问题

有人认为，2012 年《刑事诉讼法》第 33 条对侦查阶段公安机关的法律援助告知义务没有做出明确规定。笔者认为，对该条规定的侦查阶段公

安机关的辩护权告知义务要做扩大化理解，因为法律援助是辩护权的一种特殊形式，所以辩护告知理应包括法律援助告知。在 2012 年《刑事诉讼法》出台后，全国人大、最高法院、最高检察院、公安部和司法部又单独或者联合下发了一系列配套规范性文件，这些规范性文件也对《刑事诉讼法》相关法律援助条款做了更加详细的规定，如明确了公安机关、检察院、法院的法律援助告知义务，从而将法律援助告知义务扩大到侦查阶段。并且最高检察院的《规则》第 57 条明确了相应的救济措施，体现了无救济则无权利的思想。④法律援助机构工作人员一定要跟上立法的发展，全面了解熟悉最新立法成就，以更好地开展刑事法律援助工作。

注释：

①比如，《关于第五届"内地与港澳台法律研讨会"情况报告》指出："针对人数很少的专职律师难以胜任庞大的受援需求这一现状，以及在缺少激励机制的情况下，大多数社会律师没有精力和时间去办理法律援助案件这一问题，与会代表认为，首先必须加强法律援助专职队伍建设，即对法律援助专职人员进行分类管理、将其列入公职律师序列、增加人员编制、提高待遇、改善工作条件、加强培训、更新知识结构"。参见：《中国法学会文件》（会字〔2013〕65 号）。

②比如，据了解，在加拿大哥伦比亚省，按照规定，每个律师每年都要完成 12 个小时的职业教育时数。为了鼓励经验丰富的律师志愿加入法律援助培训师资队伍，该省相关管理部门共同出台规定，明确了作为法律援助培训志愿者教师的律师，每讲授一小时的法律援助培训课程，就可以被认为完成了年度 4 个小时的职业培训时数。这种做法对于我们法律援助鼓励社会律师参与法律援助培训、办案业务指导工作等是有一定借鉴意义的。另外，笔者认为，对于热心参与法律援助等公益法律服务工作的社会律师，法律援助机构也可以通过网络、微博、手机群发短信等形式，多做宣传，扩大这些社会律师的知名度，以有助于这些社会律师扩大案源。

③ http://baike.baidu.com/view/3123978.htm（2013/11/7 登录）。

④该《规则》第 57 条规定了公安机关、检察院、法院及其工作人员未依法告知犯罪嫌疑人、被告人有权委托辩护人，未依法通知法律援助机

构指派法律援助时可以进行申诉或者控告的救济途径等。有律师指出，《规则》第57条应该是一个重大进步，因为它明确了辩护人、诉讼代理人申诉或者控告的救济途径，明确了辩护人、诉讼代理人可以进行申诉或者控告的范围，明确了辩护人、诉讼代理人申诉或者控告的所产生的法律后果。该律师还指出，虽然该条还有待于进一步完善，但毕竟是一大进步，律师在担任辩护人、诉讼代理人时，在诉讼权利受到阻碍时，可以依据该条主张权利的行使。http：//blog.sina.com.cn/s/blog_ 6e6c17580101alao.html（2013/11/7登录）。

（原文发表于《中国司法》，2014年第2期）

下 篇
国外部分

国外值班律师制度及借鉴意义①

一、英国的值班律师制度

在英国刑事法律援助体系中，值班律师计划（DUTY SOLICITOR）是一项非常重要的制度。该计划由警察局值班律师计划和法庭值班律师计划组成④。前者通常是指值班律师通过当面会谈或者电话方式（常常是两种方式兼而有之），为被羁押在警察局看守所的犯罪嫌疑人就其所涉嫌的犯罪事实和情况等提供法律咨询服务的制度。后者则是指在治安法庭内为被控刑事犯罪并没有聘请律师或者仅仅是因为其还没有接触自己律师的被告人，在首次出庭日提供律师咨询或者代理服务的制度。

英国值班律师计划由法律服务委员会负责管理。⑤律师通过自愿报名的方式参加该计划，并通过专门考试获得资格后才能按照名单排列顺序轮流开展值班活动。所有值班律师都要参加严格的持续性职业培训，以掌握法律的发展、保证律师良好的职业道德、以有效遏制警察滥用权力。值班律师报酬由国家法律援助经费开支。

在实施值班律师计划的治安法院，每次开庭时，都会有至少一名值班律师被分派来参与值班活动。同样，根据警察局值班律师计划的工作忙碌强度，每一个警察局或者警区（通常下辖几个警察局）内也都会至少有一名律师参与值班活动。最忙的值班计划在农村，即中部伦敦计划，在任何正常的 8 小时工作日内，总是有三个值班律师参与值班活动。

在警察局值班律师计划内，所有犯罪嫌疑人都享有获得值班律师为其提供咨询服务的权利，只要犯罪嫌疑人提出申请，无须审查其所被指控的罪名，值班律师就会通过当面交谈或电话的形式为其提供免费法律咨询。因为，按照法律规定，在警察局实施逮捕阶段，只有在犯罪嫌疑人委托的律师到场的情况下，对其进行讯问才是合法的。如果犯罪嫌疑人没有聘请律师，将由警察局通过中央电话系统联系值班律师，值班律师应当在 45 分钟内赶到警察局为犯罪嫌疑人提供法律帮助。讯问应当进行录音，录音会被保存 6 个月，值班律师有权要求复制录音带，必要时进行录像。在讯问开始之前，值班律师可以通过与警方调查人员交谈，了解犯罪嫌疑人涉案的基本情况、警方已经掌握事实和证据等。[⑥]

初期，警察局值班律师计划实施得不太理想。根据 1989 年大法官办公厅公布的《警察局内的法律咨询和协助参与 24 小时值班律师体制》（在 10 所警察局开展调查活动后掌握的情况）研究报告显示：警察局值班律师制度的运行存在不少问题，在有些地方甚至面临崩溃的边缘：值班律师制度的运用率相当低，据统计只有 20% 的犯罪嫌疑人能获得法律咨询与协助；律师针对嫌疑人的回应率相当低，有些律师甚至根本不愿回应，尤其是在夜间；有些律师即便能出现在警察局，也只是简单地提供法律咨询后就离开，而没有坚持到对犯罪嫌疑人的讯问开始，据统计在对嫌疑人进行讯问时只有 14% 的值班律师在场。总之，有些值班律师在取得薪酬的同时似乎并未尽其职责，而警方似乎也没有太大的热情告知犯罪嫌疑人应有权利。鉴于此，1993 年《关于刑事司法的皇家委员会报告》提出：在将来的警员培训活动中应该增加如何提醒犯罪嫌疑人可以获得律师咨询与协助的内容，律师公会要明确值班律师对在警察局内的犯罪嫌疑人提供有效的法律帮助的义务。[⑦]通过多方努力，近年来情况有了很大的改善，警察、律师参与该计划的积极性和主动性很高，工作效率有了很大改善，使得警察局值班律师计划发挥了其应有的作用。

二、加拿大法律援助值班律师制度

加拿大值班律师制度非常发达，类型多、服务范围广。[⑧]主要类型有刑事值班律师、民事值班律师、家事法值班律师、租户/房东仲裁值班律师等之分。在各省的大量刑事和青少年法庭及一些儿童福利法庭，值班律师通过为必须出庭而没有代理律师的当事人提供法律服务发挥着非常重要的作用，对法庭日常工作的开展也有很大的帮助，因为在这些案件中，值班律师也许是当事人能够接触到的唯一律师，特别是在一些达成早期决议的案件。

大部分值班律师都是至少在法庭上班前半小时到达法庭以便有时间与需要其服务的人交谈。如果当事人正在出庭并需要值班律师的帮助，只需要询问法庭是否有值班律师的服务就可以了。任何人都可以享受值班律师的服务，而不需要填写申请表，一般情况下也不需考虑个人收入状况，不需要交纳任何费用。

值班律师通常可以为当事人提供下列服务：告诉当事人相关法庭事宜；向当事人解释其所受控指及被宣告有罪的情况下可能受到的刑罚或者罚款；听取当事人的案情，为当事人提供进行有罪或无罪辩护的建议；查看警察出具的报告并告诉当事人报告的内容；询问检控官当事人是否需要为指控做些准备；如果当事人决定作有罪辩护，值班律师就会代理当事人与法官商谈，帮助法官决定当事人应当受到处罚的种类或者罚金的数额；帮助当事人申请案件延期审理或者还押候审以便当事人得到律师的帮助，并可以帮助当事人提起法律援助申请。而如果当事人作无罪辩护，则必须通过审判程序解决，这种情况下值班律师是无权代理当事人参加法庭审判的。⑨

值班律师在法庭上的活动由地区法律援助办公室负责管理。该办公室的职责之一就是确保所有新上任的值班律师在单独开展工作以前，要在有经验的值班律师的带领下到法庭参加旁听并接受技能培训。而负有监督职责的专职值班律师要协助地区法律援助办公室制定规则，管理地方值班律师的服务活动。

虽然值班律师提供的服务相对简易，但作用不可低估，特别是在刑事案件中，值班律师的及早介入，最大限度地保护了犯罪嫌疑人的权利，起到了有效遏制警方暴力取证的作用。

三、澳大利亚、新西兰与日本值班律师制度

（一）澳大利亚值班律师制度

在澳大利亚的新南威尔士、西澳大利亚、昆士兰等州，也都建立了完善的值班律师制度。"各州及地区法律援助委员会在许多法院主要是地方法院（magistrat ecourt）和监狱设有值班律师办公室，为当事人提供及时的法律帮助。值班律师通常优先处理重罪、儿童犯罪和家庭暴力案件，且服

务对象 90% 涉及刑事案件。如果案件紧急且当事人有可能被判刑，该值班律师可以继续为其提供及时的出庭服务。当事人也可以通过电话询问获得值班律师的帮助。目前，维多利亚州法律援助委员会的 200 名专职律师中约有 150 人在各值班律师办公室工作。"⑩

比如在昆士兰，通常值班律师是指由昆士兰州法律援助委员会任命为在青少年法庭或者地方法庭被控刑事犯罪而没有聘请代理人的当事人（或者被法庭传唤的人、正在被保释的人及正在被监禁的人）提供法律服务的事务律师或者是出庭律师。当事人使用值班律师服务不需要接受资产状况审查。

在州法律援助委员会的管理和协调下，值班律师在昆士兰全州 100 多个地方和儿童法庭为当事人提供免费法律服务。比如，在布里斯班和汤斯维尔家庭和联邦地方法庭为自我代理的当事人提供包括免费法律咨询在内的简单的法律帮助。值班律师可以代理当事人向法庭提出休庭、提起简易程序或者协助当事人商议有关儿童或者财产事务的同意令。但家庭法律值班律师不能参与抗辩听证或者代理当事人参与法庭审判。

昆士兰值班律师可以在大多数简单的有罪答辩和发回重审的案件中为当事人提供帮助，但是在单纯的第一或第二次醉酒驾车犯罪（没有受到别的罪名指控的情形）和轻微的交通犯罪中，当事人是得不到值班律师的帮助的，除非面临可能被监禁的情形。值班律师可以帮助当事人申请保释和申请变更保释，在保释、感化令、罚金选择令、防止家庭暴力令和缓刑遭破坏的情况下为当事人提供法律帮助。

昆士兰建立值班律师制度的目的是确保被法庭指控刑事犯罪的人获得独立的法律建议和代理的权利。如果当事人作有罪辩护，值班律师将接受当事人的指示并代其向法院提起诉讼。但是，如果当事人需要对案件事实作出辩护，当事人则必须通过申请以获得法律援助的准许，而不能由值班律师为其提供辩护。

（二）新西兰值班律师计划

在新西兰，"值班律师是指在法庭值班的律师。他们为已经受到犯罪指控并且没有自己律师的人提供免费法律帮助。当事人通常只在案件到达法庭的第一天时才可以获得值班律师的帮助。值班律师计划没有财务状况审查，当事人无须证明自己无力负担律师费用，任何没有自己律师的人都可以使用值班律师服务。"⑪

值班律师比法庭上班提前一个小时到达值班办公室。当被指控者到达法庭时，一般会有通告、海报或者小册子告知其如何找到值班律师，也可以通过询问法庭问事处的职员或者志愿者以会见值班律师。如果被指控者在警察看守所被押，值班律师将会在法庭拘留室里与其见面，为他提供法律咨询。值班律师可以通过下列方式为被指控者提供服务：一是告诉其被指控犯罪的严重性和如果被确定有罪的情况下，可能被判处的刑罚（即罚金、定期刑或者终身监禁）；二是针对警察关于该事件的看法为其提供咨询（这些都记录在警察所作的事实摘要笔录中，值班律师会被要求看到）；三是代为申请保释；四是申请案件延期审理以便为其赢得得到法律建议和准备辩护的时间；五是在其请不起律师的情况下，帮助其申请法律援助，或者告诉其聘请律师所需要的花费；六是如果其作有罪辩护，值班律师会告诉法官其个人情况以及对自己犯罪行为的看法。

通常，值班律师不能代理被指控者出庭。这种情况下，在案件提交法庭之前，被指控者最好能够得到律师的帮助，或者在需要的情况下得到法律援助。

（三）日本值班律师制度

日本值班律师制度与英国的值班律师计划相类似。日本值班律师计划因律师协会的不同而分为"待命制"和"名簿制"两种。"待命制"是指由律师协会事先根据律师本人的意愿和日期制作值班表。值班日当班律师在事务所待命，一旦身体受到拘束的嫌疑人或其他有关人员提出要求，当班律师经通知后即赴警署与其会面。"名簿制"是指事先把自愿值班的律师编制成册，若有请求时，由律师协会根据名册的顺序依次与律师进行联系，由能够前往的律师为嫌犯提供帮助。此外，对于重大或较有影响的案件，有时律师协会也会主动派值班律师与被疑人联系、会见。⑫日常工作中，值班律师一旦接到犯罪嫌疑人的申请或电话，即予以刑事法律服务。值班律师对犯罪嫌疑人的法律援助申请，是无须审查即给予免费法律帮助的。

过去，因为在犯罪嫌疑人阶段没有国选律师辩护制度，几乎所有的犯罪嫌疑人都是在得不到辩护人帮助的情况下接受警察的讯问调查的。这无疑是对犯罪嫌疑人人权的侵害，受到各界指责。为此，日本学习借鉴英国值班律师计划，尽管缺少法律的明确规定和国家财政经费的支持，从 1990 年以后，各地的地方律师协会为了保护犯罪嫌疑人的人权，开始了犯罪嫌疑人在侦查阶段也能够得到律师帮助的值班律师制度。具体由日本"财团法人法律扶助协会"负责，利用日本律师联合会（JFBA）和律师协会的补贴及法律扶助协会的募款，以律师轮流值班的形式开始了审判前刑事法律援助。从被司法机关采取强制措施起到侦查、起诉终结，乃至到裁判所的拘留讯问，犯罪嫌疑人，被告人均可获得援助律师的及时援助。至今，所有的地方律师协会都实施了这个制度，并呈逐步扩大趋势。

四、国外值班律师制度与国内相关概念的区别

（一）性质差异

我国现阶段的"值班律师制度"，如法律援助机构内的值班律师、法律援助接待站、农民工值班律师办公室、信访值班律师办公室等，主要表现为在各级司法行政机关所属法律援助机构或者类似法律服务机构提供的一种便民措施，具有较强的时代特点，或者是各法律援助机构或者各类法律服务机构建立的为前来寻求法律帮助的老百姓提供法律咨询的日常工作接待制度。前者如司法部和建设部联合制定的《关于为解决建设领域拖欠工程款和农民工工资问题提供法律服务和法律援助的通知》中规定的："各地法律援助机构要通过采取各项措施，保障农民工及时获得法律援助。要提高法律援助工作的便民化程度，依托城市社区、乡镇街道司法所或者通过与当地建设、劳动与社会保障等行政部门联合成立法律援助工作站，严格值班制度，在农民工较集中的地区，可实行双休日值班制度……"后者如东莞、贵州等地法律援助机构建立的法律援助值班制度。

虽然，我国刑事诉讼法第 96 条，最高人民法院、最高人民检察院、公安部和司法部联合制定的《关于刑事诉讼法律援助工作的规定》第四条明确规定了在刑事侦查阶段犯罪嫌疑人有获得律师帮助或援助的权利，但从司法实践来看，在侦查阶段，由于律师会见犯罪嫌疑人程序不清、安排的主体不明等原因，"律师会见难、阅卷难等"是非常普遍而又亟待解决的

问题。② 由此可见，我国现阶段个别地区开展的"值班律师"制度并不是适应我国现行诉讼制度改革、解决侦查阶段"律师会见难、阅卷难等"问题而设计产生的，所以很难起到在诉讼各阶段帮助犯罪嫌疑人维护自身权利、有效促进相关司法部门依法办事的作用。与之相比，国外值班律师制度作为法律援助制度的重要组成部分，则是为弥补法律援助制度不足，保障控辩平衡，特别是为在侦查阶段不能获得法律援助的犯罪嫌疑人提供免费法律帮助服务设立的，其在诉讼各阶段的作用较明显。

（二）概念差别

国外法律援助值班律师制度与我国一些地方被法律援助机构选派到法律援助机构的办公地点或者法律援助工作站点提供日常值班服务，接待当事人和解答法律咨询，并冲抵法律援助办案义务量的"值班律师"，在概念上是不同的。比如，在英国、加拿大等国家和地区的法律援助体系中，值班律师已经成了一个具有特定含义的专门概念，并建立起了完善的运行机制。而在我国，法律援助制度刚刚发展十多年，值班律师制度对于法律援助专业人员来说还是一个相对陌生的事物，所以没有、也不可能形成专门概念，更谈不上制度建立和专业化的运作了。

目前，我们对值班律师制度还处在概念引入、制度介绍的理论研究探讨及试点阶段③。在开展试点过程中，一定不能将相关概念与做法与试点工作中所要探索建立的法律援助值班律师制度混为一谈。

（三）职责和类别不同

国外值班律师根据其职责不同，大都有明确的分类。就目前我们所掌握的资料来看，值班律师类型最多的要数加拿大。如安省，值班律师包括家事和民事值班律师、刑事值班律师、精神健康法值班律师、特别值班律师和咨询律师及其他的值班律师计划等，不同的值班律师其职能是不同的。但是在我国，所谓"值班律师"是没有明确的分类和职能划分的，其提供的服务大都是限于简单的非诉法律咨询和一些法律知识、政策解答等。

此外，在人员资质要求，办公地点，相关部门之间关系，服务的规范性、广泛性、阶段性等方面也是有很大区别的。

五、国外值班律师制度的借鉴意义

（一）首先要重点建立健全权利告知制度，也即警察、法官等的告知义务

值班律师制度的成功运作，首先离不开健全的权利告知制度，也即警察、法官等的告知义务。比如，英国1999年《关于刑事司法的皇家委员会报告》提出在将来的警员培训活动中应该增加如何提醒犯罪嫌疑人获得有效的法律帮助的义务。在加拿大24小时值班律师电话热线服务中，规定了警察对被监禁人告知相关权利及其如何获得法律援助、值班律师帮助等的义务，帮助被监禁人电话联系值班律师，批准值班律师通过热线电话为被监禁人提供法律帮助，等等。[13]

从河南省值班律师试点情况来看，建立值班律师权利告知制度也是非常必要的。试点初期，由于没有明确法官、公安人员的值班律师权利告知义务，当事人无法知道法院、公安机关内设有值班律师办公室以为其提供免费的法律服务，这极大地影响了值班律师职能和作用的发挥。为此，要建立健全法官、公安人员的告知义务制度。法官、公安人员作为当事人的首次接触者或者直接接触者，在日常工作中遇到需要法律援助的当事人时，要及时将值班律师的职能及联系方式、地址告知当事人，方便当事人需要时寻求帮助，必要时还要帮助当事人联系值班律师。目前，这种状况已经有了一些改变，试点地区已初步建立了值班律师权利告知制度。今后，我们有必要将该制度作为法官、公安人员的强制性义务进一步健全和完善。

在我国建立值班律师告知制度也是有法律上的依据的。根据《中华人民共和国刑事诉讼法》《条例》规定，2005年9月28日，最高人民法院、最高人民检察院、公安部、司法部联合下发了《关于刑事诉讼法律援助工作的规定》。该《规定》第四、第五、第六条明确规定了公安机关、人民检察院和法院在刑事诉讼法律援助工作中的告知义务、告知方式等，无疑为河南试点地区建立健全值班律师权利告知制度，或者说是明确公安机关、法院等的告知义务提供了明确的法律保障。

（二）严格值班律师准入门槛，加强教育、培训和管理工作

明确值班律师的资质问题，是值班律师制度中的重中之重。[14]从英国、

加拿大等国家和地区值班律师从业人员来看，无论来自法律援助专职律师，还是私人执业律师，对其准入门槛都有明确的要求。比如加拿大安省，按规定，值班律师申请人要签署一份值班律师保证书，保证参加为期三个月的实习活动。实习结束，地区主任或者监督值班律师将发给其一份业绩反馈表，据此地区主任或者负有监督职责的值班律师将决定是否同意申请人成为值班律师或者要求申请人再接受一次三个月的实习活动。经允许成为值班律师的申请人还需要在地区主任或者负有监督职责的值班律师指定的期限内由经验丰富的值班律师带领到法庭参加旁听并接受技能培训⑮。所有的值班律师都要签署有关遵守安省法律援助法律法规政策、值班律师准入和执业标准、接受值班律师教育等规定的保证书。

值班律师活动专业性非常强。各国和地区大都规定了值班律师的再教育和培训制度。如英国，所有的值班律师都要定期接受严格的职业培训，以熟悉最新颁布的法律法规等，保证律师有良好的职业道德，更好地提供法律服务。在加拿大安省，所有的值班律师都应当完成与值班律师角色相关的管理或者程序性的培训计划，包括熟悉《值班律师手册》。⑯

值班律师办公室和值班律师开展工作要接受法律援助机构的监督和管理，要向法律援助机构负责，并定期向法律援助机构报告工作开展情况。值班律师开展值班活动是基于法律援助机构的委派，由法律援助机构指派到值班律师办公室为当事人提供相关法律援助服务。法律援助机构要指定专人负责监督和管理值班律师活动。如在加拿大安省，值班律师在法庭的活动由地区法律援助办公室负责管理。

（三）要进一步密切法律援助机构和法院、公安机关等相关部门的关系

开展值班律师活动是一项需要法律援助机构与法院、公安机关等之间共同主动参与的工作，但各自的职责不同。比如，从国外实践来看，警察局值班律师和法庭值班律师的办公场所大都是由警察局和法庭无偿提供，而值班律师的人选确定、指派、报酬则一般是由法律援助机构负责管理的。

目前，为便于管理，河南试点项目是由法律援助机构负责开展的。今后，有必要从制度上明确法律援助机构和法院、公安部门在值班律师工作

中的各自职责和功能，建立起日常工作衔接机制，密切相互之间的关系，共同为值班律师开展工作提供必要的服务。

（四）建立统一的值班律师电话咨询服务

在上述国家和地区中，电话咨询服务是值班律师开展工作的重要方式之一，运作非常成功。在河南试点地区，有必要通过整合资源，尝试在公安、法院、监狱和法律援助机构等之间建立统一的免费24小时（365天）值班律师电话咨询服务，完善电话咨询程序和网络系统，进一步延伸值班律师服务触角，扩大服务覆盖面，节约服务成本，提高服务效益。

注释：

①法律援助值班律师，通常是指由法律援助机构指派，在警察讯问、法庭审判等阶段免费为当事人提供即时法律咨询、指导或者作为被指控人的代理人，帮助被指控人申请延期审理、进行保释听证或者处理其他法律事务的律师。

②有关专家、学者关于"律师会见难、阅卷难等"问题多有论述见诸书籍、杂志和报纸。如参见李保岳主编《律师参与辩护、代理存在问题及对策》，中国政法大学出版社2006年3月第1版。

③2006年7月至2008年3月，经联合国发展署和中国国际经济技术交流中心批准，受联合国发展署资助，司法部法律援助中心开展了"探索建立法律援助值班律师制度"项目。目前，河南省正在全省范围内积极推广该试点成果。

④参见黄斌《英国法律援助改革及其借鉴意义——以〈1999年接近正义法〉为中心》，载于中国法律信息网。

⑤在苏格兰，值班律师计划则是由苏格兰法律援助委员会负责管理。

⑥此外，为了维护犯罪嫌疑人的合法权利，《1984年警察与刑事证据法》赋予犯罪嫌疑人在警察局内获得法律咨询的权利，即犯罪嫌疑人在警察局就可以免费得到律师的法律咨询服务。这是根据同年通过的"警察和证据法"实施的。参见陈卫东、刘计划《英国保释制度及其对我国的借鉴意义》，载于中国法律信息网。

⑦参见黄斌《英国法律援助改革及其借鉴意义——以〈1999年接近正

义法〉为中心》，载于中国法律信息网。

⑧由于"中加法律援助与社区法律服务项目（Canada – China Legal Aidand Community Legal Services Project)"的持续成功开展，目前我们所掌握的国外法律援助值班律师制度资料中，相对来说加拿大的有关资料是比较丰富翔实的，并已有多篇考察报告和论文见诸杂志与报纸。在此，笔者关于加拿大值班律师制度就不再作过多赘述。

⑨具体到各省，值班律师的职责和服务范围有所差别。例如在安省，刑事法庭值班律师的职责是为当事人出具简单的法律意见、引导保释听证、协助当事人提出异议、开展有罪答辩、申请延期，等等；而家事法庭值班律师的职责是为当事人出具简单的法律意见、帮助当事人准备诉讼文书、参加法庭延期审理、请求对于在押犯的临时听审、提出申诉、参加预审、支持强制执行听证活动、参与调解谈判活动，等等。

⑩参见郑自文《澳大利亚法律援助制度的发展》《中国司法》2007 年第 8 期。

⑪参见郑自文《新西兰法律援助制度及其最新发展》《中国司法》2007 年第 7 期。

⑫参见许永俊《刑事法律援助制度比较研究》，载于中国法律信息网。

⑬该义务由 1990 年 Bridges 案所确定。相关内容请参见左秀美《加拿大法律援助值班律师制度及其借鉴意义》《中国法律援助》2006 年第 11 期；Legal Aid Ontario《Duty Counsel Manual》。

⑭在河南省开展试点的过程中，曾有人询问非律师法律服务人员是否可以从事值班律师服务，我们的答案是否定的。

⑮郭婕《中国法律援助代表团考察加拿大情况报告》《中国法律援助》，2004 年第 5 – 6 期。

⑯该手册是安省法律援助署为帮助值班律师更好地开展值班服务编写的。

（原文发表于《中国司法》，2008 年第 2 期）

论法律援助和司法制度的效率与效益

——有关刑事法律援助的新话题①

一、引言

长期以来，人们一直认为法律援助要服务于两个目标：一是满足当事人的需求；二是满足司法系统，特别是法院的需求。从传统上看，满足当事人需求被视为法律援助的首要目标。而且，在法律援助圈内，就两个目标相比较而言，满足当事人需求的目标被视为更符合道德要求的目标。②人们认识到法律援助在促进司法制度有效运作方面发挥着重要作用。但是，这种重要作用被视为是一种后果，而不是直接目标。不过，近来，通过对司法制度效率与效果的实现发挥积极促进作用以满足司法制度的需求，逐渐显现为法律援助的一个直接目标。③导致这种变化的深层次理论基础是：为增加法律援助经费的论点提供支持。奇怪的是，在十年来加拿大法律援助经费总体上一直增长的情况下，这种变化已经出现了一段时间。④

在法律援助中，司法效率与效果话题起源的基础是：围绕更广义的刑事司法制度效率和效果开展的更宽泛的讨论。在加拿大，该话题已经持续好几年了。由于预算面临的挑战和刑事司法制度效率长期低下的现象交织在一起，司法制度效率已经成为所有政府优先考虑的重要事项。在过去的一两年里，法律援助政策与司法制度效率之间的潜在联系成了法律援助政策圈讨论的一个话题。作为法律援助问题的司法制度效率超出了法律援助圈之外，并成了司法系统中所有部门的领导广泛关注与讨论的话题，包括2011年1月在多伦多举办的第三次全国刑事司法座谈会。在座谈会上，围绕法律援助，召开了半天的小组讨论会。影响刑事司法制度的问题是：缺乏对问题的共同界定，缺乏共同的目标以及刑事司法系统中各部门之间缺乏沟通。根据这些假设，法律援助小组重点关注了如何加强法律援助与刑事司法系统其他部门之间的联系，以解决刑事司法系统面临的共同问题。因此，需要从整体上提高刑事司法系统的效率和效益。法律援助小组重点关注了法律援助与司法效率关系上的、以结果为基础的法律援助方法的潜在作用。从本质上讲，以结果为基础的法律援助方法意味着，在法律援助机构的资助下，将治疗性司法原则运用于刑事辩护，以实现不再重新犯罪等结果。该观点在文献资料中比较常见，并被称为综合性刑事辩护方法。在美国，该方法已经被相当广泛地运用于几类公设辩护人服务工作中。⑤

二、法律援助工作中长期存在的经费问题

有趣的是，在司法效率转变为法律援助的一个更加直接的目标的时候，法律援助开支已经稳步增长好多年了。⑥虽然法律援助开支和服务水平不断增长，但仍有迹象表明大量的法律援助需求没有得到满足。在刑事法庭，无代理被告人的数量相当大。在参与出庭活动的所有人中，大约有37%的人在某些出庭阶段缺乏代理人，大约有13%的人在所有出庭阶段都缺乏代理人。⑦在2009－2010年间，大约有58400个法律援助申请人被拒绝给予法律援助，占全年法律援助服务申请总人数（280315人）的21%。⑧财务适格性标准太低，大部分都定在加拿大联邦统计局制定的低收入线上下。而且，有关法律援助覆盖面的规定也带有限制性，只有面临监禁刑风险的案件才能够得到完整的法律援助服务。通常，覆盖面政策将潜在的、需要辩护但又不存在监禁刑风险的案件排除在法律援助服务范围之外。

同样地，但也许更加重要地，对以往事情怀有记忆的法律援助管理人员知道，在每一次经济衰退的困境期，削减经费都是一个正确的选择。⑨对于所有的市场经济来说，经济衰退都具有规律性地重复发生的特征。同样道理，法律援助环境也存在重复变化的特征。由于政府要采取措施，以控制经济衰退时期出现的预算赤字膨胀，所以在经济衰退时期，法律援助预算有可能会减少。但当20世纪80年代初加拿大经济出现衰退时，其法律援助经费并没有削减。原因可能在于，当时在全国范围内法律援助还是一个相对比较新的事物，其开支增长水平还不足以引起政客和财政部官员们的令人讨厌的关注。而在20世纪90年代初，加拿大经济出现衰退时，全国各省及行政区的法律援助机构都遇到了开支削减的问题。从总体情况来

看，2000 年，由美国信息技术部门崩溃而引发的网络公司衰退的现象并没有对加拿大造成影响。当 2008 年当我们从经济衰退中走出来的时候，法律援助却又出现不稳定迹象，不过在出现过法律援助开支削减问题的三个省中，法律援助制度再次稳定于零增长。

无论是在好的和坏的发展时期，法律援助管理人员对于法律援助经费不足的敏锐度，除了与法律援助经费的数额有相当大的关系外，在一定程度上还与他们的脆弱感有关。从部分原因上看，这种脆弱感来源于上文提到的法律援助圈的看法，即相比较司法系统中的其他部门而言，法律援助经费总是处于不利的情形。这不是一个新问题，也不是加拿大独有的问题。20 多年前，Cooper 曾评论说，法律援助决不是政府给予高度优先考虑的事项。特别是在经济削减时期，通常会伴随着周期性经济衰退现象。"政府的行为说明，他们太愿意做灰姑娘寓言似的事情了，从而使得法律援助项目急剧恶化"。^⑩因此，即使在社会经济发展良好的时期，法律援助圈对于通过与政客沟通以改善法律援助环境，提高法律援助经费的观点持有敏锐和乐于接受的态度也就显得不足为怪了。

从本质上来看，司法制度效率目标在法律援助工作中的出现，也许与可被感知的法律援助的脆弱性以及法律援助与司法系统中其他部门相比较下的、其在经费问题上所处的更加不利的地位之间存在着同样的关系。稳定法律援助所需要的办法可能不仅仅是金钱上的投入。但是，该处于主导地位的观点并不是唯一的。必须要在更广泛的框架下看待法律援助的作用，法律援助可以为更宽泛的司法制度及公正政策目标的实现提供支持。

三、刑事司法系统中存在的问题

根据最近两次全国刑事司法研讨会的结果，加拿大刑事司法制度面临着两大挑战。[⑪]在加拿大，近十年来的法院统计数据在一定程度上支持了法院制度变得日益复杂的观点。从出庭次数来看，自 1994 - 1995 年以来，每个案件中的平均出庭数从 8 次增加到 10 次；需要出庭 5 次以上的案件的比例已经从 31% 增至 51%。在法院案件数量下降的同时，刑事指控案件数增加了 10%；在所有的案件中，被多次指控的案件数量的比例从 53% 增至 61%。事实上，在所有类型的犯罪中，仅面临一次指控的案件的比例下降了，而面临三次或者更多次指控的案件的比例上升了。诉讼时间增加了。自 1994 – 1995 年以来，诉讼时间超过 8 个月的案件的比例从 15% 增至 27%，几乎增加了一倍；在所有的案件中，完成诉讼所需时间不超过 60 天的案件的比例从 44% 下降到 34%；在所有的案件中，完成诉讼所需时间为 61 – 239 天的中等长度的案件比例从 40% 下降到 35%。[12]法院统计数据显示的趋势引发了有关刑事司法制度是否健全的问题的激烈争论。

在对影响司法制度的因素进行评估的时候，来自于刑事司法系统所有部门的领导人员都非常强调要加强司法系统中各部门之间的沟通。在第三次全国刑事研讨会上，又围绕加强司法系统各部门之间沟通工作的话题进行了讨论。一位资深法官说，导致刑事司法系统出现问题的唯一的最大原因是关系失常，警察与检方不沟通，检方与辩护律师之间也不沟通。

同样地，一位负责政府政策工作的资深官员说，关于刑事程序的转变可能会促使刑事司法制度文化朝着较小争辩性的关系上转化，其问题的主要方面在于，刑事司法制度文化导致了关系失常现象的存在。司法制度文化关系到诉讼当事人要在对抗式诉讼环境下进行陈述或者辩护，而该对抗式诉讼环境源于作为刑事司法制度建立基础的、追求真相的对抗式模式。

接下来，通过对危害刑事司法制度的关键性问题进行分析，在第二次和第三次全国刑事司法研讨会上形成了一个意见，即应当采取措施，促使司法系统的、包括法律援助在内的所有部门，能够在非常宽泛的条件下拥有一个共同的愿景和共同的目标。共同的目标将会关注那些超越并影响司法系统所有部门的问题，并认识到所有司法部门拥有共同的、提高司法制度效果的责任。法律援助是刑事司法制度的一个大的组成部分，但并不是一个不可分割的组成部分。就法律援助而言，新兴的司法效率的话题意味着，要找到法律援助与司法系统中其他部门合作的方法，以解决共同面临的问题。例如，减少为解决案件所需要的出庭次数，或者解决刑事司法制度中不断出现的犯罪问题，而且重要的是，这样做有助于节约成本。

四、法律援助适合于什么样的情形

法律援助是刑事司法制度中相当大的组成部分。在加拿大，据统计，2009 – 2010 年，法律援助大约提供了 1.2 次值班律师服务，超过 28 万个法律援助申请被批准，大约有 54.9 万名被指控违犯《刑法》《管制药物物品令》的人获得了法律援助服务。《权利和自由宪章》还为法律援助创制了惯例式环境。在该惯例式环境中，法官鼓励律师提供法庭代理服务。而且，在某些需要法庭代理的案件中，如果律师撤销服务的话，法律援助的重要性则是显而易见的。但是，法律援助也许并非刑事司法制度的不可分割的组成部分。

可以以哪种方式将法律援助视为刑事司法制度的不可分割的组成部分，取决于可以从中引出某个观点的范式假设。然而，从建立在传统权利范式基础上的观点出发，法律援助也许是刑事司法制度的不可分割的组成部分，但是从两次全国性刑事司法研讨会讨论纪要暗含的政策和业务水平来看，法律援助并不是刑事司法制度不可分割的组成部分。在刑事司法中，辩护职能的综合化存在于对抗式司法模式之中。存在于大众文化之中的法律职业文化和法律职业形象是对抗式的，而法庭辩论在同样训练有素的对手之间展开。这种情况下，由政府财政资金提供经费支持的辩方和检方都需要"同等的武装"，这使得辩方能够代表被告人开展"热情辩护"，以保护被告人的权利。这是一种有关刑事辩护如何成为司法制度不可分割的组成部分的不同见解，与重塑刑事司法研讨会所设想的、有关解决常见司法制度问题的共同目标愿景及共同策略不同。

该权利范式代表了刑事辩护的核心价值观，并且提出了第一个重要问题，即如何转变法律援助的目标以为司法制度的效率提供支持。权利保护与对抗式诉讼交织在一起，密不可分。程序公正是法律援助的核心。反过来，从卢梭、密尔和戴雪等思想家的著作来看，平等有效地获得法律的帮助是法治和民主国家完整性的最根本的要求，该观点在西方政治哲学中几乎得到了普遍的接受。[13]在刑事辩护核心价值，也即个人法律权利的保护没有做出让步的情况下，这种目标转变能够得到实现吗？第二个重要问题是：通过采用司法效率目标，能否产出获得充足且稳定的法律援助经费的预期结果，这只能在事后得到答案。

五、提高司法制度效率的执行方法

关于执行方法的观点旨在控制与法律援助受理、适格性决定或者其他法律援助程序有关的活动，但该观点没有触及实际的施援服务。本部分的内容涉及提供数量不断增多的值班律师服务，原因在于，这被视为——通过增加律师的数量或者通过覆盖更多的法庭案件而非通过如何提供服务——以增加值班律师服务数量的问题。

（一）简化申请程序、加快受理程序

在刑事法庭中常见的现象是，按照法庭时间安排，某个被告人需要出庭参与听审的同时，还在等待其提出的法律援助申请的受理审批结果。有时候，案件已经被延期了而法律援助申请还没有结果。虽然从法律援助计划中显示的数据来看，大部分法律援助申请都以较快的速度得到了处理，但是不管怎么说，法律援助申请受理审批延迟现象非常普遍，有时候可以从中推测出，缓慢的法律援助申请受理审批程序是司法制度效率低、出庭次数增多的一个原因。[14]另一方面，关于大多数法律援助申请的受理审批进度，法律援助委员会拥有有代表性的统计数据，可以加以证明。存在于两者之间的真相也许是在等待法律援助申请审批结果的时候，并没有出现太多的法庭延期次数，以至于影响到法院系统的效率。

加拿大几个司法管辖区的法律援助机构已经研发了法律援助申请快速处理程序。简化法律援助申请程序，主要是采用网络技术，这已被法律援助机构采用。有代表性地是，在所有法律援助申请中，大约有90%的申请都符合财务适格性标准，而且总收入已被证实为资产和债务的一个良好的预测指标。[15]因此，对于大部分法律援助申请人来说，通过简化作为法律援助申请程序部分内容的财务适格性测算程序，可以得出令人信服的法律援助申请人财务状况评估结果。快速申请程序有助于减少法庭诉讼初期阶段的延误。节省下来的费用可以直接用于其他的施援服务。

需要强调的是，快速申请程序具有两个特色。据反映，这两个特色结合在一起，对法庭效率发挥了积极的作用。[16]第一，在这种情况下，通过采取电子技术，自动化的法律援助申请受理系统与自动化的法庭日程数据库连在一起。如果法庭书记员查实申请人提出的法律援助申请还没有被批准的情况下，他们可以重新安排出庭时间。第二，法律援助受理系统与省级社会救助数据库连在一起。该做法提高了法律援助申请受理的速度，因为在绝大多数情况下，申请人不需要亲自收集相关文件资料了。

采取快速受理程序与确保服务质量之间，不存在什么疑难问题。截至目前，关于快速受理程序能为法律援助及司法系统中的其他部门带来哪些好处，只有传闻性的证据。

（二）在法院设立法律援助办公室

在法院设立法律援助办公室是一个经常出现的创新性举措。该举措的目的是为了加速法律援助申请程序。在首次出庭之后，法律援助办公室可以立即受理法律援助申请，从而缩短无代理被告人首次出庭和法律援助机构做出的给予法律援助决定之间的时间。

（三）法院门卫及工作人员为无代理被告人提供帮助

在法院设立法律援助办公室的时候，还要为这些办公室配备工作主动性强、积极性高的法院工作人员。法律援助办公室设在法院的入口处，以便工作人员为进入法院的、无律师陪同的，并且对周围环境不熟悉的人员提供积极帮助。法律援助办公室工作人员面临的首要问题是，查明哪些人属于无代理被告人，引导无代理被告人进入法庭，向无代理被告人解释值班律师的职责以及值班律师会问到的各类问题，为无代理被告人提供有关法律援助申请、案件分流申请以及转介（针对无代理被告人遇到的问题，将其转介到其他部门寻求帮助）等方面的帮助。该方法在减少开庭次数、减轻无代理被告人面临的压力、便利值班律师及其他法院人员的工作等方面，已经显示其出应有的作用。[17]

（四）提高财务适格性标准

在 2000 - 2010 年，大约有 58400 位加拿大人提出的法律援助申请被拒绝了。除去撤销、取消及重复申请的现象，由于财务原因，其中绝大多数人的法律援助申请被拒绝了。[18]这导致了刑事法庭无代理被告人数量的增加。定性证据显示，大量的无代理被告人的出现，增加了法官和检察官的工作量。据反映，由于无代理被告人多次要求延期，以及在复杂的法庭审讯中，法官需要辅助性帮助，导致法庭诉讼进展比较缓慢，降低了法庭工作的效率。[19]典型的是，在加拿大所有司法管辖区内，法律援助财务适格性标准接近与国家统计局的低收入线，也即非正式的贫困标准。从少数司法管辖区财务资格网状表"家庭成员收入"一栏来看，该栏收入低于低收入线。据估计显示，在全国，财务适格性标准只覆盖到很一小部分人口。[20]调研表明，如果被告人能够获得法律代理，其本人将从中受益。如果有代理人的话，被告人被法庭认定为犯罪的可能性就较小，被判监禁刑的可能也较小，即使被法庭认定为犯罪的话，那么被判附条件刑的可能性较大。[21]但是，缺少实证性证据以证实在被告人有代理人的情况下，需要出庭的次数就少或者说法庭审理案件所需要时间就短。

为提升司法制度的效率，通过提高法律援助财务适格性标准以减少无代理被告人数量的做法属于执行上的方法。该方法对于法律援助服务质量不会产生负面的影响。不过，与该目标相联系的是法律援助费用问题。如果只是通过简单地计算某个法律援助案件的平均费用乘以被拒绝的法律援助申请人的人数（或者是一定比例的被拒绝的法律援助申请人的人数）的话，那么，与法律援助综合开支相比较，为减少无代理被告人而产生的费用可能不是太大。但是，可能需要通过开展实证性调研活动以评估，在确保更多的人获得法律代理的情况下，法庭工作效率是否有所提高。

（五）增加值班律师的数量

绝大多数被告人都是在第一次和第二次出庭时缺少代理人。[22]从第一次出庭至随后的出庭情况来看，被告人出庭时缺少无代理人的百分比会急剧降低。在所有类型的犯罪中都是这种情形。

在某次调研活动中[23]的受访法官以及较早的为了解没有得到满足的需求[24]而开展的调研活动中的受访法官、检察官和辩护律师都指出，在他们看来，为了减轻法庭的压力，有必要增加值班律师的数量。就像上文提到的法律援助申请快速受理程序（流水线受理程序）那样，难以确定的是，通过增加值班律师数量方式所实现司法制度效率的提高，是否会转化为费用的节约？需要通过调研活动以证明，增加律师数量和提供常规值班律师服务的做法是如何影响法庭的工作效率的。

六、提高司法效率的施援方法

提升司法制度效率的施援方法的两个范例是，延展性值班律师和以结果为基础的法律援助。在加拿大，延展性值班律师服务是一种广泛使用的施援方法。以结果为基础的法律援助属于一种创新性观点，在上文提到的第三次全国刑事司法研讨会上，与会代表围绕该观点进行了讨论。

（一）延展性值班律师

作为一种施援方法，延展性值班律师是为了实现案件的早期解决，从而潜在地实现节约法律援助费用、法院费用和检方费用的目的。马尼托巴省法律援助委员会于20世纪90年代提出了延展性值班律师的概念。[25]潜藏在延展性值班律师背后的想法是：在持续性基础上，为同一个法庭指派同一个律师。向同一个法庭连续性地指派同一个律师的目的是，律师在参加完第一次出庭之后至（被告人）需要（提出）书面法律援助申请之前的接下来的数个出庭活动中，仍能能够看到该被告人。该方法依据的假设是：相当大比例的刑事案件都比较简单，开两三庭就能够处理掉，用较少的时间就能够把两三次开庭的情况总结好。该方法的两个关键因素是：一是要连续向同一个法庭指派同一名律师；二是要在一定程度上保持与检方之间的沟通与合作，以促进该方法在刑事司法制度中的运用。需要连续地指派律师，以便律师能够在接下来的两三次开庭活动中看到同一名被告人。根据法庭时间安排，两次开庭之间的时间间隔可能是半天或者一天，即分别于当天上午与下午或者第二天早上开庭。案件的复杂性、案卷的大小及律师工作量的多少等因素则决定着律师能够办理的案件的数量。典型地是，第一次开庭后，就案件结果和量刑建议，延展性值班律师必须与检察官进行谈判。这需要做出与检方相同的时间安排以促进案件的早期结果。

自最初开展延展性值班律师试点以来，数个法律援助机构在贯彻落实试点经验的过程中，对延展性值班律师进行了改变。[26]自马尼托巴省最初开展的调研活动以来，围绕延展性值班律师制度，几乎还没有开展过实证性调研活动。马尼托巴省调研活动得出的结论是：由提供延展性值班律师服务的律师办理的案件，办结得快。但是，关于开庭次数的问题，在通过延展值班律师服务方式处理的和通过证书方式处理的、可比较的案件之间，缺乏直接的比较。该调研报告得出的结论是：与通过证书方式办理的可比较的案件相比，通过延展性值班律师服务办结的案件所需费用较低。最后，从总体情况来看，当事人对于延展性值班律师服务的满意度与对私人律师服务的满意度一样高。[27]最近，为了应对司法犯罪管理问题，开展了延展性值班律师项目调研活动，得出的结论是：与以往私人律师办理案件产生的费用相比，延展性值班律师办理案件产生的费用较低。㉘关于办结案件所需要的时间数据，尚无定论，因为来自于私人律师办理的案件数量太少，难以进行比较分析。㉙

普遍认为，从潜在情形来看，延展性值班律师服务更能节省法律援助费用，并且通过减少办结案件所需要的开庭次数，能够促进法院和检察机关提高工作效率。但也存在一些应当加以解决的突出问题。毫无疑问，最根本的问题是，延展性值班律师服务能够在大多程度上保证其提供的服务的质量，确保提供全面、公正的辩护服务。辩诉交易是加拿大司法制度的基本特征，就延展性值班律师服务自身而言，他们不会关心谈判的结果。但是，仍然存在的问题是，延展值班律师服务方法是否能够为律师提供充足的时间以便其开展有效的辩护服务。与该问题密切相关的问题是，延展性值班律师能够有效办理的案件的复杂程度，能够将延展性值班律师服务扩展到多大的规模，以承担更多的案件？而延展性值班律师服务能否对法律援助费用的节约及司法系统其他部门工作效率的提高发挥潜在的作用，主要取决于这些问题的答案。关于延展性值班律师服务对于法律援助的影响方面的一个相关问题是：通过将节省下来的资源用于处理更加复杂的案件及审判活动，延展性值班律师服务能够在多大程度上减轻司法系统面临的压力。截至目前，关于值班律师的费用问题几乎没有开展过有针对性的实证调研活动，所以有必要开展定量调研活动，以证实相关定性访谈信息：通过减少开庭次数和缩短办案时间，延展值班律师服务对于法庭工作效率所产生的影响。

（二）以结果为基础的法律援助

以结果为基础的法律援助是在第三次全国刑事司法研讨会上提出的一个概念。研讨会试图通过该概念，将法律援助纳入有关重塑刑事司法制度的对话当中。提出该概念的理由是：为应对深化恢复性和预防性司法措施的社会需求，刑事司法制度正在发生着变化。㉚对于解决刑事司法制度中存在的大量长期性犯罪问题，恢复性和预防性司法具有潜在的重要性。许多长期性犯罪人员都有精神障碍或者滥用药物成瘾的问题，导致其经常犯罪。可以在更宽泛的社会经济环境下理解长期性犯罪人员面临的问题，将长期性犯罪人员面临的问题进一步扩展至与社会经济环境相关的重复性犯罪人员上。从司法效率的角度来看，长期性犯罪人员给警察、检察和法院的资源造成了压力。一方面，发展完善有助于减少重复犯罪的法律援助服务施援方法；另一方面，发展完善更加高效（包括效率与效果）的刑事司法制度，以便更高效地解决相对轻微的、经常性的重复犯罪问题。通过这些方法，减轻警察、检察和法院遇到的资源压力。

将法律援助纳入刑事司法对话当中意味着两个话题在法律援助领域的整合。一个话题是司法效率对话；另一个话题是治疗性司法活动，该活动在综合性刑事预防活动的刑事辩护方面展现出其作用和意义。[31]

社区综合预防办公室囊括了其他行业领域的专业知识和问题解决方法。比如，精神健康、社工服务和犯罪等领域的专业知识和问题解决方法。社区综合预防办公室通过对这些专业知识和方法的综合运用，以解决人们在日常生活中遇到的相关问题，帮助当事人保持平和的心态，积极参加社区劳动，成为对社区有用的人员，从而减少重新犯罪现象的发生。虽然，这些综合预防项目在全国流行，但是，在司法制度与社会服务制度的对接方面，有关对接方法还缺少明确的界定。无论是在应对当事人面临的具体刑事指控上，还是在应对刑事逮捕造成的创伤以获得积极的效果（通过解决那些导致被控犯罪活动发生的具体的生活问题）方面，公设辩护人都享有独一无二的机会。通常，在综合预防工作中，以当事人为中心的服务办公室都雇有律师、调查员、社会工作者和心理学者以提供比较全面的服务。[32]

更具体一点，在加拿大法律援助文献资料中，以结果为导向的法律援助的概念植根于以当事人为中心的法律援助方法。以当事人为中心的方法是为了满足刑事法律援助当事人的需求，并区别于以法院为导向的方法。[33]以法院为导向的方法的工作重点是刑事指控和法院诉讼。为了实现以结果为导向的法律援助方法的目标，在与其他服务提供者之间的关系中，法律援助机构必须发挥中介和桥梁的作用，通过法律程序将当事人和非法律服务提供者联系起来，通过查找并解决与当事人刑事犯罪行为有关的关键因素和问题，以打破刑事犯罪的模式。[34]

刑事法庭上的许多被告人都是长期性犯罪人员，因为经常有一些相对轻微的犯罪行为而被重复逮捕。对于这些长期性犯罪人员中的许多人而言，犯罪行为是由于药物成瘾或者精神疾病导致的。通过对哥伦比亚省矫治数据分析可以看出，在省级矫治机构中的所有被矫治人员中，有56.3%人的具有心理健康和药物成瘾障碍，其中，26.0%属于精神障碍，6.7%的人属于药物成瘾障碍，23.6%既有心理障碍又有药物成瘾障碍。㉟最近，来自哥伦比亚省的证据表明，通过对匹配样本进行比较发现，经毒品法庭处理的人员中，再犯罪率为30%，低于通过普通法庭诉讼处理的人员的再犯罪率。㊱社区法庭、毒品法庭和精神健康法庭数量的激增表明，通过运用治疗性司法方法，积累了大量的经验。还没有类似的证据以证实综合性预防方法在减少重新犯罪方面发挥的作用。㊲但是，经美国一些公设辩护人办公室采集的部分管理数据证实，通过采用综合性预防方法，确实减少了再犯罪现象的发生。美国佐治亚州司法项目提供的再犯罪率为18.8%，而与其相比较，美国全国平均再犯罪率高达60%。㊳同时，大量基于实践经验的文章不断涌现，都指出综合性预防方法有助于戒绝犯罪。㊴

虽然为研讨会提出了三个问题，以引导参会人员围绕法律援助话题开展讨论㊵，但是从讨论结果来看，相关问题尚无定论。来自于警察和检察服务部门的领导没能指出影响其工作的并且可以通过法律援助发挥应对作用的问题。来自于法律行业的代表关注的重点是以权利为基础的方法面临被折中的危险，而该方法又是刑事预防工作的基础。虽然大家普遍承认，长期性犯罪人员、精神健康和药物成瘾障碍犯罪人员给司法系统各个部门带来了麻烦，但从总体情况来看，在法律援助是否可以发挥潜在作用，以解决导致刑事犯罪发生的非法律问题方面，参会人员均持谨慎态度。对于可以将法律援助作为合作伙伴，以解决刑事司法系统面临的共同问题的观点，研讨会并没有像预期的那样持支持态度。

七、关键问题

来自于法律行业的代表关心的主要问题是，保持以权利为基础的方法的必要性。其中一个参会人员指出，律师负有遵守其当事人发出的指示的义务，即使在当事人所作指示没能代表本人的最大利益的情况下，律师也负遵守义务。这对于致力于综合性方法的律师而言，会造成进退两难的现象。在当事人处于自我否认状态，不愿意面对那些导致本人经常被逮捕和可能危及生命安全情形的、根本性的、并可能属于长期性的问题时，这种进退两难的现象就会发生了。律师可以要求有关部门释放当事人，以保护当事人的自由。[41]但同时，律师会面临这种可能性：他们会因为从事了高风险的行为，而导致了与法律之间的冲突。但是，其他参会人员认为，以权利为基础的方法与综合性方法之间并不是对立的。意见的分歧反映出，在法律援助文献资料中，针对相关问题，发生过热烈的争论。比如，从 Wexler 主编《发挥恢复性作用的律师：刑事法律实务中治疗性案例的原则》一书来看，在围绕治疗性司法进行意见交流的时候，[42]Quinn 主张，治疗性预防实践的概念削弱了伦理原则，而 Wexler 主张，现有的刑事预防原则和治疗性预防原则之间是互补的。Darr 指出，有时候，治疗性方法与法律利益之间确实会发生冲突。一个共同的例子是，"当治疗性利益与法律权利发生冲突时，根据忠诚义务和代理标准的要求，辩护律师需要尊重当事人的指示，并穷尽能够使用的法律代理权利。"[43]经过认真考虑美国开展的大量综合性预防项目，Clark 和 Neuhard 得出的结论是：即使律师个人认为，当事人选择的诉讼方法不能代表本人的最大利益，但通过将积极的庭审辩护与当事人自愿参加的治疗性社会服务结合在一起的形式，也可以实施综合性预防方法。[44]

第三次全国研讨会的参会代表还提到了可以经常听到的、律师不属于社会工作者的观点。但是，其他参会代表的观点是，好律师总是通过自己的工作，将以权利为基础的方法和治疗性方法联系起来。与律师不属于社会工作者的意见相类似的一个观点是，综合性预防方法——为了达到研讨会的目的，该方法又被称为以结果为导向的法律援助——并不是真正意义上的法律援助方法，而是社区援助方法。不过，公认的是，社区服务与法律援助之间应当存在一些协作的空间。文献资料中普遍承认，从本质上来看，律师不属于社会工作者，不能像社会工作者、住房获得专家、精神健康服务专家、脱瘾治疗专家、愤怒管理培训专家以及律师可能会从事的其他服务那样发挥作用。不过，律师确实需要具备查明风险因素的能力、解决当事人认识不到面临的问题及当事人推卸责任的能力。通过查明这些风险和认知能力是否欠缺，可以看出当事人在其性格特征上是否存在严重的根本性问题。在开展综合性实践中，通常，律师会与其他专家团队合作。

在法庭诉讼过程中的某些环节上，经律师发起，非法律行业人士会参与到这些环节上来，比如，安排保释、准备量刑计划、治疗干预、治疗帮助、后续辅导及后续监控等，都是由非法律专家负责开展的。

围绕建立适当的基础设施，以便为综合性刑事预防方法提供帮助的必要性方面，其他参会代表发表了看法。他们认为，有必要将非法律资源纳入到刑事司法系统中来。专职律师办公室或者说是专职工作人员队伍和大量的私人律师事务所，可以雇用法庭辅助工作者或者说是非律师法律服务人员。他们甚至可以从相关领域雇用专业人士，比如精神健康领域或者脱瘾治疗领域。不管情况怎样发展，外部非法律服务总是有其存在的必要性的，辩护律师可以与这些服务之间开展联系。在研讨会上，有位参会代表建议，有必要建立社区服务与法律援助之间的协作。无论对于专职律师模式还是私人律师模式而言，这样做都是有必要的。

最后，一些参会代表指出，在司法制度中，犯罪人员遇到的许多问题的根本原因在于：其他社会机构的工作上存在不足之处，特别是和那些与长期性犯罪人员、精神健康问题、药物成瘾问题及社会弱势群体相关的社会机构的工作上的缺陷和不足有关系。由此引出的问题是，按照合理预期，司法制度是否能够解决这些难题。答案可能是肯定的。其原因在于：第一，这些问题已经触及作为社会最后一道防线的刑事司法制度。明智的做法可能是，由其他部门采取预防性措施以防止造成未来的伤害。但是，对于那些其所遇到的问题正触及刑事司法制度最后一道防线的当事人而言，随着犯罪事件的发生，情况就完全不同了。第二，在与法律发生冲突的时候，根本性的社会问题就会显现出来，所以必须针对冲突解决问题。治疗性司法方法的根本原则之一是，适用法律会造成伤害。[45]人们在刑事司法诉讼中的遭遇或者说被监禁带来的影响，可能会造成类似于医学上并发症的后果，也就是说，治疗的本身可能会引起伤害。刑事司法诉讼可能会恶化那些导致刑事犯罪发生的诱因，因而增加当事人重新犯罪的可能性。

一个无法回答的问题是，法律援助是否是一个战略点，借此加大对法律援助的投入，以减少刑事犯罪问题的发生。这是一个有关费用和效益的实证研究问题，也是一个有关以结果为导向的方法是否能够在终止犯罪活动、改善犯罪人员生活中表现出的不稳定情绪等难题方面，有效发挥作用的实证研究问题。

以结果为导向的法律援助是对传统法律援助的拓展。通常，传统法律援助是由律师提供服务的。在基本目标上，以结果为导向的法律援助与综合性预防方法的追求相同。"该基本目标是，在刑事案件之外影响当事人，通过解决当事人的复发性问题，比如药物成瘾、无业、家庭危机、教育需求和精神疾病等，潜在地增强当事人的能力，避免将来犯罪行为的发生。最终，该基本目标是为了针对因复发性社会弊病和居高不下的监禁率导致的社区不稳定现象，启动相应的[46]法律程序，以实现社区的稳定。"

有关法律援助的另一个重要问题是，向提供法律援助服务的律师支付报酬的方式是什么，也就是，法律援助如何向律师支付适当的报酬，以便实现综合性预防方法预设的结果？一位参加第三次全国研讨会的法官对私人模式下的法律援助报酬的描述是：采取价目表的方式，向在法庭诉讼各阶段提供法律援助服务的律师支付报酬的做法，可能对犯罪人员无益，对于律师收入也同样无益。关于如何支付法律援助律师的报酬问题，存在一些意见和建议。有个法律援助机构，在提供刑事法律援助服务的时候，几乎完全采取了法律援助证书下的私人模式。该法律援助机构在其律师报酬价目表中加入了一个"Gladue"要素，该要素考虑到了与原著民犯罪人员所处不利情形有关的特殊量刑规定，以允许律师主张额外的服务时数。[47] "Gladue"要素是综合性预防方法的一个方面。同样地，在综合性服务框架下，可以对法律援助价目表做出合理安排，以允许律师在所需额外时数内提供其他服务。这需要将另外两个要素结合进来。一个要素是律师的培训，以便律师具备查明与重新犯罪有关的风险因素的必要技能、应对及消除当事人对治疗性援助的拒绝抵制情绪的辅导技巧。法律援助机构还需要为律师提供相关的、可提供的服务的信息，并告知律师获得这些服务信息的途径是什么。在可能条件下，法律援助机构最好能够采取鼓励措施，以发展必要的外部服务。通过这些努力，消除那些被视为法律援助专职办公室优势条件的因素，从而创设并保持社会服务、精神健康和脱瘾治疗资源的平衡。因为，在这些方面，私人律师难以大规范地开展服务。[48]

如果按照以结果为导向的方法的指引，将工作重点转向法律援助服务的话，需要在多个层面上做好刑事司法文化的转变。在连续召开两次全国刑事司法研讨会之后，达成的一致意见的关键内容是：为了有效打破制度上的筒仓效应（the institutional silos），有必要转变刑事司法制度文化。"有必要在刑事司法系统中的所有部门中促进文化的转变"，[49]该意见得到了综合性预防服务方法倡议者的广泛认同。

在部分情况下，需要采取协作方式开展工作，因为如果辩方和检方之间不能在一定程度上加强合作的话，那么法律援助中的早期解决方法和以结果为导向的方法将难以发挥作用。如果双方之间能够加强合作，这种情形就不会发生了。至于早期解决方法，需要采取一些简单的框架性措施，比如检察人员和辩护律师的日程安排、案卷的连续性等，以便早期解决方法能够发挥作用。这需要法律援助管理人员与检方管理人员之间要享有共同的目标、共同的文化，并积极加强相互之间的沟通。至于以结果为导向的综合性方法，如果司法系统的各个部门能够建立健全一体化的服务方法，以便为更广泛的综合性目标提供支持，而不是部门之间相互掣肘的话，那么，通过相互之间拥有的一系列共同价值，将会对刑事司法制度的目标及所要达到的结果是什么做出明确界定。

在法律援助工作中，以结果为导向的方法面临的问题与以权利为基础的方法面临的问题不同，因为以结果为导向的方法确实与追求真相的对抗式模式有关。以权利为基础的方法是法律行业文化的根本。关于个人法律权利保护的共同价值几乎得到了普遍的接受。不能将对抗式诉讼演变成为一场冲突，或者视为非赢即输的"零和"游戏。需要将对抗式诉讼健全为一种更加具有建设性意义的冲突解决模式，要将对抗式诉讼模式建立在共同的价值基础之上，通过这些共同价值广泛界定刑事司法制度的目标。强调自身要成为刑事司法制度的一方参与者——这是综合性预防方法执行者普遍推崇的观点。[50]在减少重复犯罪、节约司法系统内在资源、减少犯罪，并最终有利于形成更加安全稳定的社区环境等方面，综合性预防方法能否有效发挥作用，在很大程度上，取决于司法系统内不同部门之间的协作能力的高低。

八、关于刑事法律援助与司法制度效率的讨论

在所有的政府部门中，刑事司法制度的效率和效益被侵蚀是一个公认

的问题。不过，虽然问题容易查出来，而解决办法却难以定夺。在司法系统领导者中间，存在的一种看法，即解决司法系统效率和效益问题的主要障碍之一是，各个部门之间缺乏积极的沟通与协作。所以，越来越占据上风的一种观点是，在解决影响司法制度的诸多问题时，司法系统中的所有部门应当担负起共同的责任。

从资金支持政策的观点来看，查明法律援助与司法系统中其他部门之间的共同点颇具吸引力。从法律援助内部的观点来看，经费是法律援助工作的弱项之一。与法律援助相比较，司法系统中的其他部门被认为在政治上更受欢迎，所以能够获得更加宽松的资金支持。而法律援助却被认为，它与司法系统中的其他部门之间不享有天然的共同点。毫无疑问，该观点取决于对抗式司法制度中辩护职能的作用。不过，如果掌控着钱袋子的决策者认为，在解决司法系统整体面临的问题上，法律援助可以发挥更大作用的话，可能会给法律援助提供更多的资金支持。

法律援助既可以通过采取业务措施（应为法律援助申请受理审批等措施），也可以通过采取施援服务措施，以促进司法系统整体效率和效益的提高。业务措施方面存在的问题似乎比较少。而涉及施援服务的效率或者效益的措施方面，以及由此产生的法律援助与检方、法院的政策和做法的衔接方面，则需要司法系统各部门和工作人员之间在一定程度开展合作活动。在参加第二次和第三次全国刑事司法研讨会的时候，司法系统的领导们明确指出，司法系统各部门之间缺乏合作，不具有创制互补性战略的能力，难以解决面临的常见司法制度问题等，这是导致刑事司法系统出现问题的主要原因之一。至于司法系统各部门之间能否开展充分合作，以促进源自法律援助领域的施援服务措施有效发挥作用，这仍然是一个没有得到解决的问题。

一个重要的考虑因素是，为了提高司法制度的效率与效益，法律援助机构制定了相应的政策，但这些政策与刑事辩护基本标准及伦理之间，存在着潜在的矛盾。无论发生什么变化，包括将司法制度效率和效益从后果转变为直接的目标，都不得把为当事人提供的服务转变成"可以以物易物"的商品。否则的话，这种变化可能会以放弃司法制度的效率和效益为代价。本文引言部分曾指出，效率和效益之间存在着区别，但二者决非截然不同。这正如 Peter Drucker 对效率和效益所做的阐述："效率是正确地做事，效益是做了正确的事。"[51]比如，应当开展调研活动以证实，在法庭诉讼中，延展性值班律师较早取得的成果，与提供法律援助服务的普通专职律师或者私人律师较早取得的成果是否一样。还需要通过开展调研活动，以检查由法律援助提供经费支持的刑事辩护，在制止犯罪等方面能够取得什么样的成果。不过，有些问题不适合作为实证问题，加以研究解决。比如，对于那些犯轻微罪，但不具有监禁风险的，且出现滥用药物成瘾问题的犯罪人员而言，因为滥用药物成瘾是其长期犯罪的根源，甚至考虑到他们可能会再次面临滥用药物、选择有害生活方式及再遭逮捕的风险，那么，从这些犯罪人员的长远利益考虑，律师应当在多大程度上努力说服他们接受治疗制度，而不是争取从羁押场所释放出来。如果律师成功劝说这些犯罪人员做了治疗选择，但后来又让这些犯罪人员改变主意的，怎么办？反过来说，如果律师尊重了这些犯罪人员的意愿，导致这些犯罪人员因重新流浪街头，而陷入生命受到威胁的境地，并且只有到这时候，这些犯罪人员回顾过去，懊悔当初要是接受治疗就好了，这种情况下，应该怎么办？律师对当事人、司法制度及社区应负的交叉义务是什么？有关律师接受当事人指示的义务及其界限是什么，这是一个非常重要但实证研究又无法回答的问题。

重要的是，不得将效率和效益视为因法律援助实践活动引发的问题。效率和效益的缺乏，可能与信息披露工作或者法庭时间安排工作不及时有关，也可能与法律援助申请、受理及律师指派工作有关。同样地，不应当将效率和效益看作狭义的诉讼中的问题，否则，这对法律援助的作用在于支持法庭诉讼活动的狭隘观点，会起到推波助澜的效果。应当在司法制度整体框架下，理解把握效率和效益的问题。在司法制度整体框架下，应当把那些通过法律援助能够有助于其解决的问题，看作是影响整体司法制度的问题。从调查研究的角度来看，这可能涉及战略规划的问题，类似于英国刑事法律援助改革采取的制度一体化方法。[52]检查法院制度中律师和其他司法行业之间的配合情况，对于如何更加有效地加强合作，以提高效率和效益，可能会起到帮助作用。同样地，开展案件处理流程调查研究活动，是为了更好地理解把握影响办结刑事案件所需出庭次数的因素、出庭间隔时间的长短、开庭时案件没有进展的原因等。通过对这些因素或者问题进行调查研究，可能会发现进一步提高效率和效益的方法和途径。

在可预见的将来，财政形势可能会保持不变。有关经费方面的事情，可能仍将是开展法律援助调查研究工作的一项重要内容。围绕法律援助如何更好地促进司法系统效率和效益提高的问题，本文进行了广泛论证，并提出了关于实现法律援助经费稳定与保障能力充分提高的战略规划。关于在不减弱对法律权利保护的情况下，法律援助作为刑事司法制度的有机组成部分，能够如何发挥作用的阐释，可能是实现该目标的一个必不可少的内容。有关第二次和第三次全国刑事司法研讨会的会议信息是：影响刑事司法制度的效率和效益提高的一个关键性因素在于，司法系统中所有部门之间要进一步加强沟通。这是关于部门之间如何有效加强工作联系的阐释，该阐释可能会增强其他司法部门对法律援助在司法制度中的作用的理解，并提高这些部门对法律援助价值的重视程度。这将为不同司法部门之间开展更富成效的对话奠定基础。对于法律援助机构在开展业务及服务施援活动方面所做出的努力而言，不同部门之间能够开展更富成效的对话是非常重要的。通过这些努力，将提高法律援助工作的效率和效益，并最终保持法律援助的可持续发展。同时，从更广泛意义上讲，这也将有利于司法制度整体效率和效益的提高。

注释：

①本文作者为 AB Currie，加拿大司法部前首席研究员，本文的翻译获得了作者的口头授权。另外，受篇幅所限，译文有所删减。

②有时候，为了增加经费需求提供支持，律师退出法律援助制度，这种情况下，法律援助满足当事人需求的目标就凸显出其战略重要性。

③"效率"和"效益"是不同的术语，但是在现实中，作为目标，通常情况下，二者相伴存在。比如，"我的工作效率非常高，我一小时内可以折叠 100 个降落伞"。"我的工作效益非常高，我折叠的 100 个降落伞中，每一个降落伞都能正常打开"。当然，效率高而效益低或者说效率低而效益高都是有可能的。但是，人们总是为实现效率和效益的最佳平衡而努力。为了简单表达的目的，本文中使用的司法效率一词，均含有效率和

效益的意思，但有明确原因而专指效率或者效益的除外。

④加拿大统计局：《加拿大法律援助：2009－2010年资源与案件量统计》，渥太华，目录编号：85F0015X，表5。

⑤全国法律援助与辩护人协会：《采用绩效控制促进以社区为导向的综合性辩护工作的发展》，2008年，华盛顿。

⑥加拿大统计局：《加拿大法律援助：2009－2010年资源与案件量统计》，渥太华，目录编号：85F0015X，表5。

⑦Currie, A.：《加拿大刑事法庭中的无代理被告人》，加拿大司法部，渥太华，2009年。

⑧加拿大统计局，2011年，表12。

⑨Currie, A.：《走在弯道的前面：经济衰退时期法律援助面临的挑战与机遇》，法律扶助基金会第二次国际法律援助会议论文，2009年，中国台湾。

⑩Cooper, J.：《法律援助政策：一个反思、环境与规划的时代：政府与政策》，第二卷，第432页。

⑪《重塑刑事司法：一个持续性话题的最终报告》，第二次全国刑事司法研讨会，2010年，蒙特利尔；《重塑刑事司法：第三次全国研讨会最终报告》，2011年，渥太华。

⑫来源于加拿大司法统计中心汇编的数据。

⑬Cranston, Ross：《英国民事司法的构造》《哈姆林讲稿》，1986年，第2页。

⑭《专门小组关于刑事司法效益的报告》，2008年，纽芬兰和拉布拉多。

⑮安大略省法律援助委员会：财务适格性的简化，2009年。

⑯纽芬兰和拉布拉多法律援助委员会，访谈数据。

⑰Malcolmson, John 和 Gayla Reid：《无代理被告人帮助项目：项目报告与评估》，法院教育协会，2003年，温哥华，第39、48－53页。

⑱据法律援助机构报告，通过大量的预审查工作，那些不符合法律援助事项范围或者财务适格性标准且没有提交书面申请的人的法律援助请求被拒绝了。

⑲司法部：《法官调查》（未出版），2008年，渥太华。

⑳Tsoukalas，Spydidoula 和 Paul Roberts：《加拿大法律援助适格性与覆盖面》，司法部，2002年，渥太华。

㉑Currie，A.：《加拿大刑事法庭中的无代理被告人》，加拿大司法部，渥太华，2009年。

㉒同第21注。

㉓同第12注。

㉔Currie，A.：《加拿大未得到满足的刑事法律援助需求的性质与程度》，《法律专业国际期刊》，第3期11卷，2004年。

㉕Currie，A.：《马尼托巴省延展性值班律师项目：项目评估》，司法部，1996年，渥太华。

㉖《值班律师服务调查》。该《调查》是由 D. Mckay 和 Currie，A. 代表加拿大法律援助计划协会于2007年开展的。

㉗同第20注，第71－74页。

㉘《关注咨询人员：有关加强值班律师项目的评估》，B.C省法律服务协会，2010年，温哥华，第4页。

㉙同第28注，第26页。

㉚刑事司法研讨会：《法律援助与刑事司法改革》。在2011年刑事司法研讨会上，由 B.C. 省法律服务协会为法律援助小组准备的文件，第1页。

㉛全国法律援助与辩护人协会：《解决我们的问题：采用绩效控制促进以社区为导向的综合性预防工作的发展》，2008年，华盛顿。又见Currie，A.：《生活中的烦恼：刑事犯罪与日常生活中的问题》，本文为作者向国际法律援助组织于2009年在新西兰惠灵顿召开的国际会议提交的论文。

㉜全国法律援助与辩护人协会：《办理我们的案件：采用绩效控制促进以社区为导向的综合性辩护工作的发展》，2008年，华盛顿。

㉝Currie，A.：《加拿大未得到满足的刑事法律援助需求的性质与程度》《法律专业国际期刊》，第3期11卷，2004年。

㉞Currie，A.：《抓住第三次浪潮：司法保护框架下刑事法律援助再考虑》，司法部，渥太华。

㉟Somers, Julian, Lydia Cartar 和 Joan Russo：《矫治、健康与人性化服务：以证据为基础的规划与教育》，精神健康与成瘾问题应用研究中心，西蒙弗雷泽大学，温哥华。

㊱Somers, Julian M，温哥华药物治疗法庭：《有关未来累犯问题的实证检查》。

㊲全国法律援助与辩护人协会：《采用绩效控制促进以社区为导向的综合性辩护工作的发展》，2008 年，华盛顿。

㊳Clark, Cait 和 James Neuhard：《探究实情：治疗性案例及问题处理实务对其所服务的对当事人、司法制度和社区发挥的积极影响》，参见 David B. Wexler 主辑的《发挥恢复性作用的律师：刑事法律实务中治疗性案例的原则》，卡罗来纳州专业出版社，达拉谟，北卡罗来纳州，2008 年，第 267 页。

㊴同第 38 注。

㊵思考刑事司法系统各个部门面临的具体问题：长期犯罪人员（特别是那些精神紊乱、药特成瘾及脑损伤的犯罪人员）或者无代理被告人，法律援助是能否以有利于本机构业务开展的方式处理这些问题？请查明这些具体问题。思考在第一个问题中查明的问题，您认为以权利为基础的刑事辩护方法与本机构使用的处理同样问题的方法之间能否实现协调？刑事司法系统中的各部门是否有各自为政的倾向？您认为在刑事司法系统的所有部门之间是否有制定共同政策目标的可能性，借此，法律援助可以与其他司法部门之间开展协作以实现结果的一致性？您是否能够指出一些高级的共同目标？

㊶这是维多利亚法律援助委员会的一名专职律师向本文作者描述的一个情节。

㊷Wexler, David B. 主辑：《发挥恢复性作用的律师：刑事法律实务中治疗性案例的原则》，卡罗罗来纳州专业出版社，达拉谟，北卡罗来纳州，2008 年，第 91 – 142 页。

㊸Darr, Orna Alyagon：《TJ 与热情的辩护：压力与机会》，参见 Wexler, David B. 主辑的《发挥恢复性作用的律师：刑事法律实务中治疗性案例的原则》，第 167 页。

㊹Clark，Cait 和 James Neuhard：《探究实情：治疗性案例及问题处理实践对其所服务的对当事人、司法制度和社区发挥的积极影响》，参见 David B. Wexler 主辑的《发挥恢复性作用的律师：刑事法律实务中治疗性案例的原则》，卡罗罗来纳州专业出版社，北卡罗来纳州（达拉谟），2008年，第261页。

㊺Wexler David B. 主辑：《发挥恢复性作用的律师：刑事法律实务中治疗性案例的原则》，卡罗罗来纳州专业出版社，北卡罗来纳州（达拉谟），2008年，第4页。

㊻Clark，Cait 和 James Neuhard：《探究实情：治疗性案例及问题处理实务对其所服务的对当事人、司法制度和社区发挥的积极影响》，参见 David B. Wexler 主辑的《发挥恢复性作用的律师：刑事法律实务中治疗性案例的原则》，卡罗罗来纳州专业出版社，达拉谟，北卡罗来纳州，2008年，第259－260页。

㊼在 R 诉 Gladue 一案中，就如何使用恢复性司法方法，加拿大司法部树立了一个里程碑。Jamie Gladue 是一名原著名妇女，因为杀死了其同居男友而被判谋杀罪。在初审法院对其审判时，法官认为该妇女的原著民身份并不能作为量刑的特殊情节。在上诉时，高等法院提出了意见一致的裁决，认为《刑法》第718条第二款第四项确实适用于 Gladue 一案。该裁决指出，针对所有犯罪人员，特别是针对原著民犯罪人员，法官应当考虑合理情形下的、除了监禁刑以外的所有能够适用的刑罚措施。该条规定的广义作用是显见的。作为一个总原则，《刑法》第718条第二款第四项适用于所有犯罪人员，并指出监禁刑是穷尽所有其他刑罚措施后才能适用的刑罚。对于犯罪和犯罪人员而言，在其他制裁都不适当的情况下，才能启用监狱刑。参见1996年 R 诉 Gladue 一案。

㊽Clark，Cait 和 James Neuhard：《探究实情：治疗性案例及问题处理实务对其所服务的对当事人、司法制度和社区发挥的积极影响》，参见 David B. Wexler 主辑的《发挥恢复性作用的律师：刑事法律实务中治疗性案例的原则》，卡罗罗来纳州专业出版社，达拉谟，北卡罗来纳州，2008年，第267页。

㊾Clark，Cait 和 James Neuhard：《探究实情：治疗性案例及问题处理

实务对其所服务的对当事人、司法制度和社区发挥的积极影响》，参见David B. Wexler主辑的《发挥恢复性作用的律师：刑事法律实务中治疗性案例的原则》，卡罗罗来纳州专业出版社，达拉谟，北卡罗来纳州，2008年，第267页。

(50)同第49注。

(51)Drucker，Peter：《有效的执行》，Harper和Row出版社1966年版。

(52)Kemp，Vicky：《改变法律援助：提供刑事司法服务》，法律服务调研中心，伦敦，2010年，第122页。

（原文发表于《中国法律援助》，2012年第1期）

加拿大法律援助制度概述

2004 年 10 月，笔者有幸随团对加拿大在法律援助方面最具代表性的安大略、魁北克两省进行了为期 10 天的考察访问。其间，走访了相关法律援助与法律服务机构，接触到了司法领域的诸多人士，通过参观访问、座谈讨论、法庭旁听等形式，全方位、多角度地了解了加拿大法律援助及相关法律制度。现将有关情况概述如下：

一、安省法律援助制度

（一）历史沿革

安省法律援助最早起源于律师的自愿行为。1951 年，针对刑事案件，安省第一次实施了有组织的法律援助计划，即律师在自愿的基础上提供法律协助。到了 1963 年，安省政府和加拿大律师协会认为，律师自愿计划已不能充分满足法律援助的实际需要，并导致了对自愿律师的过度需求。1967 年，在借鉴英格兰和苏格兰的法律援助经验的基础上，创立了安省法律援助计划，经费来源于省政府，管理机构是加拿大律师协会。但是，在律师协会的管理下，政府支付给私人律师的办案经费不断增加，政府不堪重负，而且法律援助范围逐年扩大，律师协会变得无力管理。1997 年 9 月，法学教授约翰·米克卡马斯（John Mc Camus）对安省法律援助计划进行了评估，并撰写了题为"公款法律服务的蓝图"的评估报告。在报告中，他建议建立一个独立的组织来管理安省法律援助计划，尝试各种提供法律援助的模式，比如使用公职律师、聘请和更多地使用值班律师，将服务重点放在满足当事人的需要上。1998 年，安省通过修改制定新的《法律援助服务法》，设立了独立的法律援助署代表政府管理和组织实施法律援助。

（二）法律援助的现状

经过几十年的发展，在安省，法律援助已成为了司法制度的基石，是人人都能够接近公平、高效的司法制度的一个重要保证。因为有了法律援助，贫穷已经不再是安省人民接近司法正义的不可逾越的障碍。每天，在全省的各个法院及法庭，法律援助服务人员代理低收入受援人出庭。

1. 法律援助机构及其职能。在安省，法律援助机构是在考虑地理区划和法律援助潜在受援人群的实际分布和特殊需求等因素的基础上设立的。在安省法律援助署统一管理之下，设立有地区法律援助办公室、社区法律诊所、学生法律援助诊所、社区公共法律教育诊所、安省慈善法律服务中心等，它们之间相对独立、分工明确、相互配合、优势互补，共同做好本省法律援助工作。

（1）根据1998年《法律援助服务法》的规定，安省法律援助署是一个"既独立于安省政府，又对安省政府负责"的法律援助机构，具体负责全省的法律援助工作。安省法律援助署设有董事会。该董事会有1名董事长，10名董事，共11人组成。其中5名董事由安省司法部长从由加拿大律师协会推荐的人选名单中选出，其余5名由安省司法部长和安省法律援助署署长推荐产生。

作为省级法律援助机构，安省法律援助署并不负责具体的法律援助事务，不负责在网上出具法律意见、提供信息资料及向律师提供受援人等业务。根据1998年《法律援助服务法》的规定，安省法律援助署的权力在于通过以下途径促进全省低收入人群接近司法和正义：①考虑综合成本效益，为全省低收人群提供持续的、高效率的法律援助服务；②在提供法律援助方面，由于认识到私人律师是刑事法律服务的主力军，而在诊所法律领域，诊所是家庭法律服务的主力军，所以，在提供法律援助服务的过程中，安省法律援助署的任务之一就是采取措施，鼓励和促进法律援助的灵活性及其创新。根据法律规定，安省法律援助署需要资助并支持全省78个诊所中的律师和社区法律工作者的工作，以确保在全省范围内实施诊所法律服务。同时，在诊所内，安省法律援助署每年还要向48名学生提供为期17周的夏季法律援助实践活动。在高校，安省法律援助署要支持6个学生法律援助服务协会的工作；③积极采取措施，识别、评估并承认低收入人群和贫穷社区法律援助需求的多样性；④通过一个在运作方面独立于安省政府，而在公共经费开支方面又向安省政府负责的法人机关向低收入人群提供法律援助服务。根据立法授权，安省法律援助署负责采取措施以实现法律服务可及性、向受援人提供优质服务、与法律服务机构保持有效联系，保证资源使用的高效、负责和创新。

安省法律援助署下设4个常设性的分办公室和52个地区法律援助办公室，这些办公室直接受法律援助署领导。4个常设性分办公室分别是：1个设在多伦多的难民办公室、3个分别设在渥太华、雷湾和多伦多的家事法律办公室。每个办公室均设有一名主任，数名专职律师及辅助人员。现在，安省法律援助署已经成为是安省第二大法定机构，是北美最大的法律服务组织之一。

（2）地区法律援助办公室。地区法律援助办公室具体负责日常接收、处理当事人的申请，对于符合经济条件的当事人的法律援助案件，则发给法律援助证书，由当事人拿着证书去找愿意接受其案件的律师。每一个地区办公室都要在该办公室主任的管理下开展工作，该主任有权决定是否给予证书式的法律援助服务，并有权根据请求对证书做出变动。不过，如果当事人想修改证书，最好尽早同地区办公室联系，因为一旦既成事实，再修改证书是非常困难的。而且，同样重要的是，当受援人因修改证书而同地区办公室联系的时候，要尽可能地给出充足的修改理由。

如果人们对法律援助证书、法律援助政策变化及法律援助业务活动有疑问，首先可以联系本地区法律援助办公室，地区办公室的工作人员会很好地解答人们提出的问题，而且他们很乐于回答问题，告诉人们怎样做才是正确的。

如果申请人的经济条件不符合颁发法律援助证书的标准，他仍然能够得到其他的法律援助，如值班律师的帮助。值班律师是被指派到法院帮助那些到了法庭却没有请律师的客户的律师。值班律师在法庭的活动由地区法律援助办公室负责管理。在许多地区，负有监督职责的专职值班律师协助地区法律援助办公室制定规则，管理地方值班律师的服务活动。地区法律援助办公室主任的职责之一就是确保所有新上任的值班律师在单独开展工作以前，要在有经验的值班律师的带领下到法庭参加旁听并接受技能培训。

（3）社区法律诊所。在安省，独立的社区法律诊所是为了满足低收入人群和社区特殊法律需求而设立的。是否设立这些诊所是由各社区提出要求，由安省法律援助署根据其能够提供给诊所的资金、社区内的法律需求及服务资源状况决定的。其提供的法律服务包括从传统的案件代理到出具简单的法律意见，帮助当事人开展法律自助，对公众进行法律教育，组织社区活动以及以其他形式参与法律改革等。诊所工作人员与通过社区选举产生的独立董事会一起开展工作，并受其管理，如决定本地法律需求及在某些法律领域是否优先提供服务等。大多数综合性服务诊所的业务集中在收入赡养和房屋权利方面，而专业性诊所的日常业务则与该诊所的专业特长紧密相连。在整个安省，根据社区设置，共有61个综合性服务诊所，另有17个专业性服务诊所，以解决特殊法律领域的问题或者满足特殊当事人人群的需求，如劳动赔偿、工人健康安全、原居民的服务、房屋租赁、残疾人等。

（4）学生法律援助诊所。安省六所大学的法学院都分别设有一个学生法律援助诊所，在法学院院长的指导下开展工作。这些学生法律援助诊所的日常工作主要是：在专职律师的监督和帮助下，学生志愿者在学习法律知识的同时，向当事人提供法律服务。学生志愿者代理的居民案件一般是：①不会被判处监禁刑的简易判决刑事案件；②小额法庭案件；③房屋租用纠纷；④移民案件等。

（5）安省社区公共法律教育诊所。安省政府非常重视公共法律教育工作。为了增加公众的法律知识，提高他们的维权意识，特设有安省社区公共法律教育诊所。该诊所成立于1974年，由一个义务董事会管理。该诊所虽然是一个诊所，但作为非营利性机构，实际上类似于我国的普法性通俗读物出版社，其经费来自于安省法律援助署和加拿大司法部。诊所员工主要包括律师、编辑和行政人员。诊所日常工作是专门致力于公共法律教育，具体负责组织撰写、编辑、发行与公众有密切联系的法律知识性书籍、小册子（主要是有关社会帮助、房屋租用、难民和移民、工人权利、家庭法、消费者权利、妇女问题及有关青少年法律问题等内容的法律资料），同时也出版发行其他性质的法律书籍等宣传性印刷品，并根据法律的变化，随时更新宣传内容。该诊所印制发行的书籍、小册子大多是免费发放，由各类法律服务机构、法律援助机构根据需要索取，摆放在适当位置，供公众取阅，以帮助公众更好地理解法律及享有法律权利。同时，诊所的许多法律资料还在网站上公布，供相关人士和公众查看、免费下载。

（6）安省慈善法律服务中心。安省慈善法律服务中心成立于2002年，其任务和使命主要是通过策略指导、培训、适当的技术支持以帮助那些为低收入人群、残疾人、社区人群等提供法律服务的律师事务所、法律协会、法律部门和其他团体以及为这些团体服务的慈善组织等更好地开展工作，促进实现司法公平和正义。除了技术支持外，在私人律师和大量公共服务机构（如法律诊所、社区组织等）之间，安省慈善法律服务中心就像一名掮客，在他们中间起着桥梁和纽带作用，比如，在安省为中、低收入个人和义务组织开展公益项目，开拓机会让律师提供免费法律服务以推动慈善项目，从而成为安省公共法律服务组织开展工作的一个资源中心。在日常工作中，该中心并不处理具体的公益案件或者事务，而是通过支持法律界相关人士的自愿精神，为每一位安省居民改善获得法律服务的机会，所以它存在只是为了补充而非替代法律援助。它所支持的慈善项目大多是为不在安省法律援助范围之内的人群提供服务。

安省慈善法律服务中心由安省法律基金和安省法律援助署共同资助经费，由加拿大律师协会提供办公地点、电脑、技术支持等。此外，在社会上，还有大量以私人律师为主体的法律援助志愿者通过多种方式参与法律援助工作，充实安省法律援助服务机构和组织，提升法律援助服务质量。

2. 安省法律援助的适用范围和实施模式。

（1）法律援助的适用范围。在安省，法律援助确保人们的宪法和法律权利得到公平、正义的对待。法律援助是刑事、家庭、精神健康、社会保障、住房、难民及相关法律服务的最重要的资助者和提供者。安省法律援助为以下低收入受援对象服务：①面临刑事指控的人。法律援助确保那些符合条件的被告人能够保护自己的权利，并保证刑事司法制度能够高效公平的发挥作用。②通过法律程序保护自己孩子的父母。当这些父母面临着孩子流向社会的危险，或者是面临着失去完整的监护权的危险，法律援助将帮助确保相关法律程序对所有的诉讼参与人都是公平的。③家事法当事人。这些当事人大多是妇女，在法庭上主张自己或者其孩子的监护、参与、经济支持等基本权利。法律援助对于确保面临身体和经济危险的妇女和儿童的安全来说，是非常必要的。需要强调的是，安省法律援助是优先保护家庭暴力的受害者的。④诊所法律服务的当事人和低收入社区人群。这些人需要依靠法律援助确保获得基本法律和社会权利，以得到生活必需品。⑤难民申请人。他们要依靠法律援助确保其难民申请得到公正的判决。至于申请人是否符合法律援助，哪些案件属于法律援助范围，申请法律援助时需要带齐哪些证件，以及申请人需要向法律援助工作人员说明哪些情况，在安省印刷的各类法律知识宣传小册子上，都有详细介绍。

安省法律援助受援人是经济极度困难的低收入人群。当事人在申请法律援助时，需要接受经济困难标准测试（审查），以决定其是否符合法律援助。该经济困难标准测试有资产测试（审查）和收入测试（审查）两部分组成。申请人首先要接受资产测试：即法律援助工作人员要求当事人出示资产证明文件，以测试其是否有足够的钱或者资产雇用私人律师而无须法律援助，该资产具体包括：现金、银行存款、股票、债券以及通过买卖易于换成现金的物品，同时，还要查看其他资产，如房屋和财产；其次进行收入测试。即法律援助工作人员要查看当事人的月收入及支出后是否有剩余以支付私人律师等的费用，是否有依靠其收入生活的孩子、配偶、共同居住者及同性恋者。这些收入具体包括：劳动赔偿、工资收入、职业保险、退休金、社保资金、佣金的收入、儿童税收让与收入及房租收入等。以一个四口之家为例，其经济困难标准具体量化为收入低于29000加元。2002年3月，通过对合格法律援助受援人群的分析发现，有资格获得法律援助的家庭大多数存在以下情况：单亲家庭、有1名老年女性的家庭、有1名刚刚移民加拿大的老年成员的家庭、有1名残疾人的家庭等。通过经济困难标准测试，法律援助工作人员将会发现当事人还剩余多少可支配资金以支付律师费用。根据法律规定，测试可能出现三种决定，即申请人可能得到免费的法律援助；也可能需要支付全部或者部分费用；或者被拒绝提供法律援助。如果申请人不同意支付部分费用，或者认为自己无力支付费用，或者被拒绝提供法律援助时，可以到地区委员会那里提出申诉，寻求救济，也可以等经济条件发生变化时重新申请法律援助。

（2）法律援助的实施模式。在安省，提供法律援助的方式是混合模式，既有在各地区法律援助办公室专门提供法律援助服务的专职法律援助律师，又有接受从各地区法律援助办公室拿到法律援助证书的当事人的委托或者由地区法律援助办公室委派而提供法律援助服务的私人律师；既有法律援助署直辖的地区法律援助办公室专职提供法律援助服务，也有社区法律诊所、学生法律援助诊所、社区公共法律教育诊所、安省慈善法律服务中心等民间机构专门提供与地区法律援助办公室不同类型和不同方式的法律援助服务。

在安省法律援助的实施方面，值得一提的是值班律师制度和法律援助证书制度。值班律师制度，又称法庭服务律师制度，根据安省法律规定，对那些到安省各级法院参加诉讼活动而没有法律代理人的当事人来说，他有权利得到值班律师提供的服务。在法庭上，安省法律援助署雇用法律援助专职律师或者私人律师代理当事人出庭。值班律师的服务就像医院里的急诊医生诊断病人，他不仅要快速地评估当事人的处境，出具合理意见，帮助解决问题，如果必要的话，还需要为当事人提供进一步的服务和帮助。某个律师在其所居住的社区，一旦经注册进入值班律师名册，经过系统培训和法庭旁听，就可以以值班律师身份在法庭上单独开展工作。其中，刑事法庭值班律师的职责是为当事人出具简单的法律意见、引导保释听证、协助当事人提出异议、进行有罪答辩、申请延期等；而家事法庭值班律师的职责是为当事人出具简单的法律意见、帮助当事人准备诉讼文书、参加法庭延期审理、提出申诉、参加预审、支持强制执行听证活动、参与调解谈判活动等。在安省，据统计，每年有 3000 多个值班律师为800000 多名低收入当事人提供服务。

安省法律援助网上服务非常发达，如果某个律师一旦加入法律援助人员名单而成为一名值班律师，就可以上网下载法律援助在线指南，以更好地帮助自己开展值班律师服务工作。

至于值班律师的报酬，以专职律师身份担任值班律师的人员本身可以从其所服务的地区法律援助办公室领取相当不错的薪水和一系列福利待遇；如果是以私人律师身份定期担任值班律师的，则可以按小时付费的方式向法律援助署收费。此外，值班律师的办案费用由安省法律援助署通过其各个地区法律援助办公室报销，安省法律援助署财务部具体负责核对账目和报销事务。值班律师可以到所在地的地区法律援助办公室索要费用报销一览表，其中有刑事值班律师费用报销一览表和民事值班律师费用报销一览表。不久的将来，值班律师可以直接从网上下载费用报销表。值班律师要如实填写费用报销表，并在业务完成后的 6 个月内上交费用报销表。

法律援助证书制度是指根据安省法律援助法的规定，法律援助的申请人经审查（测试），符合条件的可以获得法律援助证书，并可以拿着这个证书去自愿选择私人律师或者法律援助专职律师为其提供服务，而费用由安省法律援助署负责向该律师支付的制度。法律援助证书制度是低收入人群获得法律援助服务的重要保障。在安省，并不是所有的律师都接受法律援助工作，当事人获得法律援助证书后，可以通过向所在地区的法律援助办公室索要一份律师名册，或者通过家人和朋友等找一名愿意接受法律援助案件的律师。如果当事人是家庭暴力的受害者，则可以向所在地妇女保护机构索要律师名册，找到自己满意的律师。根据法律援助规定，法律援助证书可以帮助当事人解决以下一系列的法律问题：刑事、家事、移民及某些民事法律问题，如要求解决工地安全问题的诉讼，因精神健康提起的诉讼等。与此相对应，法律援助证书有家事和民事证书、难民证书、刑事证书及上诉证书之分。地区法律援助办公室具体负责日常接收、处理当事人的申请，对于符合经济条件的当事人的法律援助案件，则发给法律援助证书。至于律师因接受当事人的法律援助证书而产生的费用报销问题，需要同安省法律援助署下设的地区法律援助办公室财务部联系。该财务部的职责是：支付法律援助证书律师因办理法律援助案件而产生的办案费用；根据需要酌情增加办案费用；决定法律援助证书的费用分配方式（如笔录、翻译和家庭财产估价费的分配比例）等。

安省法律援助核心机构及其业务分析

当事人服务	对服务提供者的支持	总体战略运作
1. 证书服务。每年私人律师为大约 106000 名当事人提供着法律援助。	1. 法律账目。向提供证书服务的法律援助服务人员支付报酬。	1. 首席律师（General Counsel）。为安省法律援助署提供意见和服务，决定当事人的申诉。
2. 诊所服务。每年 79 个独立的社区诊所向 200000 多名当事人提供法律意见和服务。	2. 安省法律援助署。为证书小组成员和值班律师提供法律调查服务；根据近期法律援助发展，提供定期网络新闻通讯。	2. 信息技术。在 150 地区向 1695 个使用者传播 IT 技术。
3. 值班律师/咨询律师服务。每年值班律师向 700000 多名当事人提供法律意见和简单的法律服务。	3. 诊所服务办公室。通过提供意见和帮助，复核并决定诊所经费申请，共同协调培训等支持诊所和学生法律援助诊所。	3. 经费。提供经费支持。
4. 专职办公室。安省法律援助署通过专职办公室向当事人提供服务：一个难民法律办公室和三个家事法律办公室。	4. 诊所资源办公室。在诊所法律领域，向开展法律服务的诊所、学生法律援助诊所和证书律师提供执业及诉讼支持。	4. 调查。调查针对安省法律援助署的虚假主张。
5. 其他以社区为中心的服务。安省有大量法律院校，通过学生法律援助诊所提供服务；在遥远的北部有原著民社区通过 Nishnawbe – Aski 法律服务公司提供服务。	5. 质量服务办公室。根据确定的标准，评估业务活动；提供便利条件，鼓励持续地完善活动；采取便利措施，提高值班律师、地区办公室及私人律师的服务水平。	5. 设备和设施服务。房屋租赁、办公家具及办公设备的添置和管理。

当事人服务	对服务提供者的支持	总体战略运作
6. 创新性服务。安省法律援助署正在资助并监督数个由社区参与的创新性试点的工作。	6. 大案管理制度。支持那些处理复杂案件的证书律师。	6. 人力资源。招聘新人，协调培训与学习项目等。 7. 政策、计划与外部关系。提供政策/业务分析意见；指导合作项目；提供年度业务计划。
7. 投诉。调查并解决当事人的投诉。		8. 交流与公共事务。代表安省法律援助协会开展内部交流。

3. 法律援助经费。在安省，86%以上的法律援助经费来源于联邦政府和安省政府的财政拨款。其余部分分别来自少量的律师信托账户利息、当事人的分担费用，几乎没有社会捐助。其中联邦政府的财政拨款主要用于支付刑事法律援助经费，而安省政府的财政拨款主要用于支付民事及其他的法律援助经费。需要强调指出的是：社区法律诊所、学生法律援助诊所、慈善法律服务中心等非政府法律援助机构的办公经费及办案经费也几乎全部由安省法律援助署统一拨付，即来自于政府的财政拨款。

4. 服务质量管理。安省法律援助署承诺向所有当事人和社区提供世界一流的高质量的法律援助服务，为此，特成立了质量服务办公室，内设主任1名，另外还有2名专职律师、1名兼职律师和2名行政人员。而且，在制定法律援助发展战略、发展规划和具体的法律援助实施过程中，安省法律援助署终于把确保服务质量作为其重要工作任务和使命之一，处于优先考虑的地位。具体说来，安省法律援助署主要采取以下四个方面的措施以确保高质量的服务：

（1）当事人服务评估。包括：①对省法律援助署各处室、地区办公室、社区法律诊所及学生法律援助诊所提供的服务进行评估；②对法律援助服务实施的及时性进行评估；③对当事人和律师进行调查。

（2）明确法律援助律师和值班律师的准入标准，如最低从业经验等，进行评估。

（3）社区法律诊所的自我评估。如通过填写评估表，以确认该诊所提供的法律援助服务是否达到标准等；诊所每年都要做一次自我评估，并把自我评估表寄往省法律援助署质量服务办公室。这是诊所每年向法律援助署申请经费的前提条件之一。法律援助质量服务办公室这样做并不是以惩罚为目的，而是鼓励诊所更好地提供法律援助。

（4）质量调查和审计。主要是调查社区诊所、学生法律援助诊所所提供的法律援助服务是否符合质量。一般的做法是：质量服务办公室的法律援助工作人员利用3-5天的时间走访一个社区法律诊所或者学生法律援助诊所，根据确定的标准对该机构的工作进行评估。

法律援助质量服务办公室认为当事人有权利得到公平的对待和应有的尊重，如果当事人对服务不满意，有权利向安省法律援助署反映。安省法律援助署鼓励当事人针对他们的服务提出意见和建议，在每个办公室安排有专门人员负责收集这些意见和建议并做出及时回复；如果当事人对回复不满意，可以向法律援助工作人员索要一份投诉表，并在法律援助工作人员的指导下填写或者由其代为填写该表格，然后把投诉表反馈到当事人要投诉的地区办公室或者安省法律援助署所属部门；如果当事人是口头投诉，有关人员将会现场解决问题，直到当事人满意为止；如果当事人的投诉意见是针对某个特定办公室或者部门所提供的服务，按规定，该当事人首先要把投诉意见反馈到该办公室或者部门，以寻求解决，在这一阶段，大部分的投诉意见都在两个星期得到了解决；如果在这一阶段当事人的投诉意见没有得到圆满解决，当事人则可以与安省法律援助署投诉办公室联系；如果当事人对安省法律援助署投诉办公室的处理结果仍不满意，法律援助署的首席律师将对当事人的投诉做出书面答复。

如果当事人申请法律援助证书没被批准，可以提起申诉，如果当事人获得的法律援助证书附有偿还条件而本人不同意的，也可以申诉，并可以向地区法律援助办公室工作人员咨询有关申诉的具体事宜。

为了当事人能够获得高质量、专业性的律师服务，同时也为了维护律师行业的独立、诚实和荣誉，安省设有专门的律师赔偿金，专门用来帮助那些因律师不忠实行为而丧失金钱利益的当事人，其最高赔偿限额为

100000 加元，而具体赔偿事宜由加拿大律师协会负责。最后这些赔偿金要由涉事律师承担。这些年来，已经有数百万的赔偿金用来帮助当事人。

二、魁北克省法律援助制度

魁北克省（以下简称魁省）法律援助有 30 多年的历史。在此以前，该省没有法律援助制度，当地的穷人如果遇到法律问题，就向相关法律服务组织寻求法律服务。1962 – 1972 年，针对当时社会困难群体的法律需求，魁省政府出台了一系列法律，并依法成立了法律援助服务组织和相关机构。1972 – 1973 年，各地建立起法律援助办公室，其中有 138 名律师从事免费的法律援助工作。1972 年魁省通过了法律援助立法，进一步规范和促进了当地法律援助工作的发展。但是，1996 年以前，魁省法律援助并没有太大的发展。1996 年，魁省法律援助法经历了较大修改，引进了新的立法概念，明确了受援对象、受援标准、申请程序及什么情况下受援人要分担法律援助费用等，并出台了限制性条款，如针对某些轻微刑事犯罪，则不予法律援助服务。

随着魁省法律援助法的修改和法律援助工作的深入发展，魁省法律援助委员会为法律援助人员提供有定期系统性的专门培训，不断提高了法律援助人员的办案能力和服务质量。

（一）法律援助机构设置与职能

与安省法律援助机构相类似，魁省法律援助机构也是根据地理区划和法律援助潜在受援人群的实际分布等设立的，但两省法律援助机构的称谓有所不同，如安省省级法律援助机构被称为法律援助署，而魁省则被称为法律援助委员会。魁省法律援助机构包括 1 个省级法律援助委员会，其下设 11 个地区性社区法律援助中心（以下简称地区法律援助中心），这 11 个地区法律援助中心下面又分别管辖若干个法律援助办公室。其中蒙特利尔和另外一个地区法律援助中心下面还设有 2 个地方法律援助中心。省法律援助委员会与地区法律援助中心及其法律援助办公室一起，形成了覆盖全省的系统的法律援助网。

1. 法律援助委员会。在法律援助机构设置方面，魁省最高法律援助机构是魁省法律援助委员会，是按照魁省法律援助法专门设立的独立机构，由 12 名委员组成，其委员由省政府任命，除了主席和副主席外，其他委员的工作是义务的。主席和副主席的任期为 3~5 年。在这 12 名委员之下设有秘书处、复审委员会（该复审委员会 5 名私人律师组成，其中有 1 人做协调工作，任期为 3 年，每周上 1~2 次班）和行政委员会。而在行政委员会之下又设有财务处（负责管理来自政府的法律援助经费，把经费分发给下属地区法律援助中心，还要负责把其中一部分经费支付给提供法律援助服务的私人律师）、电脑服务处（具体负责全省各地法律援助中心的电脑网络技术等）、费用申报批准处、通讯处和政策研究处。整个委员会约有 50 名工作人员，其工作人员的职位不属于政府公务员序列。该委员会拥有法律援助相关事宜的决策权，如负责建立各地区法律援助中心。根据 1972 年的立法精神，该委员会是相对独立的机构，司法部长不干涉该委员会的立法及日常工作，不过委员会每年要写出年度工作报告，并向司法部部长报告。该委员会自己对自己的日常工作负责，如财政出现赤字，委员会主席是要负责任的。这种法律援助相对独立的概念出现在 1972 年，目的在于保持对司法部的独立性。这种制度设计的原因在于律师在提供法律援助时，常常是针对政府提出诉讼，而法律援助的经费又来源于政府，这种情况下，法律援助机构必须保持相对的独立性。

2. 地区法律援助中心。这些地区法律援助中心的任务是相同的，都是负责本地区法律援助服务，都有相对的独立性。地区法律援助中心内部设有董事会，由董事会任命中心负责人。其中蒙特得尔地区法律援助中心是魁省最大的法律援助中心，下设 11 个法律援助办公室，在整个蒙特利尔市区提供法律援助服务。

3. 法律援助办公室和地方法律援助中心。在 11 个地区法律援助中心之下，共设有 87 个法律援助办公室和两个地方法律援助中心，其任务是向符合法律援助条件的受援人提供法律援助服务。在这些法律援助办公室内，既有法律援助专职律师，也有私人律师在提供兼职的法律援助服务。据统计，全省共有 355 名法律援助专职律师。

（二）经费来源

与安省法律援助经费来源一样，魁省法律援助经费也主要是来源于政府财政拨款，来源于其他渠道的资金非常少。全省每年有 1 亿加元的法律援助资金，省法律援助委员会的重要工作之一就是通过设在各地的地区法律援助办公室向法律援助专职律师和私人律师分别拨付费用。需要说明的是：各个地区法律援助中心在向省法律援助委员会申请法律援助经费之前，要向省法律援助委员会提交预算报告。

（三）法律援助实施情况

与安省法律援助实施模式相同，魁省法律援助实施采取的也是混合模式。在魁省，需要法律援助的当事人要向当地的法律援助办公室或者地方法律援助中心提出法律援助申请。当事人申请时，要说明其经济状况和要求提供哪种法律援助服务。法律援助律师要具体审查当事人的经济困难情况是否符合法律援助经济困难标准，同时还要审查当事人申请的法律援助事项是否属于法律援助立法规定的服务范围。在经济标准方面，需要具体审查三方面的内容：1. 当事人的收入状况。即申请前一年的收入状况。若申请法律援助时失业或者生病，也可以考虑他提出法律援助申请时的具体收入状况。如一个单身汉，若年收入低于8870加元，则可以享受免费的法律援助服务；若是四口之家，其经济困难标准又有所不同。凡是领取社会救济的人，则自动享有法律援助服务。2. 拥有的资产。主要是车、房、股票等。3. 拥有的现金量的多少。如单身汉按规定要低于2500加元，家庭则要低于5000加元。如果当事人不符合其中的某一项标准，他也可以得到法律援助服务，但要分担费用。不过也有例外的情况，即当事人虽然不符合法律援助的条件和标准，但通过律师向本地区法律援助中心申请，当事人仍然可以得到法律援助服务。这种现象不多，全省每年4-5例，一般都是关于孩子、未成年人的法律援助。如果是青少年犯罪的案件，则可以自动得到法律援助，而对未成年人的其他法律援助事项，则要考虑其父母的收入。如果未成年人利益与父母利益冲突，未成年人可得到法律援助，等案件审结后，可把账单寄给父母，由父母分担一半费用，另一半费用由本地区法律援助中心支付，若父母符合法律援助的条件，也可以不分担费用。

在行政法律援助方面，法律援助中心的律师在审查当事人申请时，首先要考虑三个因素，即是否影响基本生存权，对身心健康是否有影响，人身自由是否受到影响。例如，因抚恤金诉讼提出的法律援助申请，其诉讼费是由法律援助机构支付，因为该案件影响当事人的基本生存权。其余要考虑的三个情况是：是否被拘留；基本生活是否受到影响；是否需要法庭代理。在刑事诉讼法律援助方面，则要考虑犯罪的严重程度等因素，严重的则要给予法律援助。

经过法律援助标准的审查后，一般会出现三种情况：

1. 当事人的申请符合法律援助条件和受案范围，批准其法律援助申请，并颁发合格证书；

2. 当事人的申请不符合法律援助条件或者受案范围，决定不给予法律援助；

3. 附条件地发给法律援助合格证书。即当事人的情况紧急，来不及调查，则可先提供法律援助，事后在进行资格审查，若符合法律援助的条件，就为其支付费用，若不符合条件，则追回费用。

在第一种情况下，申请人在获得法律援助证书后，可以自由地选择法律援助专职律师或者私人律师提供服务。在第二种情况下，申请人如果不服决定，可以提出申诉。申诉结果要么推翻原决定，同意其申请，发给法律援助证书，要么维持原决定，不予法律援助。如果申诉被拒绝，在被拒绝后的30天内，当事人可以向省法律援助委员会所属复核委员会提出申请。经过复核申请，一般会出现两种情况：推翻原决定，同意提供法律援助；或者维持原决定。复核委员会的决定是一次性的，当事人不得再次申请。但如果复核委员会的决定确实错误，法院有权利判决该决定错误。在魁省，每年有2~3例这样的诉讼，但复核委员会的决定从来没有被推翻过。在第三种情况下，申请人如果不同意附条件，也可以申诉。

当事人在申请法律援助的时候，若申请的服务标的太大，法律援助机构会拒绝为其提供法律援助，由当事人与律师商量，是否可以采取分担费用的方式进行诉讼。

在法律援助机构做出同意法律援助的决定后，若发现申请人隐瞒经济收入状况，则要求其支付法律援助费用；若受援人原来失业，后来又找到了工作，则取消正在为其提供的法律援助服务，让其寻找付费的法律服务；若受援人通过法律援助服务得到了一大笔资金，则可以向其收费；魁省2001－2002年法律援助的实际需求量为266378人，实际得到法律援助的人为 217574 个，还有 4012 个被拒绝提供法律援助服务。

有关魁省私人律师从事法律援助服务的收费标准，自 1972 年法律援助体系实际运作以来，前后发生过几次变化。以前是根据案件来收费的。如某人因偷窃被指控，无论开庭与否，为其辩护的律师都要收取 525 加元的费用。该辩护律师在为其提供法律援助之前，要把提供法律援助及收费标准等相关事宜告诉省法律援助委员会及其下设地区法律援助中心。如遇到案件延期、案件复杂等特殊情况，超出原有的收费标准，需要提高收费时，有专门的委员会讨论决定。如果对专门委员会的决定有争议，首先要通过仲裁调解委员会解决，如果不服，最后再由魁省专门法庭裁决。若该案还牵涉到别的法律手续，如需要办理延期、释放等，费用会进一步提高。这种根据案件收取费用的办法，实际操作起来比较复杂，耗费较大，而且会人为地拖延办案时间。为此，魁省律师协会、省法律援助委员会与省司法部经过协商，决定办理法律援助案件，要采取固定的收费标准，即有一个固定的包价。在法律援助经费有限的情况下，与安省采取私人律师按小时收费的方式相比，魁省采取包价的方式，可节省更多的费用，以办理更多的案件。

三、几点启示和建议

在短短的 10 天考察过程中，两省健全的法律援助制度、政府对法律援助工作的重视和支持、法律援助机构与法院之间的密切协作、法律援助人员工作的热情等给笔者留下了较深的印象。更为重要的是，这次考察适逢中国法律援助制度创建十周年，《条例》颁布实施一周年之际，刚刚召开完第四次全国法律援助工作会议，本次考察所取得的成果，对于总结我国十年来法律援助发展经验，明确下一步法律援助发展目标和工作思路，进一步加快中国法律援助事业的发展，具有一定的启发和借鉴意义。

（一）各级政府一定要高度重视法律援助工作的发展，进一步加大对法律援助的经费投入力度

加拿大作为一个经济比较发达，法制相对健全的国家，政府非常重视和支持法律援助工作的发展壮大。每个财政年度，联邦和各省政府在法律

援助经费财政拨款方面投入巨大，切实体现了法律援助的政府责任。究其原因：

1. 经过 30 多年的发展，加拿大政府越来越意识到，法律援助是加拿大司法制度的一个重要基石，是人人都能够接近公平、高效的司法制度的一个重要保证，政府在法律援助经费方面投入越多，社会就会相对越来越公平和稳定，经济社会发展的环境也就会越来越好，最终会给整体社会的发展带来良性的互动；

2. 法律援助相关机构、相关组织，如律师行业、法院、当事人权利团体等在法律援助的管理和实施过程中极大地影响着政府作用的发挥。例如法官在遇到经济困难的被告被拒绝给予法律援助，并认为律师出庭辩护对于案件的公正审判十分必要的情况时，则可以停止诉讼程序的进行，直到受援人获得法律援助。这意味着如果政府希望案件的诉讼程序进行下去，它就应该通过法律援助这一通常渠道来资助被告。我国法律援助的发展也充分证明，法律援助事业要想获得长久持续的发展，就必须有充足的政府财政拨款来保障。目前，《条例》已经明确了法律援助的政府责任，各省（区、市）纷纷制定具体的措施，加大政府对法律援助的财政投入力度，使法律援助的政府责任逐步落到了实处，但是法律援助经费不足，尤其是西部及一些欠发达地区，法律援助资金严重短缺，仍然是我国法律援助发展所面临的最大困难和问题。为此，有必要借鉴加拿大的经验，加大工作力度，采取多种措施，继续推动政府落实对法律援助的经费保障制度，使法律援助事业的发展获得稳定可靠的经费来源。

（二）必须进一步理清工作思路，整合各方面力量共同开展法律援助工作

通过本次考察深深感受到：要想做好法律援助工作，必须要进一步转变观念，理清思路。长期以来，我们对法律援助的理解过于狭窄，总认为法律援助只是在诉讼程序中为困难群众或特殊案件的当事人提供法律援助，或者把法律援助仅看成是政府法律援助机构的工作，把法律援助工作与法律援助机构的工作画等号。而在加拿大，由于相关人士已经充分认识到：法律援助不仅仅是法律援助机构的事情，也不仅仅是在诉讼程序中为

低收入人士或者特殊群体和社区提供法律援助，所以30多年来，联邦和各省政府以及各省的法律援助署或委员会，按照法律援助的有关立法原则和精神，勇于承担起政府的法律援助责任，采取切实措施，整合社会人力资源，全方位、多角度地为低收入人员提供法律援助。在加拿大各省，存在着多种多样的法律援助或者法律服务机构。这些机构除了帮助低收入人员解决法律援助问题外，还有专门的工作人员或者志愿者帮助低收入人群解决日常生活上的诸多困难和不便。在渥太华的一家社区法律援助服务诊所考察时，就遇到了一个曾在该诊所得到过法律帮助的残疾人，他已经成了该诊所的志愿者，并明确表示，其工作目标是免费帮助所有需要到法律诊所寻求帮助的人。目前，在加拿大各地的法律援助机构内，有成千上万的志愿者在免费做义工（其中包括大量的律师和非律师人员）。在我国，法律援助虽然是政府责任，但在目前政府能力还比较有限的情况下，各地要按照《条例》的相关规定，采取有效措施，整合社会资源，充分调动社会组织和热心人士参与法律援助的积极性，壮大法律援助的工作力量，形成全社会都来关注、支持和参与法律援助的良好氛围。

（三）要"以人为本"，进一步明确工作目标，提高工作能力，积极做好法律援助工作

首先，法律援助机构要进一步增加工作的透明度，畅通法律援助申请渠道，积极采取便民措施，解决好困难群众法律援助申请难的问题。各地法律援助机构，特别是基层法律援助机构，要采取多种形式，将申请法律援助的条件、范围和程序及各项便民措施向社会公开，使低收入人群及时了解并运用好法律援助。

其次，随着经济实力的逐步增强，要进一步扩大法律援助的覆盖面，使更多的低收入人群能够获得法律援助。为此，各级司法行政部门和法律援助机构要经常做深入细致的调查研究，准确掌握本地区低收入人群的法律援助动态需求情况，结合本地经济和社会发展水平，建议政府制定出科学合理的法律援助范围和经济困难标准，尽可能降低门槛，扩大法律援助的覆盖面。

最后，对于符合法律援助条件的受援人，要及时地给予法律援助。在

加拿大，当事人申请法律援助时，工作人员会帮助填写申请表，并立即审查其是否符合法律援助的条件和标准，如果当事人告诉工作人员情况紧急，则会立即得到法律帮助。事后，再对其法律援助资格进行审查，并做出是否提供法律援助的决定。

值得一提的是，加拿大法律援助非常人性化。具体表现在：第一，注重保护个人的隐私。在我们考察期间，曾经提出要参观一下相关社区法律诊所和法律援助办公室是如何接待法律援助申请人并处理其法律援助申请的，对方工作人员委婉地拒绝了我们的要求。他们认为，这样做不仅是不礼貌的，甚至会侵犯申请人的隐私权。在我国，法律虽然强调要保护当事人的隐私权，但并没有引起人们的重视。目前，除了深圳等少数经济发达的地区外，受财力、物力的限制，各地法律援助机构的接待处大多设在大厅里，同时可接待好多人，而不是像加拿大法律援助机构那样，都设有专门的私密接待室，一次只接待一个当事人。第二，在加拿大考察期间，无论我们走到哪个法律诊所或者社区法律援助服务机构，一般都能看到，在屋子的某个角落里，放有一些供儿童玩的玩具。经询问我们才明白其用途，即当事人若带着孩子前来申请法律援助，在其申请法律援助时，孩子可以玩着玩具等待当事人。

（四）要采取切实措施，提高法律援助的办案质量

在加拿大，各省法律援助机构始终把确保服务质量作为他们的重要工作任务和使命之一，处于优先发展的地位。为此，在保证律师办案补贴的同时，还采取多种措施，以保证法律援助的服务质量。在我国，《条例》已经实施一年了，政府的投入在逐步增加，社会各界也给予了大力的支持，我们的办案数量和质量应当有一个明显的提高。要进一步加强法律援助工作中的管理和监督，严格规范律师、基层法律服务工作者、法律援助机构人员以及社会组织人员的法律援助行为，保证他们向困难群众提供的是符合标准的法律援助。当然，如何提高法律援助的质量是摆在我们面前的一项重大课题。首先，要制定出合理的办案补贴标准，以调动律师从事法律援助的积极性，同时要建立起质量监督机制，如建立法律援助服务机构自我考评制度；其次，让受援人填写意见反馈表，以确认律师等提供的法律援助服务是否符合法定标准；最后，设立定点举报箱，或者网络举报

信箱等，接受群众的投诉和监督，真正做到让人民群众满意。

（五）要利用好电脑网络优势，促进法律援助网络化发展趋势

加拿大法律援助网络管理系统的完善给我们留下了深刻的印象。在我国，随着法律援助工作的深入开展，电脑网络技术的普及，要进一步建立和健全全国法律援助网络系统，既可以通过网上开展宣传、培训工作，也可以通过网络方便律师的工作，对办案质量进行动态监管。如可以进行法律援助疑难案例网上在线讨论，开展法律援助网络培训课堂等。这样，既可节省法律援助资源，更能节省律师的工作时间，提高法律援助效率和质量。

（原文发表于《中国法律援助》，2004 年第 5－6 期）

美国法律援助制度概述

2010 年 7 月，笔者赴美国参加了为期 21 天的法律援助学习培训和考察访问活动。其间，在伊利诺斯大学（香槟校区）接受了两周的培训，旁听了香槟县法院和联邦法院的庭审活动，与法官、联邦公设辩护人、州公设辩护人、法院研究人员等进行了座谈。随后，又实地走访了美国司法部、法律服务公司、公益法律服务组织和律师协会等机构，并与相关机构负责人进行了深入交流。通过学习培训和考察访问，重点学习了美国法律援助制度、法律诊所教育体系和美国律师管理体系，并向美国同行介绍了近年来我国法律援助制度取得的成就经验。

一、美国法律援助制度概况

（一）美国法律援助工作基本情况

1. 以公设辩护人为主导的刑事法律援助制度。美国刑事法律援助与民事法律援助分属不同系统，其中刑事法律援助以公设辩护人模式为主导。公设辩护人包括联邦公设辩护人和州公设辩护人，是指经联邦各级法院或者州各级法院聘任，在联邦政府或者州（市、县）政府财政支持下，服务于本法院公设辩护人办公室，为触犯联邦刑法或者各州刑法，没有经济能力聘请律师，且可能面临监禁刑的犯罪嫌疑人、被告人提供刑事法律援助的、具备刑事辩护资质的专职律师。公设辩护人办公室设置与检察官办公室设置相对应，是联邦政府、州（市、县）政府的职能部门，一个法院只有一个公设辩护人办公室，一名公设辩护人，公设辩护人办公室的其他人员被称为公设辩护人助理。公设辩护人可以出庭为被告人辩护，而其助理只能从事一些辅助工作。如果同案中还有其他经济困难的被告人需要获得律师的帮助，一般需要由法官另行指派私人律师提供法律援助服务。

除了公设辩护人模式外，一些州（市、县）还通过私人律师模式、合同制模式、非营利辩护机构或者法律援助协会为经济困难的犯罪嫌疑人、被告人提供法律帮助和辩护服务。私人律师模式是指法庭为无力聘请律师的被告人指定私人律师提供刑事法律援助，由政府向私人律师支付报酬。合同制模式采用政府与私人律师事务所签订合同的方式，为刑事被告人提供法律援助。而非营利机构和法律援助协会是通过间接获得政府拨款或者慈善捐款开展刑事法律援助工作。

2. 以法律服务公司为主导的民事法律援助。按照美国《法律服务公司法》的规定，法律援助服务公司是一个独立的非公司法人性质的法定机构，具体负责民事法律援助工作。法律服务公司得到联邦政府拨款，按照各州贫困人口数向各州分配法律援助资金，为各州民事法律援助提供资金支持，而不直接向当事人提供法律援助。法律服务公司主要行使两个职能：一是经费拨付和管理。国会每年都要直接拨款给法律服务公司，法律服务公司再向全国各地法律援助机构拨款，并对拨款使用情况进行监督。法律服务公司设有财务管理办公室，负责对法律援助经费拨付与使用情况进行审计监督。在全国所有的民事法律援助资金中，法律服务公司提供的资金占 80 % 以上。二是对接受其资助的各地法律援助机构的业务工作进行指导和规范，确保服务质量和效率，鼓励更多的执业律师参与法律援助工作。

（二）美国法律援助工作的特点

1. 因地制宜，组织体系完备。刑事法律援助方面，在大城市和发达地区主要是设立公设辩护人办公室，聘用专职律师办理刑事法律援助，而在经济不发达和人口分散地区则主要通过私人律师模式或者合同制模式等开展工作。民事法律援助方面，除了作为管理机构的法律服务公司以外，不少州（市、县）还通过立法，设立法定法律援助机构（称为法律服务公司或者协会）以及大量民间法律援助机构，接受法律服务公司拨款或者其他渠道捐款，针对特定人群或者特定类型案件具体提供民事法律援助。

2. 政府主导，社会广泛参与。美国是一个公益和慈善法律服务发达的国家，这在民事法律援助经费捐助和人力资源投入上得到了体现。美国民事法律援助经费来源广泛，包括联邦和州各级政府财政拨款，律师信托基金、检察长基金、人权服务机构基金等各类基金及个人捐款，但主要还是以各级政府财政拨款为主，特别是近两年，作为第二大民事法律援助经费渠道来源的律师信托基金受到了金融危机的影响，民事法律援助经费更依赖于联邦政府拨款。其中，2009 年法律服务公司获得联邦政府拨款为 3.9 亿美元，2010 年为 4.2 亿美元，而 2011 年联邦预算约为 5.17 亿美元。在法律援助实施工作中，律师志愿者和非营利机构等积极参与民事法律援助工作，为民事法律援助提供了大量的人力资源支持。刑事法律援助经费则完全由政府承担，根据联邦、各州立法规定，联邦公设辩护人的费用由联邦政府承担，州公设辩护人的费用由州（市、县）政府自行承担。

3. 服务范围广，受援面宽。自联邦最高法院针对 1963 年吉迪恩诉温赖特案和 1966 年米兰达诉亚利桑那州案所作判决通过后，律师帮助权逐渐成了联邦宪法明确赋予美国公民的一项基本权利，在刑事诉讼中，经济困难的被告人均享有刑事法律援助权。据统计，审判阶段约有 93% 的经济困难的被告人获得了公设辩护人提供的法律帮助和辩护服务。在民事案件中，当事人若遇到住房、家庭婚姻、消费者、公共福利、医疗和教育等法律问题且经济困难的，均能获得相应的民事法律援助服务。

4. 经济困难标准明确，动态调整。根据联邦政府人口普查局公布的上年度美国家庭贫困标准，法律援助经费困难标准每年都会做出适时变动和调整。例如，2010 年法律援助个人贫困标准为 10830 美元、四口之家的贫困标准为 22050 美元，就是参照 2009 年度美国经济贫困标准确定的。

5. 非诉调解优先，服务方式多样。运用非诉和解、调解解决诉讼纠纷得到了美国司法部门及相关机构的普遍认同。美国民事法律援助服务方式包括法律咨询和即时法律帮助、和解、调解、帮助向法庭申请保护令、法庭代理、行政听证代理、法律教育等。其中绝大多数民事法律援助案件通过和解、调解来解决。一方面美国民事法律援助机构同样面临经费、人员不足的问题，而且通过诉讼解决问题时间长、成本高；另一方面通过和解、调解解决纠纷有利于案结事了，缓和当事人之间的对立情绪，促进社会矛盾化解。

6. 电话和自助服务系统发达，便捷高效。现代化网络信息等对美国法律援助产生着重要影响。大多数法律援助机构设有中央电话处理系统，负责案件的统一接听受理，提供电话咨询和转介服务，并提供配套网站服务，设有指导当事人如何开展自助服务、自助办案等的栏目。

7. 法律援助人员能力强、素质高，爱岗敬业。法律援助人员受过高等教育，接受过专业训练，特别是对公设辩护人，资质要求很高，不仅具备丰富的专业知识，熟练的业务操作能力、缜密的思维能力和分析判断能力，还要具备崇高的职业道德，遵守严格的执业纪律。而且，刚刚从业的律师或者其他法律援助人员要在资深律师的指导和帮助下从事法律援助工作。据考察，法庭上，公设辩护人与被告人的座位安排在一起，公设辩护人对被告人态度友好。公设辩护人面带微笑，不时低头与被告人进行交流，庭审结束时与被告人拥抱分别。法官和公设辩护人认为，这些做法，能够最大限度地减少被告人的恐慌心理、怀疑态度和对抗情绪，促使被告人及其家属理解、配合法律援助工作，最大限度地提高刑事法律援助工作的质量和效率。民事法律援助工作中，法律援助人员爱岗敬业，决不轻易对当事人说"不"，而是按照法律规定，积极为符合法律援助条件的当事人提供法律援助，维护其合法权益，或者为不符合法律援助条件的当事人提供指引和转介服务，向其他机构寻求法律帮助，并关注其他机构为当事人提供法律帮助的情况。

（三）美国法律援助工作存在的问题

1. 自行其是，发展不平衡。主要表现在：一是联邦公设辩护人服务优于州公设辩护人服务。联邦政府财政保障能力强，联邦公设辩护人能够获得与联邦检察官相同的工资报酬，因而吸引了高水平的律师加盟联邦公设辩护人，所以各地联邦公设辩护人之间的差别不大，整体上优于州（市、县）公设辩护人的发展水平；二是各州（市、县）刑事法律援助工作发展不平衡。虽然联邦宪法规定各州负有为触犯本州法律，且经济困难的犯罪嫌疑人、被告人提供刑事法律援助的义务，但并没就各州如何开展刑事法律援助做出具体规定，所以，绝大多数州都通过立法授权，明确规定由本州各市（县）政府具体承担刑事法律援助工作的责任。实际工作中，由于地方经济发展水平不一，有的因经费保障不足，难以吸引优秀律师加入公设辩护人队伍，使得各地公设辩护人之间差别较大，导致地区间刑事法律援助工作发展的不平衡，经常发生公设辩护人办公室无法为被告人提供辩护律师等现象。

2. 刑事辩护率高，但成功率低。据了解，一个公设辩护人办公室通常只有一名公设辩护人和受雇的 3～4 名辅助人员，由于州（市、县）公设辩护人日常办案量大，缺少侦查机关团队办案的能力、充足的经费保障、良好的部门工作协作关系和社会资源优势，以及受政治因素影响和社会公众对犯罪嫌疑人、被告人的排斥心理等原因，导致刑事法律援助辩护率高，但成功率低。

3. 有章不依，监管不到位。一是法律服务公司对内部经费监管规定不执行，对法律援助经费监管不力，曾发生挪用、侵占民事法律援助经费的现象，被审计总署曝光，法律服务公司的监管能力遭到了审计总署的质疑；二是各州（市、县）自行其是，缺少全国或者全州统一的法律援助案件统计制度，难以对法律援助工作做到整体了解和把握。

（四）对我国法律援助工作发展的启示和建议

1. 加强刑事法律援助工作。受主客观因素影响，我国刑事案件律师辩护率不高，辩护质量受到质疑，刑事法律援助成了年轻律师的实习业务。如据统计，2009 年 1 月－2010 年 7 月，浦东法院办理的刑事案件中，律师辩护率为 25%，其中委托辩护率为 23%、指定辩护率为 2%，此外，还有 75% 的被告人没有辩护人（全国刑事案件无人辩护率也是 75%）。为此，在认真执行《条例》《关于刑事诉讼法律援助工作的规定》《关于充分保障律师依法履行辩护职责，确保死刑案件办理质量的若干规定》等法律和规范性文件的基础上，建议从以下三个方面健全和完善刑事法律援助工作：一是要建立以权利为本位的刑事法律援助制度，将享有刑事法律援助权规定为公民的基本权利，扩大刑事法律援助的对象范围；二是争取将保持控辩平衡原则纳入国家立法规定，从立法上确保刑事法律援助必须贯穿于刑事诉讼全过程，顺畅法律援助机构与公检法部门在刑事法律援助办案工作中的衔接配合机制，为律师参与刑事法律援助工作创造良好环境；三是明确刑事法律援助律师资质准入和考核要求，提高刑事法律援助资质门槛，并建立与准入机制相配套的培训机制、考核机制和退出机制。强化律师执业道德和执业纪律，提高辩护能力和水平。采取切实措施，鼓励律师充分发挥中国特色社会主义法律工作者的义务，积极参与刑事法律援助工作。

2. 扩大民事法律援助事项范围。在《条例》规定的基础上，借鉴美国等国家和地区对民事法律援助事项范围的规定，并结合最高人民法院《民事案件案由规定》，对民事法律援助事项范围进行更加科学的细化、补充和完善，以确保更多经济困难的公民能够享有民事法律援助的权利。

3. 强化中央政府法律援助责任。为解决我国法律援助地区间发展不平衡问题，要借鉴美国的经验与教训，按照事权与财权统一原则，提高中央财政对国家立法规定的法律援助事项的投入力度，确保法律援助、公检法及相关部门能够充分开展法律援助工作，确保将法律援助人员的办案补贴等落实到位。

4. 严格法律援助经费管理。吸取美国法律服务公司的教训，我们要严格执行《中央补助地方法律援助办案专款管理暂行办法》《司法部关于进一步加强法律援助经费使用管理监督工作的通知》要求，做好对法律援助经费的监督管理工作。

二、美国法律诊所教育概况

（一）美国法律诊所教育基本情况

20 世纪 60 年代，作为一种新的法学教育方法，法律诊所教育兴起于美国法学院。法律诊所教育是把医学院学生临床实习中的诊所式教育模式引入法学教育，设立法律诊所，在教师（一般也是执业律师）的指导监督下，法学院学生通过代理真实案件、参加诉讼活动等方式认识和学习法律，为委托人提供法律服务。法律诊所课程一般为法学院高年级选修课，采取学分制，并将学生在诊所的实践活动记入档案，为其毕业后的求职创造条件。法律诊所教育的目的是加强执业技能训练，培养职业道德，促进社会公平正义。通过法律诊所教育，学生获得如何与客户会面、解答咨询、起草法律文书、经法院指派提供出庭代理服务等方面的能力与技巧。法律诊所经费主要来自于学校经费，其他还包括法院经费、基金会及其他机构和个人捐款等。

目前，超过 80% 的经美国律师协会认可的法学院均设立了法律诊所教育课程，平均每个法学院设有 3 个左右的法律诊所。伊利诺斯大学法学院现开设了 9 个法律诊所。每年，法学院通过面试，择优录取数名学生参与法律诊所工作，并经伊利诺伊州高等法院批准，以法律实习生的身份从事法律诊所执业活动。

（二）美国法律诊所教育的特色

1. 职业教育。以法律诊所教育为特色的美国法律教育是一种职业教育。一是有明确的职业定位，旨在培养律师，而不是法官，因为法官一般从有经验的律师中选任。各大学法学院均依据律师考试要求设置课程。学生入学考试、教职员工人数、教授薪水及课时、建筑物和教室的面积，甚至连图书馆藏书数量都要达到美国律师协会规定的要求。为保证法学院办学质量，美国律师协会每年对全美各大学法学院进行评估，目前，大约有185 所法学院通过了评估认证。法律诊所课程更是突出了职业教育的特色，核心课程就是要求学生处理真实案件。学生以准律师身份处理庭前事务，单独参与庭审，指导教师大都是具有丰富执业经验的律师。二是突出法律实践教育，旨在培养学生的执业能力，树立良好的职业道德。通过办理真实案件，学生学会运用律师思维思考问题，分析法律事实和证据，做出明确判断。办案过程中，注重对学生职业道德的培养，树立学生的责任意识。

2. 社会价值。与课堂式教育相比，法律诊所教育更加关注社会公益事业，通过学生为缺乏法律知识、经济困难的当事人提供法律援助，法律诊所在促进社会公平正义方面体现了独特的社会价值。

（三）对我国法律诊所教育的启示和建议

1. 法律诊所教育应成为我国法学教育的必要组成部分。法律诊所教育得到了许多国家和地区教育界、法律界的普遍认同和接受。自 2000 年开始，我国已有120 多个法学院校开展了法律诊所教育课程。但是，从总体情况来看，我国法学教育还是以课堂教育为主，重在学习法学理论和法律知识，法律实践相对缺失。为此，有必要借鉴美国法律诊所教育的做法，逐步加强我国法学教育的实践性，使其走上职业化教育的轨道。

2. 法律诊所教育应成为我国法律援助工作的重要补充力量。虽然美国法律援助资源比较丰富，但法律诊所依然是其法律援助工作的重要力量。而我国一直面临法律援助资源缺乏、分布不均的问题，有必要将法学院校法律诊所教育纳入法律援助工作整体布局。实践中，我国部分开设法律诊所课程的法学院校，也是依托本院校大学生法律援助中心开展法律诊所教育活动。这样做，一方面使法律诊所有了相对稳定的案源，通过办理真实案件，培养学生执业技能和社会责任；另一方面，也为法律援助工作注入了新生力量，社会资源得到了有效发挥。

关于如何在我国开展好法律诊所教育，提供以下建议：

1. 法律诊所学生的身份和定位问题。在美国，法律诊所学生是经州高等法院批准，以准律师身份从事法律援助工作。法律诊所教育课程结束后，学生的准律师资格将自动失效。而在我国，法律诊所学生的身份和定位不明确，限制了法律诊所教育的空间，影响了学生参与办理法律援助案件的质量和社会效果。我们可以借鉴美国经验，授予法律诊所学生准律师身份。具体办法为：一是实习律师证。对已取得司法资格的诊所学生，省（区、市）司法厅（局）可以直接授予其实习律师身份，将来如果这些学生申请律师执业，在法律诊所的学习课时或实习时间可折抵律师实习时间；二是法律实习生证。对于没有获得司法资格的诊所学生，省（区、市）司法厅（局）可以与相关法学院校联合举办法律实习考试，通过者授予法律实习生证。

2. 师资问题。一方面保持院校法律专业教师可以从事兼职律师的政策不变；二是鼓励和支持经验丰富、责任心强的社会执业律师担任法律诊所的兼职教师，其在法律诊所的教学活动可视为履行社会公益责任的行为，并对优秀者予以奖励和表彰。

3. 经费问题。法律诊所教育，特别是办案活动，经费开支远高于一般课堂教学活动产生的开支。经费困难，使得法律诊所教育举步维艰。借鉴美国，法律诊所教育经费应当主要由教育机构承担，对于学生因办理法律援助案件所产生的支出，则要由法律援助机构负担。法律援助基金会也可以通过募集社会资金或者利用中央彩票公益金为法律诊所教育给予资金支持。

三、律师管理体系

(一) 美国律师协会的分类

美国各州(市、县)都可以成立律师协会,律师协会数量很多。美国律师管理权分属各州,联邦不加过问,美国没有全国统一的律师管理制度,律师管理以律师协会行业自律为主,法院为辅。律师协会分为自愿参加和必须参加两大类。

1. 自愿参加的律师协会。美国律师协会就是一个全国性的律师自愿参加的组织,并与其他律师协会保持紧密的合作关系。美国律师协会在全国拥有 35 万 ~ 40 万个会员,约占全国律师总数的 40%。参加美国律师协会的会费按照律师的资历深浅有所不同,一般律师为每年 350 美元,而法学院学生及第一年参加的律师是免费的,也有很多人每年只付 100 美元会费,比如单独执业的个人或者法官。

美国律师协会拥有很多委员会和分会,其宗旨是推进公平正义,提高律师独立性。它主要负责对律师培训,对法学教育进行监督和管理,制定律师职业道德规范、执业责任、律师资格申请标准、律师惩戒标准、律师和法官执业准则,以及帮助会员律师获得更多执业机会等。

伊利诺伊州香槟县律师协会坐落于香槟县法院,也是律师自愿加入的组织。律师协会对律师成员没有任何权力,而只是为律师提供聚餐、酒会等互相认识的机会,向当地法律援助机构捐款等。每年,律师协会要召开两次大型会议。每年的 5 月 1 日是法律日,律师协会都会安排午宴。有时也会举办圣诞聚会。律师协会会长的工作,就是精心设计活动项目,想方设法欢迎和吸引律师参加活动,确保律师协会不断发展壮大。律师协会会长任期只有一年,可以连选连任。参加律师协会的大部分人是私人律师,每年要交 40 美元会费,但是,年满 70 周岁的律师不用交费。

律师通过自愿加入某个律师协会,可以提高和充实自身素质,有助于应对激烈的竞争环境,在相互交往中得到案源,因此律师参加律师协会的热情都很高,而且往往会同时参加几个律师协会。这样,律师们在法庭上见面的时候虽然代表不同的客户,但是如果彼此熟悉,有助于避免剑拔弩张的局面。而年轻律师得益于加入律师协会才能够获得结识优秀律师的机会，得到优秀律师的帮助。

2. 必须参加的律师协会。在美国有 36 个州的州律师协会属于半官方性质的强制性组织，律师必须拥有州律师协会的会员资格才能执业。州律师协会负责所在州的律师资格考试和审查、法学教育、执业管理，执行惩戒处罚程序等。州律师协会受州高等法院领导，代表本州高等法院对本州律师进行管理。

（二）对我国司法制度与律师管理体系的启示和建议

1. 加强法律职业共同体建设。美国实行法律职业者一体化培养模式，律师、检察官、法官和法律学者之间认同感很强，并保持着良好的业务合作关系。在美国司法实践中，法官、检察官普遍认为，如果没有律师，特别是法律援助机构为当事人提供的法律代理和辩护服务，诉讼活动常常难以开展，因为面对经济困难、缺乏法律知识和法律技能的当事人，法官不知道该如何保持其中立地位，并与当事人进行有效的沟通和交流。

近年来，我国法律职业共同体建设逐渐引起了广泛关注，特别是 2002 年统一司法考试制度的实行，对于促进法律职业共同体的形成，强化法律职业者彼此的认同感，起到了积极作用。不过，这与现代法治社会法律职业共同体还有一定差距。我们可以借鉴美国做法，制定共同的法律行业标准和规范，促进律师、法官、检察官等司法人员之间的职业角色互换，形成法律职业者对法律和法治的共同价值追求。

2. 严格法律服务行业准入和考核制度。美国把法学院作为"律师职业的守门人"，对法学院有严格要求。许多州都只允许经认可的法学院毕业生参加律师资格考试。此外，在大多数州，除了要通过律师资格考试外，还要参加州执业责任考试，以衡量考生对律师执业行为准则的理解和把握。除了少数不经考试授予法律执业资格的情况以外，美国律师考试是从事律师和检察官职业的前提，而从事过一定年限的律师和检察官职业，又是从事法官职业的前提。

统一司法考试制度在我国实行以来，我国法律行业队伍整体素质得到了很大提高。今后，为了培养出更高素质的法律职业者，需要完善相关法律规定，进一步严格司法考试考生标准，丰富考试内容，完善律师考核制度，建立律师办案质量评估体系，确立律师办案质量量化标准和动态考核评估制度，及时分析影响律师办案的各种因素，全面推动律师办案质量的提高。

3. 倡导律师多做公益法律服务。在美国，每个律师无论其职业声望多高与工作负担多重，都负有为穷人提供公益法律服务的义务。实践中，对于律师提供公益法律服务，各州都是采取鼓励而非强迫的原则。据了解，有75%的律师每年至少提供1小时的公益法律服务，有的律师则提供高达上千小时的公益法律服务，平均每个律师每年为穷人提供41小时的公益法律服务。美国律师协会敦促所有律师每年提供不少于50个小时的公益法律服务的目标基本得到了实现。为了鼓励更多的律师参与公益法律服务，美国律师协会每年要开展一次评选活动，并且在春季举行公平正义会议，奖励公益法律服务做得好的律师。在我国，律师作为中国特色社会主义法律工作者，也要切实承担公益法律服务的义务，司法行政和相关部门、律师协会要共同采取措施，为律师从事公益服务创造良好环境，支持和鼓励广大律师从事公益法律服务。

（原文发表于《中国法律援助》，2011年第1期）

菲律宾法律援助制度概述

2014 年 4 月 27 日 – 5 月 4 日，笔者参团赴菲律宾开展实地考察活动。其间，围绕菲律宾法律援助类型、机构设置、经费来源、法律援助运作模式等，考察团成员与菲律宾总公职律师办公室、律师协会全国法律援助中心、菲律宾大学法学院法律援助办公室及其他法律服务机构的负责人等进行了深入交流与讨论。通过考察发现，菲律宾法律援助制度在借鉴各国经验的同时，也呈现出自身发展特点，建立了以公职律师办公室为主，律师协会、高校诊所等为辅的法律援助实施体系。

一、公职律师办公室法律援助

菲律宾政府法律援助产生于 1960 年前后，法律援助机构名称曾发生几次变化，现被称为公职律师办公室，是菲律宾法律援助服务的主力军。据总公职律师办公室首席公职律师 Persida 女士介绍，2002 – 2003 年，为了提升公职律师办公室的地位，优化公职律师办公室的机构职能，为困难群体提供更加高效便捷的政府法律援助，在联合国开发计划署和菲律宾最高法院等的支持配合下，总公职律师办公室对各地公职律师办公室工作进行了多方面评估。根据评估结果，2007 年参议院和众议院共同审议批准通过了《公职律师办公室法》。2008 年，Persida 女士和预算管理部负责人共同签发了《关于重组并加强公职律师办公室的规则》。通过立法和部门规则，不仅明确了公职律师办公室的性质、层级设置、管理框架、基本概念、受援对象及标准，而且明确了公职律师办公室的经费来源、人员任用、级别待遇、地方政府的责任等，在宪法基础上，明确了公职律师办公室开展法律援助工作的法律依据。

Persida 女士指出，公职律师办公室的性质与我国香港地区法律援助署相似，是隶属于司法部的政府窗口服务机构，主要职责是严格依据宪法的规定，在司法机构和准司法机构为经济困难的诉讼当事人提供免费法律服务。[②]全国垂直设有四级公职律师办公室，即总公职律师办公室、大区公职律师办公室、省公职律师办公室和市（市辖区）公职律师办公室。各级公职律师办公室的设置与行政机构设置是一样的。公职律师办公室系统的律师被划分成若干级别，其中首席公职律师、副首席公职律师和大区公职律师由总统任命，其余级别的律师由总公职律师办公室任命，并被派往各地公职律师办公室提供法律援助。各级公职律师办公室的律师与同级检察官享有相同的任用资质、职级、工资、津贴和退休优待等。Persida女士强调，目前公职律师确实与检察官享有同样的待遇，并享有很高的社会地位。需要强调的是，公职律师办公室的律师的报酬由基本工资加特殊津贴构成，而不是领取办案补贴或者报酬。日常工作中，各地公职律师办公室的律师在当地法庭提供值班服务，随时接受法庭指派，为受援人提供法律援助。

公职律师办公室的经费来源于中央政府预算，公职律师办公室在补录人员时要接受财政预算部的审查。另有部分收入以特殊基金的形式来源于受援人胜诉后对方当事人支付的赔偿金、诉讼费、律师费等。根据规定，地方政府不负有为公职律师办公室提供经费支持的法定义务，但可以根据自身能力和条件，自愿为公职律师办公室提供经费支持或者提供免费办公场所、办公设备，人力资源或者酬金等。

公职律师办公室的法律援助受援对象及标准明确。一般情况下，应当为经济困难当事人及其直系亲属提供免费法律服务。这种情况下，法律援助标准包括两方面内容：一是经济困难标准和证明方法。经济困难标准分三类，大马尼拉地区经济困难标准（14000比索）、其他城市经济困难标准（13000比索）、其余所有地区的经济困难标准（12000比索）。[③]申请人要想获得公职律师办公室提供的法律援助，通常其家庭月收入需要低于居住地的经济困难标准。申请人拥有的土地并不在经济困难标准考虑范围内。在证明方法上，申请人需要提交上个月的纳税申报单、由申请人居住地社会福利发展部门发放的贫困证书或者其他贫困证明等。二是案情审查标准。通过审查申请人案件涉及的法律和证据材料并综合考虑申请人利益和社会利益，如果公职律师办公室拟提供的法律服务对申请人有利、能够实现社会利益或者促进司法公正并具有胜诉可能性，该案件则符合了案情审查标准。采取这样的受援标准也是许多国家和地区的通行做法。此外，在某些案件中，公职律师办公室的律师的直系及其他亲属也可以获得由该律师提供的免费法律服务，且不用考虑其经济困难状况。在刑事案件中，公职律师办公室的工作人员也可以获得由公职律师办公室的律师提供的免费法律服务。

公职律师办公室主要向受援人提供综合个案服务。实践中，公职律师办公室主要是在法庭和准司法机构提供个案服务，既可以提供刑事法律援助，也可以提供民事、行政、劳动等法律援助，并按照先来先得原则提供法律援助。这与美国、英国刑事法律援助与民事法律援助的分开提供方式不同。此外，近年来，公职律师办公室也开始提供法律咨询、文书、调解以及延伸服务等。

公职办公室的法律援助受援对象不需要交纳诉讼费及其他与法庭诉讼或者准法庭诉讼有关的费用。菲律宾法庭诉讼没有审级限制，当事人如果不服，有权一直上诉到最高法院，对于法律援助上诉案件，受援人也不用交纳诉讼费。Persida 女士指出，实践中，公职律师办公室的律师在警察机关查阅案件材料时，警察都会积极提供，不需要交纳复印费。另据 Persida 女士和其他接待考察的负责人员介绍，菲律宾现任总统非常开明，这对于提升困难群体法律援助，优化司法服务，加强政府部门协作，实现政府信息公开等起到了积极的推动作用。

2010 年，Persida 女士签发了《公职律师办公室操作指南》，进一步细化了法律援助受援助对象及标准、公职律师办公室的律师职责、法律援助形式、时限、救济措施等。同年，Persida 女士还签发了人手一册的《公职律师办公室律师和雇员行为规范》，进一步明确了公职律师办公室的服务理念、核心价值、行为标准和义务等。比如，公职律师办公室及其工作人员只对宪法负责，充分尊重法治和人权，坚持公共利益高于个人利益，诚实、正直地致力于公共服务，高效、便捷地提供法律援助；明确了积极的行为标准和禁止性行为标准，强调公职律师办公室律师的专业化、生活简朴、道德高尚，对外宣传一致，不得违反法律、公共政策，不得强迫当事人作伪证，不得要求证人说谎，不得收受与其履职有关的人员的财物等。

此外，总公职律师办公室还制定了《公民章程》，对外公开了公职律师办公室的使命、服务承诺、反馈救济机制、受援对象及标准、先行受理案件类型、办公地址及服务程序等。

二、律师协会法律援助

律师协会是由最高法院发起成立的、被记入最高法院花名册（需要通过律师考试并进行宣誓之后，才能加入最高法院花名册）的全国律师的官方组织，也是兼具政府属性的民间组织，其重要公共职能是帮助政府增进司法服务，提升法律职业标准。1970 年，最高法院成立。随后，1971 年通过的《共和国法案（6397 号）》授权最高法院可以制定法庭规则，以对律师协会做出明确调整。1973 年，最高法院通过了第 139 – A 项规则，明确了律师协会的名称、设立目的、组织机构、职权、会员管理等，并于同年成立了律师协会和地方分会。

律师协会自建立以来，一直将法律援助视为其应当承担的公共责任之一。1974 年，律师协会通过发布《关于在菲律宾律师协会地方分会建立并管理法律援助办公室的准则》〔以下简称《准则（1974）》〕，要求地方分会建立法律援助中心，在法庭、准司法机构或者行政机构为所有案件和事项中的经济困难当事人提供免费法律服务，并通过适当方式对外公开法律援助中心的办公地点。根据《准则（1974）》规定，律师协会法律援助中心分两级：一是律师协会全国法律援助中心。律师协会成立目的是更加有效地履行职能，而该目标的实现主要依赖于律师协会全国法律援助中心，由其负责运作并管理律师协会法律援助项目，建立地方分会法律援助中心，指导监督地方分会法律援助中心的工作，与其他拥有类似服务目标的组织机构保持最高级别的沟通协调关系，募集接收外来资助，起草受援人所需要的文件资料，并为经济困难的当事人提供免费法律咨询，在法庭、准司法机构或者行政机构为当事人提供免费代理服务等；二是分会法律援助中心。据律师协会全国法律援助中心主任 June 女士介绍，分会法律援助中心主要负责为经济困难的当事人提供免费法律咨询，办理法律援助案件，通常由年轻律师志愿者在分会法律援助中心提供值班服务，也可以接受法庭指派，提供法律援助。比如，在当地公职律师办公室的律师不在法庭值班，或者公职律师办公室派驻法庭的值班律师已接受了法庭指派的情况下，法官通常会指派其他正在法庭出庭或者办事的律师协会律师提供法律援助。

根据《准则（1974）》规定，当事人要想获得律师协会提供的法律援助服务，至少需要满足以下三个条件，一是经济困难标准。该经济困难标准以年计算，包括马尼拉地区标准和其他地区标准两种；二是案情标准。申请人的诉讼理由是否有效、合法或者有重大意义；三是其他因素。这些因素包括提供或者拒绝提供法律援助对法治、正当司法管理、案件所涉公共利益及当地执法工作带来的影响等。法律援助申请人可以到律师协会全国法律援助中心申请法律援助，也可以到分会法律援助中心申请法律援助。通常律师协会全国法律援助中心会将法律援助申请转交到案件所在地的分会法律援助中心办理，也有权直接办理全国性或者有重大社会影响的案件。

案件胜诉后的费用返还。在受援人胜诉的情况下，律师协会法律援助中心和分会法律援助中心有权要求受援人从其获得的实际赔偿金中拿出适当的比例（不超过实际赔偿金的10%），以费用返还的形式上交到律师协会全国法律援助中心，用于法律援助管理工作，并支付律师的办案费用。《准则（1974）》禁止律师和地方分会工作人员向法律援助受援人收取补偿或者礼物等。

法律援助由律师志愿性义务到法定义务的转变。根据《准则（1974）》规定，长期以来，律师协会的律师提供志愿性法律援助，分会法律援助中心备有志愿律师名单，轮流安排志愿律师提供法律援助，并可以为志愿律师报销适当的交通费（通常是从分会法律援助办公室到法庭的费用，所以志愿律师只能办理分会所在地的法律援助案件）和法庭材料复印费等，但不会向志愿律师支付报酬。为了进一步强化律师作为社会变改革推动者、法庭诉讼参与者以及少数拥有社会专业特权者的社会义务和法庭义务，重点加快经济困难群体案件办理速度，有效提高司法裁判服务，最高法院于2009年通过了《法定法律援助服务规则》〔以下简称《规则（2009）》〕。《规则》明确规定在涉及经济困难当事人的所有民事、刑事和行政案件中，如果需要律师提供帮助，则执业律师负有提供法律援助的法定义务，并规定法律行业的其他成员负有为律师协会法律援助项目提供支持配合的义务；明确了执业律师的概念和种类、经济困难诉讼当事人的概念，法律援助案件的类型、免费法律援助服务的形式、提供法定义务的时数、在累积提供一定时数的法定义务后可以折抵的律师法定培训时数、因法定原因难以履行法定义务时的以资代劳金额、无正当理由不履行法定义务时的罚金数额以及律师协会和法庭工作人员的管理职责等。比如，每一个执业律师每年都要向经济困难的诉讼当事人提供至少 60 个小时的免费法律援助，每月提供的免费法律援助不得低于 5 个小时，执业律师要按季度上报其履行法定义务的情况。

据 June 女士及相关人员介绍，《规则（2009）》还没有得到实际执行。由于律师的反对，目前最高法院还没有通过律师协会制定的与《规则（2009）》相配套的执行规定。律师协会一直在请求最高法院批准相关执行规定，而大法官也已讨论了相关执行规定。June 女士也承认，《规则（2009）》的出台确实遭到了许多律师的反对，特别是著名律师意见很大，他们认为法律援助法定义务会影响到他们的私人收费服务，而年轻律师似乎更愿意接受《规则（2009）》，可能是因为年轻律师执业不久，仍然富有理想，并且（或者）想通过办理法律援助案件获得更多经验。所以，June 女士认为，一旦《规则（2009）》得到施行，律师会从最初的反对转变为接受法律援助法定义务，这也是菲律宾开展律师法定培训得来的经验，目前律师都能按照规定参加年度培训活动。

三、高校诊所式法律援助

由于法律援助需求量太大，而允许法学院学生通过实习活动在监督律师的指导下办理简单法律援助案件，有助于减少法律援助服务提供与需求之间的差距。1986 年，最高法院颁发了《法律专业学生实习规则》〔以下简称《规则（1986）》〕，对法学院学生参与诊所式法律援助做出了统一规定：一是接受法定四年常规法学课程的学生，在按要求顺利完成三年学习任务并已加入经最高法院批准认可的某个法学院诊所教育项目后，就可以在法庭、仲裁庭、委员会、执法人员面前就各类民事、刑事和行政案件为经济困难当事人提供免费代理服务；二是法学院学生提供出庭服务，应当接受某个经法学院正式认可的律师协会律师的直接监督指导。由法学院学生提交的所有起诉书、请求、案情摘要、建议书或者其他文书，必须由监督律师代表法律诊所签字；三是律师与当事人之间的信息保密权应当适用于法学院学生代表诊所发出或者接收的信息；四是法学院学生应当遵守律师协会会员职业行为标准的规定。如果律师对学生实习活动没有尽到适当监督义务，则可能会受到相应的纪律处分。

菲律宾大学法学院法律援助办公室（以下简称"菲大法律援助办公室"）负责法学院诊所教育项目，为经济困难当事人提供免费法律援助，并积极参与公益诉讼案件；④成立目的是培养法学院学生的公共服务和社会参与意识，在律师和法学院老师的指导监督下，接受法律实习训练；作为菲大法学院的一个部门和学生提供法律援助的全年性实习基地，有权制定内部服务标准、接受并办理案件；由法学院院长担任办公室主任，对诊所法律教育负全部责任，并由全职法律援助律师、监督律师和其他教职员工等协助院长开展监督管理工作；提供服务的类型包括法律咨询、会见、调查、文书起草、法律（程序）研究、办理法庭案件、准备上诉以及寻求法律或者其他适当的非诉法律救济措施，以帮助经济困难当事人平等便捷地实现司法公正；通过政策倡导和社会法律服务工作者培训活动等，为大马尼拉地区的替代性法律组织、发展性法律组织或者女性法律组织提供帮助；决定是否批准法律援助申请的因素包括申请人的经济困难条件、案件是否有教学价值、对公共利益的影响程度有多大。由于资源和时间有限，菲大法律援助办公室不接受其他地区案件当事人的申请，也不接受因正当理由针对菲大和法律人士提起的诉讼。

菲大法律援助办公室是法律技能课堂教学活动的重要补充形式。菲大课程设置采取法律技能课堂教学与实习指导相结合的方法，在第四学年，每学期学生需要提供至少 60 小时的实习服务（全学年为 120 小时）。实习课程的目的是为了培养学生从不同法律角度认识问题的能力、分析所涉事实问题和法律问题的能力、找出并采取相应措施以解决问题的能力，并帮助学生为将来从事执业活动积累实践经验，为学生提供参与管理律师事务所的机会等。实习课程的最终目的是力求学生树立作为律师应当具有的职业责任、道德责任和社会责任。每一个学生都有机会参与当事人会见、咨询、准备法律文书和包括诉讼在内的真实纠纷化解等活动。实践中，在监督律师的直接监督指导下，学生可以就民事、刑事或者行政案件在审判法庭、仲裁庭、委员会或者执法人员面前为菲大法律援助办公室接受的经济困难当事人提供代理服务。学生也可以到公职律师办公室，律师协会法律援助中心等机构实习。

此外，其政府服务机构和非政府服务机构也结合自身工作特点，为经济困难当事人提供相应的诉讼和非诉讼类法律援助服务，有些非政府服务机构还联合起来成立了相应的服务协会或者联盟，以便共享资源，共同提高服务能力，扩大服务影响等。

四、菲律宾法律援助制度的特点

一是法律援助产生时间较早。法律援助制度正式产生于 20 世纪 60 - 70 年代，与加拿大、美国等国家的政府法律援助制度产生的时间相近，并经过长期探索，逐步形成了与各级检察官地位待遇相等、由中央财政集中保障的全国一体化公职律师办公室系统。据多方了解，由于公职律师办公室地位高，很好开展法律援助工作，在向相关部门调取证据等材料时，不存在任何障碍。

二是法律援助自成特点。近年来，在广泛借鉴美国、我国香港等国家和地区法律援助制度的基础上，菲律宾法律援助制度又呈现出自身特点，建立了以职能强大的政府公职律师办公室为主，律师协会、律师事务所、高校诊所及其他政府和非政府机构为辅的多样化法律援助实施体系。无论是公职律师办公室，还是律师协会法律援助中心，全国都是统一的。另外，菲律宾法律援助采取的是民刑不分的实施体系，公职律师办公室、律师协会法律援助中心都可以办理刑事、民事和行政法律援助案件，也都可以提供非诉讼法律援助服务。这与其他国家是有区别的。比如，美国法律援助制度采取了民刑分开的实施体系，刑事法律援助制度通常由设在法院的公设辩护人提供，民事法律援助由法律服务公司负责提供；英国法律援助在机构设置上虽然没有采取民刑分开，但其民事法律援助计划和刑事法律援助计划则是分开运作的；加拿大法律援助是由各省法律援助机构自行提供的；德国的法律援助无论是在机构设置，还是经费保障等方面都是不统一的；法国法律援助则是由律师协会提供的。

三是法律援助立法体系和内容明确。菲律宾宪法对困难群体的法律援助权利作出了明确规定。以宪法为基础，各类专门立法和规范性文件又对公职律师办公室、律师协会法律援助中心、高校法律诊所，特别是作为法律援助主力军的公职律师办公室的机构设置、工资待遇等做出了明确规定，提升了法律援助制度的地位，稳定了法律援助队伍，促进了法律援助职能的发挥。由于顶层立法体系、立法内容的完善，法律职业共同体的认同感较强，对法律援助和公益法律服务都比较支持。比如，依托高校诊所教育实习平台，将高校法学院与法庭、公职律师办公室、律师协会法律援助中心、各类政府法律服务机构和非政府法律服务机构联系在一起，不断为法律援助和公益法律服务队伍增添新的专业力量。

四是非诉讼法律援助发达。从传统上来看，公职律师办公室、律师协会法律援助中心主要是提供诉讼类法律援助，即针对个案提供法律帮助。但随着法律援助工作的不断发展，非诉讼法律援助或者说是发展性法律援助、赋能性法律援助的优势作用突显。比如，发展性法律援助强调从整体上对法律问题进行分析，特别是分析法律问题潜在的体系原因；发展性法律援助强调以当事人为中心、以社区为中心，着重当事人、社区的参与性与赋能性，当事人和社区被看作合作伙伴，律师等法律援助人员的作用更多体现为当事人和社区提供帮助，向他们解释各种法律建议及后果，并由当事人和社区决定最终解决办法。实践中，各类法律援助机构和法律服务机构都建立了相应的非诉讼法律援助计划。比如，许多非政府法律服务机构围绕环境、土地、矿山、自然资源保护等问题，开展多样性的基层执法人员、社区（村）法律能人培训活动等，不断提高基层执法人员、社区居民的法律意识、执法能力和自我保护能力。

五是做到了法律援助信息公开。据了解，近年来菲律宾政府对各部门公共服务信息公开提出了很高要求。在此背景下，公共服务部门大都通过专门网络平台，对外公布了公共服务信息。比如，公职律师办公室、律师协会、法学院等通过各自门户网站，对外公开了法律援助立法、机构服务宗旨、活动项目、受援人条件、办公地点（时间）、监督方式等信息。也由于信息公开制度的存在，警察等相关部门对法律援助的配合态度较好。

但从目前来看，公职律师办公室、律师协会法律援助中心、高校法律诊所只是通过门户网站公开法律援助信息，还没有建立网络法律援助服务系统，据说是为了确保法律援助服务的准确性和地域性等。

此外，菲律宾非政府机构比较多，法律援助也不例外。菲律宾法律援助接收外来捐款和资助较多，特别是大量的各类非政府法律援助和法律服务机构，大多通过接受外来捐助开展活动。据了解，目前为菲律宾法律援助提供捐助的机构主要包括联合国相关部门、美国、荷兰、德国等。

注释：

①根据1987年菲律宾宪法第3条第11款规定，任何人都不因经济困难而享受不到免费的司法服务、准司法服务和适当的法律代理服务。

②比索：菲律宾货币单位。以上三个经济困难标准均为家庭年收入。

③早在1970年，菲律宾大学法学院就建立了学生实习项目，要求学生以实习生身份在某个法庭提供两星期的项目实习活动，并接受评估。1974年，随着法学课程设置的变化和菲大法律援助办公室的成立，又启动了诊所教育项目。

（原文发表于《中国法律援助》，2014年第4期）

德国法律援助制度介绍①

从比较的观点来看，由于种种原因，德国法律援助与其他国家和地区不同，具有独特性。主要表现在：德国法律援助属纯私人律师模式，几乎全部由私人律师提供法律援助，政府只是发挥出资人的作用，缺少全国性监督管理机构；法律援助服务范围纯粹以需求为导向，没有优先事项；以法院代理类法律援助服务为主，非法院代理类法律援助服务非常有限。另外，德国法律援助的显著特征之一是缺少真正的、以经济困难审查为基础的刑事法律援助计划。替代地，在部分刑事诉讼活动中，是以法院指定代理的形式提供刑事法律援助。与那些重视刑事法律援助、法律援助经费主要用于刑事法律援助工作的国家和地区相比，德国非刑事法律援助工作的开支是刑事法律援助工作开支的4倍。

与其他国家相比，德国法律援助总支出不是太高。不过，这要考虑到，德国是世界上最大的诉讼费用保险市场，全国有超过40%的人口可以享受诉讼费用保险。健全的法律费用保险市场减少了民众对法律援助的需求，因为当民众面临涉法涉诉的风险时，法律商业保险为其获得法律救济提供了必要保障。

一、法律援助的宪法保障

德国宪法法院多次裁决：根据德国宪法相关规定，各州负有宪法上的义务，以保证经济困难的公民不因其贫穷而得不到法律上的平等保护。历史上，宪法法院曾经对提供法院诉讼类法律援助服务的必要性与提供诉讼外咨询/代理法律援助服务的必要性做出明确区分，指出，如果当事人需要将其法律纠纷提交至法院裁决时，国家作为司法权威的垄断者，负有保障当事人享有获得法院帮助的义务，但不负有保障当事人获得一般咨询帮助的义务。不过，宪法法院又于2009年做出裁决：由于人们的日常生活越来越受到法律的调整，以至于人们经常需要通过专业化的法律帮助以评估其所处的法律地位，有时候还会提起法律诉讼，所以，要将政府所负的法律援助义务扩展至法院诉讼外咨询/代理服务。同时，宪法法院也多次强调，绝对的平等是不可能的，因为即使是经济条件好但又不符合法律援助经济困难标准的公民在遇到法律问题、考虑是否寻求法院或者律师帮助时，也会受到自身具体经济条件的影响。因此，法律援助为经济困难公民带来的境遇不可能超过那些——不符合法律援助经济困难标准，但因为个人财力相对有限，在遇到法律问题时又不得不认真权衡其选择的——公民。因此，宪法法院判例法的原则之一是：对于所有需要支付法院诉讼费用，并且原告或者被告必须有律师代理的法庭诉讼案件，都要提供法律援助。立法者还对该宪法判例保障制度作了扩大化解释，即在对方当事人已经指令律师的情况下，即使不存在程序性的代理义务，也允许当事人享有律师代理权。

有关法律援助的法律体系为《民事程序法典》《咨询/代理类法律援助法》。这两部法律适用于所有非刑事案件，明确了有关民事事项的法律援助经济困难标准、案情审查及法律援助批准程序等。《民事程序法典》有关法律援助的规定不仅直接适用于民事案件，也适用于劳动就业、社会保障、税收案件等。刑事诉讼中的法院指定代理法律援助则由《刑事程序法典》调整。

二、主要统计数据

（一）法律援助开支

德国没有统一的全国性法律援助预算。全国 16 个州通过各自法院预算管理部门为法律援助提供财政支持。总的来看，每一个州都有五类法院体系，即普通法院和四类特别法院。四类特别法院包括税收法院、行政法院、社会保障法院和劳动就业法院，五类法院体系都有各自独立的法律援助预算体系。另外，还有小部分法律援助预算用于各类法律体系下的高级法院、宪法法院及联邦专利法院诉讼活动。德国法律制度的这种特点导致了大约 100 种法律援助预算体系，这些预算数额多少不等，加在一起，就是全国法律援助经费总数。本文提供的数据主要是普通法院民事案件法律援助预算和提供法律咨询的法律援助项目预算。目前，全国没有负责监管法律援助经费支出的集中式管理机构，比如联邦法律援助委员会。

过去 25 年里，德国法律援助支出变化起伏很大。法律援助支出从 1981 年的 93130000 欧元增至 1986 年的 188940000 欧元，增幅为 103%。其结果是，1986 年实行了法律援助支出削减措施，在接下来的五年中 (1986 - 1991)，法律援助支出一直保持在 1986 年的水平。1991 年，法律援助支出降至 177160000 欧元，降幅为 6%。从现有统计数据来看，1992 - 1996 年，大多数州的法律援助支出又以 50% ~ 70% 的增幅增长。1995 年，伴随着法律援助制度的改革，从 1996 年起，开始采用新的收入和税金扣除办法。随之，1997 - 2002 年，来源于 1990 年统一前的西德（联邦德国）大部分州的法律援助支出有所增长（增幅为 5% ~ 20%），但仍有个别州的法律援助支出处于减少状态。2002 - 2004 年，伴随着法律援助需求的扩大，大部分州的法律援助预算又以 20% ~ 30% 的比例大幅增加。2004 - 2008 年，由于法律援助政策不变，法律援助支出持续增长，总增幅约为 15%。

2008 年民事法律援助开支总额约为 504000000 欧元（2003 年的比较数据为 303000000 欧元），但 504000000 欧元并非是民事法律援助的净开支，因为它不包括由受援人承担的分担费用数额（大约 80% 的法律援助案件没有要求受援人承担分担费用）。由于受援人支付的分担费用不能被纳入到法律援助预算，而是被纳入到法院诉讼费用预算范围（比如纳入到普通法院预算），所以不知道通过受援人分担费用以支付法律援助开支的比例。据估计，大部分州有 15% ~ 20% 的法律援助开支是由受援人的分担费用来支付的。最新统计数据要在 2011 年底才能出来。不过，据部分州公布的数据，自 2008 年以来，他们的法律援助开支相对稳定，但大部分州声称其法律援助开支出现了一定幅度的下降。

与普通法院（普通法院既处理民事法律援助案件，也处理刑事法律援助案件）相比，四类特殊法院的法律援助开支都非常低。从过去 15 年来看，超过 80% 的法律援助经费被用于普通法院体系下的民事和刑事法律援助案件（如果从更长的时间来看，超过 90% 的法律援助经费被用于普通法院体系下的民事和刑事法律援助案件）。不过，从最近来看，随着劳动就业纠纷和社会保障纠纷案件的增多，这种情况有了很大改变。比如，从图林根州 2010 年法律援助统计数据来看，76% ~79% 的非刑事法律援助预算用于民事法律援助案件，其余 24% ~21% 的法律援助开支用于了四类特殊法院体系下的法律援助案件。自 2007 - 2010 年，图林根州四类特殊法院的法律援助开支比例已从 16% 增至 24%。

与用于法院诉讼案件的法律援助开支相比，过去十年间，用于咨询/代理的法律援助开支虽然有大幅增加，但在法律援助开支总额中，仍只占很小的比例。在民事法律援助开支②和咨询/代理法律援助开支混合预算的情况下，从统计数据来看，后者约占预算总额的 15%。每类法院体系下都没有具体的咨询/代理类法律援助项目，所以 16 个州采取了咨询/代理类法律援助预算单独列支。2009 年，全国法律援助开支额为 829000000 欧元。

1990 年，虽然前东德 5 个州并入了西德，德国总人口增长了 25%，但在 1990 - 1994 年，咨询/代理类法律援助年度开支却降至 10500000 欧元。从此，法律援助开支大幅增加，从 1994 年的 10500000 欧元增至 1999 年的 23550000 欧元，到 2004 年增至 42000000 欧元，到 2006 年又增至 80000000 欧元。法律援助开支激增引发了各州要降低法律援助咨询开支的需求。但是，各州提交的削减法律援助开支的法案遭到了联邦政府和法律行业的抵制。不过，自 2007 年，各州法律援助开支仍处于缓慢增长状态，只有部分州 2009 - 2010 年度法律援助开支有所减少。

至于刑事案件中的法院指定代理不能算作真正意义上的法律援助项目，所以从比较的角度来看，刑事法律援助开支统计没有太大意义。如果某位被告人经法院指定得到了辩护人的辩护，但又不能被判无罪的，该被告人必须支付辩护人的费用，而无须考虑该被告人的经济状况以及被告人本人是否提出了法律援助指定辩护的要求。总的来说，用于法院指定代理的刑事法律援助开支约为民事法律援助开支的 20% ~25%。

（二）法律援助申请

没有与法院诉讼有关的法律援助申请/批准数据。法律援助申请/批准工作是法院诉讼活动的有机组成部分，由办案法官负责处理。基于这种事实，所以没有负责受理法律援助申请/颁发法律援助证书的集中式机构。其结果是，缺少法律援助统计数据。一般看法是，大约 50% 的家庭法案件获得了法律援助，所以民事法律援助案件主要是家庭法案件。法律援助的第二大组成部分是劳动就业法案件。最近 5 年里，劳动就业法律援助案件开支有了明显增长。

相比而言，对于与法院无关的咨询/代理类法律援助申请，开展了年度数据统计。2009 年，共收到相关法律援助申请为 913079 个，其中有 64662 个法律援助申请获得了批准，批准率为 92.92%。虽然批准率很高，但与 2003 年 97.07% 的批准率相比，呈现出下降趋势。这表明，区法院对法律援助申请的审查批准工作可能更严格了。从统计上来看，2009 年，90 个德国人中，有 1 人提出了咨询/代理类法律援助申请。但是，从行政区划上来看，法律援助申请及法律援助案件的办理分布极不平均。历史上富裕的州，比如，巴登符腾堡州，150 个公民中，有 1 人提出了法律援助申请；而在平均收入低、失业率高的贫穷州，50 个公民中，就有 1 人提出了法律援助申请。

（三）法律援助律师

在德国，由于没有法律援助优选制度和合同制度，所以每一位律师都有权办理法律援助案件。其结果是，全国 156000 律师中，到底有多少人参与了法律援助办案活动，缺少必要的统计数据。

至于非刑事性质的法院代理类法律援助，作者为了实现撰写本报告的目的，而于最近针对 2400 位律师（涉及 65 个拥有 40 名或者以上律师的律师事务所）开展了一项实证调研。调研查明，在这 2400 名律师办理的所有案件中，大约有 18% 的案件得到了法律援助经费的支持（另有 31% 的案件得到了诉讼费用保险的支持），这些律师的收入中约有 15% 的收入来源于法律援助经费。

至于咨询/代理类法律援助，2009 年，每个律师平均办理了 5.7 个案件。不过，各州的平均办案数差别很大，从 3.5 件到 21 件不等。需要说明的是，这只是根据全国律师总数并结合法律援助申请工作得到的统计数据。2009 年开展的另外一项调研表明，有 18% 的律师没有提供过咨询/代理类法律援助服务。该调研还表明：小型律师事务所办理法律援助案件的比例明显高于大型律师事务所；有五年（含五年）以下执业经验的律师办理的法律援助案件数量是有 20 年（含 20 年）以上执业经验的律师办理的法律援助案件数量的 2 倍。

三、组织实施系统

（一）法律援助实施

德国不像其他许多国家那样，通过建立专门的国家机构或者非政府机构负责法律援助实施工作。在首次开展法律援助联邦立法时，经对法律援助实施体制问题进行认真考虑，立法人员得出结论：由于法律援助与法院工作密切相关，所以将法律援助实施工作委托给法院才是合乎逻辑的做法。当时，法律援助仅限于法院诉讼领域，而没有考虑到非诉讼领域的法律援助。当 1980 年法律援助咨询计划出现的时候，虽然该计划与法院诉讼程序没有任何关联，但是由于法律援助咨询计划服务量比较小，所以其实施工作仍授权由法院负责。

在德国，法院独立于联邦、州和地方政府之外。法律援助作为法院的从属性制度，由法官负责审批法律援助申请。其结果是，法官的独立性保证了法律援助的独立性。德国法官属于任命终身制（非经选举产生），拥有完全的独立性，不受任何形式的监督的约束。所以，法律援助由各个州的法院负责开展，并由各州提供经费支持。全国有 500 多个区法院。通常情况下，如果当事人需要法律援助，可以先同这些区法院联系。每一个区法院都有一个柜台，可以为当事人提供一般性法律援助信息及法律援助申请服务。

至于包括法律援助在内的司法管理实施工作，由 16 个州——而非联邦政府——负责开展，不存在联邦层次的中央管理体系。在 16 个州中，法律援助管理实施工作被授权给州法院，而不是某个州法律援助委员会或者基金会负责。按规定，联邦各州通过对法院工作负有监管职责的部门，为法院提供所需的法律援助经费。在法院内部，没有专门的办公室负责法律援助事务。法官及其书记员除了要负责日常办案工作外，还要负责法律援助申请的处理工作，包括对申请人进行必要的经济状况审查和案情审查。

由于缺乏集中的管理实施机构，所以没有开展过法律援助宣传推广活动。通常，16 个州级司法部门会在它们的综合性网站上公布法律援助信息资料。类似地，大部分地方律师协会也会在其办公场所摆放法律援助宣传册。概言之，德国法律援助公众知晓程度不是太高。

（二）法律援助服务提供主体

1. 律师。法律援助由纯私人律师模式下的、具有独立性的律师提供。严格上讲，某种程度上，该原则的适用因咨询/代理类法律援助的出现而受到限制，其原因在于，如果法官理所当然地可以将法律援助申请转至有义务提供相关咨询的公共机构或者私人机构处理，或者本法院可以按规定提供即时咨询的话，法官就不得将法律援助申请批至某位律师处理。实践中，法官很少利用其审批权将法律援助受援人转交至其他法律援助咨询提供主体。另外，《咨询/代理类法律援助法》明确规定，在向法院提出咨询/代理类法律援助申请之前，当事人可以向律师寻求初次咨询帮助。实际上，该立法规定限制了法官向替代性法律服务提供主体转交法律援助受援人的权利。

在德国，没有"法律援助优选权"或者"合同制"的规定，所以每一个律师都可以接受法律援助案件。不过，从法律行业结构可以推断出，有两个高度专业化的群体，法院诉讼类法律援助是其重要的收入来源：一是由于家庭法案件的复杂性，这类案件通常由专事家庭法工作的律师处理，所以此类律师要有专业资质证书。由于大部分民事法律援助案件都是家庭法案件，所以对于专事家庭法工作的律师来说，法律援助尤其重要；二是对于小部分专事刑事工作的律师来说，法律援助也是至关重要的。

根据《法律职业法》中有关"非刑事诉讼类法律援助、刑事诉讼类法律援助和咨询/代理类法律援助"的规定，律师要接受指定，为受援人提供法律帮助。因此，该规定对律师订约自由做出了限制。不过，几乎在所有案件中，律师都会代表当事人提出法律援助申请，并请求法官指定本人作为当事人的代理人，而非受强行性义务以加入某个法律援助合同关系。如果律师拒绝接受某个法律援助案件，律师协会将会对其进行处罚。不过，截至目前，还没有发现律师因拒绝接受法律援助指定而遭受行业处罚的案例。

至于法律援助服务质量，还没有专门的质量管理办法。由于只有律师才有资格提供法律援助服务，而律师必须要通过两个州级考试，才能从事律师执业，所以这是确保法律援助服务能够达到最低质量标准的假定条件。一旦可以执业，每一位律师都可以参与法律援助工作，法律援助申请人也享有选择律师的自由，而无须考虑律师的执业经验、专业、继续性法律教育或者综合素质。各州不通过招投标合同方式选择法律援助服务提供主体。

2. 法律咨询中心。虽然德国法律援助采取的是纯私人律师模式，但是在两个最小的州——汉堡和不来梅的咨询/代理类法律援助中，存在着例外情况。由于这两个州的区域与汉堡和不来梅这两个大城市完全一样，有人认为，在市中心建立法律咨询中心，由律师提供法律咨询，就可以满足民众的需求。而在其他各州，这种施援模式似乎不太现实，因为代价太大，不仅需要在城市区域建立法律咨询中心体系，而且还要在人口稀少的地区建立法律咨询中心。从比较的观点来看，在不来梅，该州咨询/代理类法律援助的平均费用是德国所有州中最低的（2008 年全国平均费用为61 欧元，与该全国平均费用比较接近的另外两个州的州平均费用分别是 75 欧元和 76 欧元。相互差别不是太大）。虽然有关不来梅和汉堡两州法律援助项目运行中存在的问题已经相应的调研报告查明，但该施援模式能否在其他州（比如统一后的东德五州）得到推广，还需要认真加以考虑，因为目前的共识是，法律咨询中心施援模式只适用于大城市。

四、证明与评估程序

（一）法律援助要件

1. 一般规则。《民事程序法典》有关条文对所有法院体系下的法院非刑事诉讼类法律援助做出了明确规范，包括案情审查和经济状况审查，详细规定了法律援助申请、审查批准、指定律师、费用转承担、撤销法律援助程序及法院诉讼过程中受援人胜诉时的费用规则等。另外，经济状况审查还适用于咨询/代理类法律援助申请的审查。刑事案件中的法院指定代理没有经济状况审查。在某些案件中，比如重罪案件、高等法院刑事案件或者针对审前羁押的被告人案件，法院必须为无代理被告人指定辩护人。在其他案件中，如果案件事实/法律问题复杂、犯罪情节严重或者被告人缺乏自代理能力，经被告人申请或者依职权，法院可以为被告人指定辩护人。由于辩护人的指定取决于刑事诉讼程序而非被告人经济状况，所以即使是有钱人，如果本人拒绝自聘律师的话，也可以通过法院指定获得辩护人帮助。

2. 经济状况审查。如果当事人提出法院非刑事诉讼类法律援助或者咨询/代理类法律援助申请，他/她必须提供相关证明，以证实本人经济困难、无力承担律师费的事实。在德国，经济状况审查程序非常复杂。

（1）财产。根据《民事程序法典》第 115 条第三款规定，在适当的情况下，法律援助申请人可以利用本人"可支配财产"支付诉讼费用。但该条没有明确规定哪些财产可以从中免除。必要时，法律援助申请人需要通过向第三人催要债务、利用个人积蓄或者诉讼保险支付诉讼费用。如果法律援助申请人所拥有的财物属于本人及家庭成员的生活必需品，则不需要变卖以支付诉讼费用。

（2）收入。《民事程序法典》第 115 条第一款作为一般规则，规定法律援助申请人需要提交收入证明以证实本人是否符合法律援助条件。《民事程序法典》第 115 条第二款将"收入"定义为"所有具有金钱价值的收入"，但没有通过列举式或者开列详尽清单的方式对收入类型作出明确界定。所以，关于"收入"的定义属于需要通过判例法予以明确的问题。收入需要以月为基础进行计算，可以包括工资、行业收入、退休金、养老金、存款收益、免费寄宿的金钱价值、社会保障福利金、酬金及非偿还性贷款。收入是指净收入。

（3）扣除。从这些收入中，要扣除税、社会保险费、合理的保险费、相关工作支出、工会会员费、房租、银行分期还款、子女抚养费和（需要向前妻/前夫支付的）扶养费等。除了这些特定扣除外，法律援助申请人本人、配偶及子女所必要的一次性总付费用额度也可以从收入中扣除。一次性总付费用额度要以符合《社会保障福利法》规定条件的公民所获得社会福利金的百分比的形式进行计算。一次性总付费用额度代表着一般生活成本，它是以个人为单位进行计算的，比较复杂，对一次性总付费用的扣除额度，每年调整一次。

（4）经济困难标准：关联收入③。计算收入和扣除额度后，所剩收入，也即关联收入将表明法律援助申请人是否符合法律援助标准。目前的法律援助经济困难标准额度为 15 欧元。如果法律援助申请人的关联收入超过

15 欧元，则得不到咨询/代理类法律援助。同样地，如果法律援助申请人的关联收入不足 15 欧元，他/她也可以获得法院诉讼类法律援助，而且无须分担费用。如果关联收入超过法律援助经济困难标准的话，申请人需要支付分担费用。

针对法律援助申请人进行的经济困难状况评估只能在审查期间进行，不能对申请人/受援人财产状况进行法律援助过程中的持续性评估。如果出现法律援助申请人提交虚假经济状况证明材料或者连续三个月没有支付分担费用等的情况，只能撤销法律援助决定。

（5）分担费用。如果法律援助申请人符合咨询/代理类法律援助条件，他/她需要向为其提供咨询的律师支付 10 欧元的分担费用。当然，律师可以放弃对该笔分担费用的主张。几乎有近一半的律师放弃了对分担费用的主张。

在法院非刑事诉讼类法律援助中，法律援助申请人需要根据滑动比例法按月支付分担费用。如果法律援助申请人的关联收入超过 15 欧元的经济困难标准，那么他需要支付的分担费用的数额从 15 欧元到 300 欧元不等。分担费用的接收单位为法院。

例如，约翰·都的净收入为 1920 欧元，已婚，有两个未成年孩子，他的妻子没有收入。从他的净收入可以做如下扣除：为他本人和妻子每人扣除 360 欧元；为每一个孩子扣除 180 欧元的抚养费；扣除一次性总付性质的相关工作支出 180 欧元；扣除 500 欧元的房租。虽然约翰·都的净收入为 1920 欧元，但经扣除相关开支后，他的关联收入仅剩 14 欧元。由于约翰·都的关联收入为 14 欧元，所以他不需要支付分担费用。

（6）案情审查。为了达到法院非刑事诉讼类法律援助条件，法律援助申请人除了要接受经济困难状况审查外，还需要接受案情审查，以查明案件是否有合理的胜诉可能性、诉讼的必要性及安全性。如果某个富有的当事人在面临同样情况时根本不会提起诉讼，那么法律援助申请人提出的诉讼将会被视为不具有诉讼的必要性。为此，法律援助申请人需要提交必要的事实材料以证实案件的合理性。根据《民事程序法典》第 118 条规定，在做出决定之前，法院需要听取法律援助申请人的对方当事人的意见，但特殊情况除外，如，出现听取对方当事人意见已无必要的情形。听取对方当事人意见后，如果不能做出决定，法院可以要求提交相关文件资料或者听取证人的证言。第118条还明确要求，只有在法院难以根据双方当事人陈述做出决定的情况下，才能采用证据手段。至于咨询/代理类法律援助，不需要进行案情审查，因为咨询通常是为了查明案件的胜诉可能性。但是，法律援助申请人需要证实本人有必要获得律师提供的咨询帮助。

（二）法律援助程序

根据《民事程序法典》第117条规定，困难当事人提出法院非刑事诉讼类法律援助申请时，需要向对本人的诉讼案件享有管辖权的法院提出。法律援助申请人需要简单介绍涉案情况，以便于法官进行案情审查。法律援助申请人需要提交经济状况证明材料以证实本人的经济状况如何。通常情况下，都不是由经济困难的当事人本人提出法律援助申请。法律援助申请被批准后，当事人就可以向法院为其指定的律师寻求咨询帮助。

通常，经济困难的当事人首先会与某位律师商量，该律师将核对当事人是否享有诉讼保险。如果当事人不享有诉讼保险，则满足了提出法律援助申请的条件。律师将起草与法律援助申请有关的令状。令状将申明，当事人只有获得了法律援助，才有能力提起诉讼。法官（同样由该法官对案件作出判决）将根据提交的信息审查法律援助申请，并以法院正式决定的形式批准或者拒绝法律援助申请。

至于咨询/代理类法律援助，当事人需要向当地县法院提出法律援助申请，而无须考虑该县法院对本人的案件是否拥有管辖权。法律援助申请人需要介绍本人遇到的法律问题并详细陈述本人的经济状况。如果法院不能根据本院职责提供咨询，将下发一份证书以赋予法律援助申请人通过自由选择以获得某位律师帮助的权利。不过，在提出法律援助证书申请之前，当事人可以向某位律师寻求咨询。根据《职业规则》的规定，律师需要提醒当事人，如果本人的经济状况明显符合《咨询/代理类法律援助法》规定的条件，则可以获得法律援助。在当事人与律师协商后，可以提出法律援助申请（通常由律师提出），并由律师承担法律援助申请被拒绝的风险。大约有45%的法律援助申请是由律师提出的。可以由当事人本人提出法律援助申请，也可以由当事人的代理人，特别是律师代为提出法律援助申请。在德国，关于妇女、儿童、雇员等特殊群体的法律援助申请与审查工作，没有特殊规定。通常情况下，律师享有提供法律服务的专营权，否则，特殊群体将处于弱势地位，其利益难以得到有效保护。工会等非律师单位不允许就法律问题提供咨询。

至于刑事诉讼中的法院指定代理，要按照《刑事程序法典》规定的程序规则指定辩护人。法官将审查是否存在《刑事程序法典》规定的"必须代理"的情形。如果存在"必须代理"的情形，无论被告人是否同意，都要为其指定辩护人，而且无须考虑被告人经济状况的好坏。

五、决定给予法律援助的结果

（一）法院诉讼费用和律师费用

如果给予了法院非刑事诉讼类法律援助，法院的指定会带来两个结果：在诉讼过程中受援人不需要交纳法院诉讼费；指定的律师也不得向受援人主张任何费用，因为产生的所有律师费用都有财政支付（其基本原理是：防止律师通过与受援人订立合同方式向受援人索要额外费用）。

（二）费用转承担

费用转承担原则不受给予法律援助决定的影响。由于德国采取的是费用双向转承担制度，所以如果受援人败诉，受援人则负有支付对方当事人相关费用的义务。在受援人败诉时，由于只有法院诉讼费用和受援人本人的律师费用可以通过法律援助经费支付，所以，受援人面临的费用风险非常明显，尽管针对该法律问题，法院会通过对不具有合理胜诉可能性的案件做出不予法律援助的决定，以在一定程度上降低费用风险问题。

至于刑事诉讼中的法院指定代理，如果被告人不能被判无罪的话，他需要偿还政府因为其支付辩护人费用而产生的财政支出。

（三）律师服务费

虽然律师与经济困难的当事人之间订立了合同，但《民事程序法典》和《咨询/代理类法律援助法》禁止律师直接向其代理的当事人索要律师费。替代地，律师可以从政府基金中获得法定律师费。但是，《民事程序法典》和《咨询/代理类法律援助法》没有涉及律师费问题。替代地，法律援助案件中的律师费问题是由《联邦律师服务费法》所调整。

为了了解法律援助工作中的律师费问题，有必要先掌握德国律师费的一般原则。原则上而言，只要律师收费合理，律师和当事人可以自由协商服务收费问题，而不受律师提供的服务结果的影响。有关德国采取约束性的律师费比例制的流行观点是错误的。但在出现律师费转承担的情况下，费用比例制对败诉方须支付给胜诉方的律师费具有约束力。至于法院诉讼，律师可以拒绝提供低于法定律师费的服务。实际上，许多律师根据费用比例制收费，并不是因为受到费用比例制的约束，而是因为他们发现很难说服其当事人支付更高的律师费（即支付的律师费高于败诉方须支付给胜诉方的律师费）。

在法院非刑事诉讼类法律援助中，费用比例制同样重要。由于禁止律师以合同费用的形式向其受援人收取律师费，费用比例制明确了律师因提供法律援助服务而应当获得的法定律师费数额。根据有关规定，律师费的计算相当复杂。

咨询/代理类法律援助案件的律师费问题比较简单。根据相关收费规定，法律援助律师提供一次口头或者书面咨询可以获得 30 欧元的服务费，提供代理的服务费为 70 欧元。另外，法律援助律师可以向其当事人直接收取 10 欧元的额外费用。如果代理当事人的结果为庭外调解，法律援助律师还可以获得 125 欧元的额外费用。这些额外费用远低于律师通过办理非法律援助案件所获得的服务费。至于非法律援助的咨询案件，通常，律师可以收取高达 190 欧元的服务费（而非 30 欧元），收费多少视索赔标的价值的高低而定。至于非法律援助的案件代理，律师服务费上不封顶，可高达数千欧元，同样收费多少视索赔标的价值的高低而定。至于法律援助案件中的律师费支付问题，哪怕是著名的高街律师事务所从事咨询/代理类法律援助的服务费，也难以获得全部支付。[④]对于法律行业来说，咨询/代理类法律援助属于事实上的慈善事业。

在刑事诉讼中，法定服务费以一次性总付费用为基础。这些一次性总付费用会被以一定的比例予以折扣。

（四）政府法律援助经费

如果法律援助申请人获得了法律援助，并最终败诉了（尽管在批准给予法律援助之前，对法律援助申请人的胜诉可能性进行了审查），受援人需要担负对方当事人的法院诉讼费用和律师费。政府法律援助经费需要支付受援人的法院诉讼费用和律师费。如果案件胜诉了，政府法律援助经费则不会受到损失，除非对方当事人同样获得了法律援助。在德国，由于律师费转承担制度的存在，败诉方需要负担受援人的法院诉讼费用和律师费。

至于刑事诉讼中的法院指定代理，律师只与法院打交道，并由此产生了相应的费用。如果被告人不能被判无罪，将由法院向律师支付费用，然后法院再要求罪犯偿还相应的费用。

六、法律援助的背景

（一）实现司法公正

需要予以考虑的是，法律援助的意义取决于司法制度在整体上如何做到司法公正的实现。对于公民来说，法律援助仅仅是敲开法院大门的措施之一。其他敲开法院大门的措施还包括：诉讼费用保险单、律师费投机性基金、国有法律咨询局和法律诊所、供不应求的律师辩护专营权，以及对律师服务费起着决定性限制作用的服务费用比例制度。另一方面，费用转承担制度也影响着法律援助的魅力。因此，在德国，只有在综合考虑这些决定性因素的基础上，人们才能够理解法律援助工作的重要性。

（二）诉讼费用保险⑤

德国是世界上最大的诉讼保险单消费市场。2009 年，大约签发了 250 万张诉讼费用保险单，覆盖到 820 万人口。诉讼费用保险的覆盖率极高，因为诉讼费用保险的典型特征是家庭保，而不仅仅是个人保。诉讼费用保险单吸引力大的原因在于两个方面：一方面，对于被保险人（投保人）来说，诉讼费用保险与法律援助不同，在出现对己方不利的诉讼结果的情况下，诉讼费用保险包括了对方当事人需要交纳的费用；另一方面，投保人（被保险人）可以以比较低的价格支付保险费，因为本人负担的风险可以轻易计算出来：承保人（保险公司）可以按照规定的费用比例制支付律师费（与费用转承担制度有关）。所以，承保人（保险公司）可以事先掌握某笔服务费存在的风险及本承保人（保险公司）需要支付的最高保险金是多少。这种确定性对于保险费的计算有着相当大的影响。对于承保人（保险公司）来说，大量签发保险单确保了风险分担的扩大化，并降低了单个保险产品的保险费。在德国，单个保险单的年平均保险费不会超过 150 欧元。

每年，承保人（保险公司）的净收入超过 32 亿。在德国民众收入中，投入诉讼费用保险的金额是 16 个州投入的法律援助经费的 6 倍。该数字表明，德国由于高度发达的诉讼费用保险市场的存在，它的法律援助远没有其他国家重要。在德国，对于诉讼费用保险已经覆盖到的法律领域，法律援助就显得微不足道。从历史发展来看，诉讼费用保险没有覆盖到的领域主要是家庭法，所以 80% 的法律援助经费用于家庭法领域就不足为怪了。与英国法律援助相比，不难发现德国法律援助经费用于其他民事案件的支出非常少，原因是什么呢？如果考虑到侵权法案件，特别是道路交通事故案件一般由诉讼费用保险所覆盖，而很少接受法律援助经费的资助，该问题就不难迎刃而解了。2000 年，德国第二大诉讼保险公司（ARAG）首次对其保险单内容进行了限制性地补充，以将其保险范围扩展至家庭法领域。目前，该项新险种在市场上的投放量还不是太大，所以，未来还难以减轻各州政府面临的继续为家庭法案件提供法律援助资金支持的压力。目前，大约有 50% 的家庭法案件由政府法律援助资金提供支持。如果能够将政府为家庭法案件提供资金支持的风险由法律援助领域转移到诉讼费用保险市场领域，则明显存在节省政府法律援助经费开支的可能性。

（三）投机性基金

理论上讲，投机性律师费也是一种确保经济困难当事人获得司法公正的方法，因为当事人可以将其面临的诉讼风险转嫁给律师。但是，与法律援助及诉讼费用保险相比，投机性律师费只能负担当事人一方的律师费，有时候也可以负担法院诉讼费用。在当事人败诉的情况下，投机性律师费无法负担对方当事人（胜诉方）的律师费。在实行费用双向转移承担制度的国家，需要通过采取事后诉讼费用保险的方式进一步增强安全性保障，由事后诉讼费用保险负担败诉的风险。虽然大部欧洲司法管辖区允许使用投机性基金，并禁止美国式的风险代理收费，但是对于以结果为基础的律师收费制度，在德国，通常情况下是不允许的，除非出现例外情况。该例外情况就是，如果得不到投机性基金的资助，当事人就难以享受司法公正。在这种情况下，律师可以与当事人订立投机性基金合同。与其他司法管辖权国家和地区不同，在利用投机性基金办理的案件中，德国没有风险代理收费、附条件收费和成功收费的区别。

（四）法律服务项目

在德国，律师对法庭代理事项和所有非法庭代理事项均享有专营权，个别例外情况只存在于提供非常简单的法律服务。律师对法律服务享有专营权的理论基础在于以下三方面：一是确保消费者获得高质量的法律服务；二是因为只有在法律服务人员受到利益冲突、职业保密及独立性规范等职业规则约束的情况下，当事人才能享有实实在在的法律保护；三是在一定程度上，律师法律服务专营权应当做到对律师的有效保护。通过律师法律服务专营权，确实有效阻止了非律师人员参与商业法律服务，同时也阻止了不具有法律资质的人员以志愿或者利他形式开展法律服务。

七、最新发展

（一）其他法律服务提供者

2004 年 9 月，司法部公布了《绿皮书》。紧接着 2005 年 4 月末，司法部又公布了《白皮书》，提出了法律服务管理制度改革的建议。《白皮书》建议制定一部更加宽松的《法律服务法》。《白皮书》针对德国宪法法院采取了一系列决议，对无处不在的法律服务律师专营权的合宪性提出了挑战，因为本次改革的出发点旨在开放法律服务市场。

改革的目标之一是为了满足——目前律师享有专营权的市场机制下——没有得到满足的法律需求。《白皮书》公开批评律师没有为弱势群体就失业、债务、残疾人及难民等法律领域遇到的问题提供足够的专业化法律帮助，而在这些法律领域，弱势群体的权益又经常受到侵犯。从实践来看，鲜有律师具备相关领域法律知识/技能的主要原因之一是，在这些法律领域提供服务，律师几乎挣不到钱，因为德国律师收费是以从价收费为基础的。[⑥]另外，在这些法律领域，弱势群体难以享受司法公正的原因不仅在于缺少感兴趣的律师，而且还在于，通常情况下，当事人不愿意寻求律师的帮助。经验表明，在当事人向本人或者亲朋好友熟知的某个常见组织寻求帮助时，这些当事人会感到非常自在。《白皮书》希望，通过允许慈善组织提供免费法律服务，以解决弱势群体难以获得便捷法律服务的问题。基于同一理由，《白皮书》还建议，通过采取新方法，即赋予相关协会提供辅助性法律服务的权利，以为协会会员提供简单的法律帮助。虽然通过改革确实在一定程度上促进了司法公正的实现，但是改革对法律援助制度的影响很小。在德国，90%以上的法律援助预算都用在了法院诉讼类法律援助。由于改革仅涉及与法院无关的法律服务，所以不可能减轻政府法律援助经费面临的压力。就改革涉及的法律咨询类法律援助的开支而言，2009年人均经费仅为1欧元。由于改革的原因之一是，针对市场机制下律师服务覆盖不到的法律领域，新的服务提供者应当有机会进入这些领域，改革的目标是为了拓宽当事人获得司法公正的机会，而不是为了将由政府提供经费支持的法律服务工作转嫁给非律师人员，所以在这种情况下，改革没有顾及咨询类法律援助的可获得性。

（二）开支的增长

2004年费用规则改革，包括上文提到的法定律师费比例制在内，对于从事法律援助工作的律师产生了重要影响。在对法院诉讼费用和费用双向转承担制度改革的必要性进行了长达10年的论证之后（在复杂的制度体系之下，这些费用规则涉及所有的法院体系和律师提供的所有类型的服务），2004年开展了费用规则改革并付诸实始。通过改革，从事法律援助工作的律师的收入有了适度增长。据说律师费的整体增长比例为14%～19%，具体的增长情况由政府、律师或者保险公司负担律师费而定。虽然整体律师费有所增长，但是律师们非常尖锐地指出，自1994年以来，律师费仅增长了这一次，其增长额无法抵平同期综合生活成本的增长额。每当政府因来自于律师行业的压力而不得不调整律师收费比例时，一般性法定律师费与法律援助服务费之间的关系就成了争论的焦点。其结果是，通常情况下，一年半载地，随着法律援助支出的增长，就会引发有关削减法律援助经费开支的必要性的讨论。最终，由于2004年律师费的增长，2006年，州政府提议削减法律援助开支，并于同年提交了相关法案（草案）。但由于来自于联邦政府的阻力，2009年大选前该法案（草案）未获通过。由于自2008年以来综合生活开支没有出现增长，所以削减法律援助开支的建议的说服力大打折扣。颇能说明问题的是，当 2010 年该法案又被提上日程的时候，2006 年的数据已经过时了。

（三）法律援助需求增长的远景

如上所述，德国法律援助开支保持相对适中的原因之一是诉讼费用保险在全民中的普及使用。不过，德国人口的诉讼费用保险覆盖水平增长缓慢。德国人口诉讼费用保险覆盖率在 20 世纪 90 年代中期创 48% 的历史最高纪录以后，目前的覆盖率保持在 41.9% 的水平。对老百姓而言，虽然选择诉讼费用保险仍然比较实惠，但是过去 20 年间，投保人要缴获的保险费已经以 200% 的速度增长了，而同期老百姓平均收入的增长率仅为 50% 左右。如果在不同类型的保险之间进行比较，自 2002 年以来，诉讼费用保险覆盖程度的降低率高于各类保险覆盖程度的平均降低率。这表明，虽然人们普遍知晓诉讼费用保险政策具有广泛的用途，但又认为该险种没有其他类型的保险重要。在社会保险制度的紧缩时期，由于人们必须购买医疗、退休和卫生等保险，以应对生活中存在的风险，所以诉讼费用保险覆盖率可能会进一步降低。从长远来看，这会导致全民法律援助需求的增长，而削减法律援助开支的努力或多或少会显得徒劳，除非采取一些法律援助（事项）优先性政策。

注释：

①本文作者为 Dr Matthias Kilian，德国科隆大学教授、法学博士。本文的翻译获得了作者的口头授权。另外，受篇幅所限，译文有所删减。

②在此提到的"民事法律援助"，结合上下文意思，译者认为应为法院诉讼类民事法律援助。

③关联收入（Relevant income）：我国香港地区将其翻译"入息"，是指用以证明法律援助申请人是否达到法律援助经济困难标准的收入——译者注。

④High Street law firm：应为一家著名的律师事务所——译者注。

⑤设立诉讼保险制度，可以使一部分有一定经济基础的民众从对法律援助的期望转向投入与回报相均衡的诉讼保险中来，这样既不会影响法律对贫困者维权的救济，同时也在很大程度上保障了中等收入者维权的可行

性，从而实现法律救济的合理化和最大化——译者注。

⑥法律服务收费中的从价原则，是指按标的价格的一定百分比征收，收费额随着标的价格的增高而增加，随着标的价格的下跌而减少——译者注。

（原文发表于《中国法律援助》，2011年第8期）

论英格兰和威尔士法律援助工作经验

在英格兰和威尔士地区，法律援助制度自 1949 年正式建立以来，取得了很大进步，特别是《实现司法公正法（1999）》的颁布实施，推动了英格兰和威尔士法律援助工作的快速发展，在调查研究、项目化管理、服务质量控制等方面取得了许多经验和做法，值得思考和借鉴。

一、调查研究与实践互动，重在决策科学

本文之所以把调查研究放在第一部分来写，是因为在英格兰和威尔士法律援助工作中，独立的开放性调查研究工作一直被放在至关重要的地位，发挥着基础性作用。调查研究工作立足于实践，调查研究成果向实践工作转化迅速，为法律援助工作指明了方向，推动了法律援助工作的健全发展。

（一）法律服务委员会非常重视法律援助调查研究工作[①]

法律服务委员会拥有强大的内外部调查研究人员队伍，这为以证据为本位的法律援助决策工作提供了有力的智力支持。就内部而言，法律服务委员会建立有独立的调查研究机构，即法律服务调查研究中心（LSRC）。法律服务调查研究中心由专业调查研究人员组成。在调查研究工作中，法律服务调查研究中心以国际化的视野，围绕民事和刑事司法领域的相关问题[②]，开展战略性定量和定性调查研究工作，定期在杂志和报纸或者以图书等形式公开调查研究成果。这些调查研究成果对法律服务委员会工作的完善和发展发挥着积极的推动作用。法律服务调查研究中心积极参与相关职能部门的调查研究项目，如参与司法部、全国统计局和北爱尔兰法院服务部等的调查研究工作。法律服务调查研究中心还是政府社会调查研究组织体系的成员之一。[③]目前，法律服务调查研究中心开展的调查研究项目主要涉及以下 8 个领域：民事和社会司法调查研究；有关延伸试点评估工作

所需经费问题的咨询意见；债务咨询的影响；青少年法庭的延迟；法律需求与提供法律服务之间的空间维度；法律援助服务组织的多样性；刑事受害人、罪犯和民事司法；员工调查研究。

就外部而言，法律服务委员会与国内外学术界保持着良好的合作关系。在国内，通过与来自于伦敦大学、华威大学、纽卡斯尔大学、剑桥大学、曼彻斯特大学等的专家学者长期合作，针对法律服务委员会各种项目计划或者试点工作，开展了大量的法律援助调查研究活动。如根据大法官部《1998年现代化司法：政府有关法律服务和法院改革计划》白皮书提出的建立专职律师的要求，法律服务委员会从2001年开始实施公设辩护人试点项目。为监督评估公设辩护人试点工作的开展情况，在项目开始之初，法律服务委员会就通过合同外包方式，组建了以华威大学法学院法律研究所4位学者为主的专门的、独立的调查研究团队，通过咨询磋商，制定了详细的调查研究方法。在公设辩护人项目实施及扩大过程中，该调查研究团队围绕项目实施情况，比如项目独立性、受援人选择权、资金短缺、办案量负荷、施援途径不畅等问题与法律服务委员会、公设辩护人办公室及其他利害关系方多次接触，开展了大量的调查研究活动，于2007年写出了《英格兰和威尔士公设辩护人评估报告》。又如，2002年，针对即将开展的家庭法咨询与信息试点项目，法律服务委员会委托纽卡斯尔大学婚姻法研究中心，由其邀请多位专业人士组成调查研究小组，开展项目试点调查评估工作，并于2007年作出了长达400多页的评估报告——《家庭法咨询与信息服务：英格兰和威尔士家庭法律师的角色转变》。

在国际上，法律服务委员会多次组织法律援助理论与实务问题国际研讨会，积极促进法律援助理论与实务界的跨国交流，扩大英国法律援助经验的对外辐射和影响。如法律服务委员会是国际法律援助组织（ILAG）的发起方之一，为该组织每两年召开的法律援助研讨会提供经费支持，并派人员参会交流经验。[④]

（二）主管部门重视法律援助调查研究工作

自1949年法律援助项目成立以来，大法官部、宪政事务部和司法部先后作为法律援助工作的主管部门，都非常重视法律援助调查研究工作，注重法律援助调查研究与其他调查研究工作之间的良性互动，积极落实调查研究成果向实践工作的转化。⑤特别是 2007 年 5 月份司法部成立以来，密切与其他政府部门的合作，致力于司法制度改革。由于法律服务委员会是英格兰和威尔士唯一的、最大的法律援助服务购买方，其法律援助预算高达 21 亿英镑，约占司法部全部预算 91 亿英镑的 23.08%⑥，所以，法律援助改革在司法部主导的司法改革"一盘棋"之中，占有非常重要的地位，与法院及其他部门改革同步进行、相互衔接。⑦为了实现法律援助经费"物有所值"目标，2009 年 10 月，司法部委托政府研究所的高级研究人员 SirIanMageeCB 先生，围绕司法部与法律服务委员会关系、法律服务委员会治理结构和模式、法律援助经费管理、法律援助施援模式等开展了一系列调查研究活动，并于 2010 年 3 月公开了《关于法律援助施援与治理工作的审查报告》。2010 年 11 月，根据该《审查报告》及其他调查研究结果提出的意见和建议，司法部法律援助改革小组及时启动了法律援助改革项目，通过网络等形式公开调查问卷和咨询文件，广泛开展调查调研和论证工作。

另外，在法律援助调查研究工作中，其他政府部门也负有相应的配合义务。如按要求，为查明法律服务委员会经费开支面临的压力，所有的政府部门都要配合司法部完成法律援助与司法影响测验工作。

二、采取项目化管理方式，重在提升法律援助的社会效益

项目化管理贯穿于法律援助工作发展之中，支撑着法律援助工作的健全发展。1949 年，在英格兰和威尔士地区，现代化法律援助以项目计划的形式得以确立，其目标是保障公民在法律面前平等享有获得司法公正的机会，实现其法律代理权和辩护权。随着 60 多年的发展历程，法律援助计划不断扩大。

（一）社区法律服务计划和刑事辩护服务计划

根据民事法律援助和刑事法律援助工作的不同特点，法律援助计划又被分为社区法律服务计划和刑事辩护服务计划两大类项目组成。⑧社区法律服务计划由法律服务委员会社区法律服务部负责，为当事人提供民事法律援助服务，刑事辩护服务计划由法律服务委员会刑事辩护服务部负责开展，为当事人提供刑事法律援助服务。⑨为了方便当事人识别，这两个计划

分别拥有不同的图案标识，分别为社区法律服务英文首写字母 CLS 和刑事辩护服务英文首写字母 CDS。如果某个法律援助服务组织与法律服务委员会订立的是民事法律服务合同的话，就需要悬挂 CLS 标识，如果订立的是刑事法律服务合同，则需要悬挂 CDS 标识。社区法律服务计划通过为法律援助服务组织提供经费支持，针对婚姻家庭、债务、教育、社会救济、税收、劳动就业、住房等领域法律问题，为广大经济困难群体提供保密、独立且优质的法律帮助，以促进民事法律援助工作的发展。[10]刑事辩护服务计划则是为了确保犯罪嫌疑人、被告人能够得到及时的法律咨询和代理服务，并促进警察和法院工作的公平和高效。法律服务委员会通过与律师事务所等法律援助服务组织订立刑事服务合同的方式，密切与刑事辩护律师之间的合作关系。

（二）多样化的分计划或者分项目

在社区法律服务计划和刑事辩护服务计划之下，根据工作需要，围绕如何提高施援能力、扩大施援范围、拓展施援方式、确保施援质量以及有效管理使用经费等事项，又设立了许多分计划或者分项目。根据各自特点，分计划或者分项目基本上有相应的管理实施机构、目标任务、时间安排、工作流程、风险管理机制、产出结果和评估方法等。分计划或者分项目之间，既注重各自的独立性，又注重互相配合、互相促进，共同促进法律援助工作发展。如为了扩大刑事法律援助的施援范围，提高边远地区刑事法律援助便民程度，增强专职人员工作能力和市场竞争力，合理确定办案补贴标准等，在刑事辩护服务计划之下，除了建有警察局值班律师计划和法院值班律师计划等之外，法律服务委员会还建立了公设辩护人试点项目（2001-2004）。在该项目之下，由法律服务委员会直接招聘律师等专业人员，设立公设辩护人办公室，为当事人提供刑事法律援助服务。为了便于管理，在该项目启动初期，确立了独立的管理体制、战略规划、主要目标任务、经费预算、工资水平、公设辩护人行为规范，查明了存在的风险，并制定了相应的对策建议等。另外，法律服务委员会还同时开展了为期4年的独立调查研究项目，以确定公设辩护人项目的未来发展方向。[11]

在项目化管理之下，法律服务委员会重视岗位职责与员工工作能力的匹配、注重发挥员工的自主性，重视系统内外工作人员的职业培训发展。

如 2009 - 2010 年，为培训提供 300 万英镑的经费支持，以继续开展新律师培训活动[12]；重视法律援助监督管理工作，重视法律援助服务的质量和绩效等；定期对项目目标实现情况进行总结评估。

（三）密切部门协作，推进项目化管理工作开展

在项目化管理之下，法律服务委员会及其地区办公室与相关部门之间保持着密切的协作关系。比如，在刑事法律援助工作中，围绕值班律师计划，法律服务委员会与律师协会、警察局、法院、地方议会等保持着密切协作关系[13]；在民事法律援助工作中，法律服务委员会与地方议会共同发起、建立了许多社区免费法律咨询服务中心，以为当事人提供独立且保密的法律咨询和代理服务。

此外，随着法律援助现代化电子办公技术的不断发展完善，在项目化管理之下，法律服务委员会非常重视法律援助信息化服务建设工作的开展，通过与相关技术公司合作，建立健全了电话咨询、网络咨询、网络计算经济困难标准、网上案件统计管理、网络援务公开等法律援助信息化服务系统，法律援助服务管理能力和效率有了很大提高。如根据《英格兰和威尔士法律服务委员会 2009 - 2010 年战略规划》要求，法律服务委员会拟建立在线法律服务委员会及手语在线咨询服务，实现通过增加电子办公和简化程序减轻行政负担的目标。[14]

三、加强法律援助工作程序建设，重在服务质量

英国法律重程序，讲究程序规范，注重服务质量，这在英格兰和威尔士法律援助工作上得到了充分表现。自《获得司法公正法（1999）》通过后，规范法律援助服务组织和法律援助人员的法律援助行为，建立法律援助质量控制机制，成了法律服务委员会工作的重中之重。法律服务委员将服务质量控制寓于严格规范的工作程序之中。经过十多年的努力，法律服务委员会逐步建立起一系列适用于不同法律援助服务层级的质量管理制度和评估方法。这些质量管理制度和方法充分体现了以需求为导向的当事人中心主义，物有所值、无缝服务、便民高效等服务理念和原则，以及通过规范法律援助服务组织达到规范法律服务人员执业行为的目的。这些质量管理制度和方法主要包括以下几点。

（一）引入民事和刑事法律援助服务合同制度

为了确保法律援助服务的质量，法律服务委员会逐步引入并完善了民事和刑事法律援助服务合同制度。随着服务合同制度的引入，现在所有的法律援助服务组织都不能如从前那样先受理案件，然后拿着账单到法律服务委员会要求付款，而是须先与法律服务委员会签订合同，并按合同规定的质量标准提供服务后才能获得法律服务委员会的资助。这不仅强化了法律服务委员会对法律援助经费使用的有效管理，而且逐步规范了法律援助服务组织和人员队伍，提高了法律援助服务质量，保证有限的法律援助资源能够用到最需要帮助的受援人身上，并取得最佳服务效果。

（二）建立了一系列内外部质量标志标准和评估方法

1. 建立统一醒目的服务标识。在确立社区法律服务计划和刑事辩护服务计划的时候，法律服务委员会针对这两个计划分别制定了相应的图案标识，分别为社区法律服务的英文首写字母 CLS 和刑事辩护服务的英文首写字母 CDS。法律服务委员会还对这两个图案标识的大小尺寸、背景颜色、字体及字的颜色等作出了明确规定。在这两个计划资助下从事法律援助服务的律师事务所及其他法律援助服务组织，必须悬挂相应的图案标识，以方便当事人前来寻求法律帮助。

2. 建立了不同层次的质量标准。（1）建立资格证书计划，明确对法律服务人员的资格要求。在许多法律领域，法律服务委员会明确要求法律援助服务组织中的法律服务人员要达到相关法定资格要求，以证明其拥有相应的法律服务能力。如属于律师协会家庭法小组成员、家庭法资深小组成员、心理健康法小组成员，属于家庭调解委员会成员，或者具有经认证的警察局代表资格等[15]。为此，法律服务委员会与律师协会及相关部门共同建立了许多资格证书计划，确立了一系列法律服务人员能力标准。

（2）确立了质量标准体系。该质量标准体系主要有 4 个不同的质量标准制度组成。一是专业质量标准，适用于提供包括法庭代理在内的复杂性法律帮助的法律援助服务组织；二是家庭调解质量标准，适用于为公众提供家庭调解服务的组织；三是一般质量标准，适用于为公众提供一般性咨询的组织；四是律师业质量标准，适用于提供辩护服务的诉务律师办公室

（Chambers）。

另外，法律服务委员会还积极与律师协会及相关部门协商，在法律援助服务质量管理工作中，适用律师协会及相关部门制定的服务质量标准，如律师协会制定的 LEXCEL 标准等。

3. 建立健全质量评估方法。（1）独立的同行评估制度。为了加强对法律援助服务组织办理的法律援助案件的质量管理工作，2003－2004 年前后，法律服务委员会委托伦敦大学高等法律研究所研发了独立的法律援助同行评估制度的框架和方法。独立同行评估作为一种质量评估方法，是针对法律援助服务组织提供的咨询及其他法律服务，通过抽取待查法律援助服务组织一定时期内已办结的、一定数量的案件档案样本，并委托伦敦大学高等法律研究所聘请资深律师等作为评估人员，按照一定的民事法律援助与刑事法律援助质量评估标准等级和评估程序，对档案样本进行审查评估，撰写评估报告，以确定在某一法律领域，待查法律援助服务组织为当事人提供的法律援助服务是否符合相应的质量标准的制度⑯。目前，同行评估制度是法律服务委员会进行法律援助质量管理的最重要方法，其评估结果受到了各方面的高度关注，对提高法律援助服务质量发挥着至关重要的作用。

（2）档案评估制度。档案评估制度是指由法律服务委员会工作人员、同行评估人员和独立的法律顾问共同研发的档案审计流程。档案评估由两部分组成，即物有所值的档案评估和咨询质量档案评估。档案评估由法律服务委员会工作人员负责开展。从性质上来看，与同行评估不同，档案评估属于由法律服务委员会自行开展的内部评估。另外，从待评法律援助服务组织、评定等级、评估效力等方面看，档案评估与同行评估之间存在着许多差别。

（3）质量概要表格（quality profiles）。质量概要表格是一种用来指明特定时期内法律援助服务组织执业绩效变动的方法。通过质量概要表格流程，法律服务委员会和法律援助服务组织在日常工作中，可以远程、动态地监控该法律援助服务组织的办案情况，查明存在的风险和问题。具体说来，在该方法下，围绕各项案件指标，法律服务委员会利用全国性数据，计算出了一系列平均数值。如果某个法律服务组织报送的案件指标数值偏离了全国性平均数值，则说明其办案工作存在问题或者风险。质量概要表格对法律援助服务组织报送的案件指标数值的真实性要求非常高。

（三）发起改进法律援助服务质量行动

2005 年，根据对相关同行评估报告的分析研究，法律服务委员会与独立的同行评估人员、伦敦大学高等法律研究所及相关代表机构合作，发起了持续性地改进法律援助服务质量行动，研发了改进法律援助服务质量的方法，如下发改进服务质量指南和举办改进质量培训班，以帮助法律援助服务组织改进服务质量。

（四）下发工作指南或者手册，指导实际工作

实际工作中，法律服务委员会制定、下发了大量的工作指南或者手册，供各地法律服务委员会办公室、法律援助服务组织和法律援助人员等参考使用。如值班律师手册、费用评估手册、质量标准指南等。根据法律援助工作的发展，法律服务委员会还对这些工作指南或者手册作出适时改动。从效力来看，这些指南和手册虽不具有强制执行力，但作为以往法律援助实践工作的系统总结，在实际工作中发挥着积极的指引作用，对于规范法律援助服务组织和法律服务人员的执业行为，提高法律援助服务质量发挥着非常积极的作用。

（五）建立质量工作小组，审查质量管理制度和方法

2008 年，法律服务委员会通过与律师协会、司法部订立合同，发起成立了质量工作小组，对影响法律援助执业人员的质量管理制度和方法进行持续性审查，重点审查同行评估和质量标准。质量工作小组的成员主要来自于律师协会、司法部、伦敦大学高等法律研究所、咨询服务联盟等部门。质量工作小组的审查目标是，确保质量管理制度和方法做到客观公正，做到与其他制度有效衔接、避免重复，提高质量管理工作效率等。

注释：

①法律服务委员会曾是英格兰和威尔士地区法律援助主管机构，通过与律师、非营利组织合作，为需要法律帮助的人士提供法律信息、咨询和法律代理服务。自 2013 年开始，伴随着新一轮的司法制度改革的开展，法

律服务委员会已被新成立的司法部法律援助局所取代。

②比如，2001 年以来，法律服务调查研究中心每年都要开展受调查人数达 3000 人的民事和社会司法公正调查活动。通过这些调查活动，能够帮助法律服务委员会及时总结工作经验，了解法律援助需求，查找问题和不足，为法律援助发展指明正确的方向。参见 *National Report*：*England and Wales*（2007 – 2008）。

③政府社会调查研究组织体系（the Government Social Research Network），拥有大约 1000 名社会调查研究人员，遍布 20 个政府部门和机构。这些社会调查研究人员与政策制定者合作，以调查研究为基础，就社会政策的发展与完善提供意见和建议。

④如法律服务委员会为国际法律援助组织于 2009 年 3 月在新西兰召开的"如何在多样化社区提供法律援助服务"研讨会提供经费支持，并派人撰文参与会议活动。

⑤大法官部成立于 1885 年，就英格兰和威尔士司法工作对大法官负责，2003 年被并入宪法事务部，2007 年成立司法部，取代了宪法事务部。

⑥此为 2009 – 2010 年度预算数，参见 http：//www. justice. gov. uk/about. htm。

⑦在对法律援助进行改革的同时，司法部还启动了相关民事诉讼程序、民事诉讼费用等改革计划。如增强调解在民事、家事诉讼中的适用等。

⑧从当前法律援助立法和实践来看，从服务范围和服务方式等来看，社区法律服务计划和刑事法律援助计划要比传统的民事法律援助计划和刑事法律援助计划更广泛。

⑨《现代化司法：法律服务与法院改革计划（1998）》白皮书认为，刑事法律援助与民事法律援助应当分属不同的项目体系，其原因在于，二者之间因案件类型不同而有不同的施援方式、不同的服务目标和优先考虑事项等。据此，《获得司法公正法（1999）》将民事法律援助和刑事法律援助规定为不同的体系，其中民事法律援助被作为社区法律服务体系，刑事法律援助工作被作为刑事辩护服务体系。

⑩郭婕：《英格兰和威尔士社区免费法律咨询服务制度概述》《中国法

律援助》2009 年第 9 期。

⑪从评估情况来看，法律服务委员会认为公设辩护人项目确有存在的必要。目前，公设辩护人项目成了社会律师提供刑事法律援助工作的有益补充。

⑫《英格兰和威尔士法律服务委员会 2009 - 2010 年战略规划》。

⑬参见笔者翻译的《英格兰和威尔士值班律师手册（2006）》《英格兰和威尔士值班律师计划（2008）》。

⑭《英格兰和威尔士法律服务委员会 2009 - 2010 年战略规划》。

⑮为将质量控制制度落到实处，法律服务委员会还建立了资格证书费用分担计划，法律服务人员如果通过申请获得了相关资质，可以通过所在法律援助服务组织向法律服务委员会提出分担部分或者全部资质认证费用的主张。

⑯郭婕：《英国法律援助同行评估制度论述》，《中国司法》2010 年第 7 期。

（原文发表于《中国司法》，2011 年第 7 期）

英格兰和威尔士社区法律咨询服务概述

英格兰和威尔士社区法律咨询服务（曾被称作直接社区法律服务，Community Legal Service Direct）①，是作为英格兰和威尔士法律援助制度之一的社区法律服务（Community Legal Service，主要提供民事法律援助服务）的重要服务形式。在英格兰和威尔士法律服务委员会（以下简称法律服务委员会）提供的法律援助资金支持下，通过与独立的法律咨询组织和律师的合作，社区法律咨询服务主要是采取网站、电话热线、各类法律咨询中心、数码电视、回电服务等多种服务形式，就婚姻家庭、债务、教育、社会救济、税收、劳动就业、住房等方面，为广大经济困难（低收入人群或者依靠救济金生活的人）的英格兰和威尔士居民提供内容丰富的、保密且独立的免费法律咨询服务。近年来，随着法律援助工作的深入发展，社区法律咨询在英格兰和威尔士公共法律教育工作中发挥着越来越重要的作用。②当前，正值我国加大法律援助宣传教育工作之际，对该社区法律咨询服务工作的主要形式和内容作粗浅概述，以期对我国法律援助宣传工作有所帮助和借鉴。

一、法律咨询服务形式灵活多样

（一）公众法律服务网站

该网站通过为登录人提供免费优质公平的法律咨询，以帮助登录人及时处理遇到的问题。为了向更多的人提供法律帮助，该网站可为登录人提供英语、威尔士语、阿拉伯语、中文等 10 多种语言文字的法律咨询服务。通过登录该网站，登录人可以获得以下帮助。

1. 查阅免费法律信息传单和常见法律问题解释。在该网站上，登录人可以查阅免费法律信息传单和常见法律问题解答，以了解掌握所享有的法律权利等。其中网站上的法律信息传单是由独立的专家编写的，内容主要涉及广大居民在债务、住房津贴及其他法律领域所享有的法律权利。常见法律问题解答就日常生活中的常见法律问题提供及时准确的答案，如"法院执行人员和债务追偿人员等执法人员拥有哪些权力"。

2. 搜索相关服务组织和网站。登录人可以通过该网站搜索诸如避难所和老年人帮助协会等值得信赖的组织以获得专门法律信息，或者通过网络链接搜索相关网站，为登录人遇到的法律问题找到最佳咨询建议。

3. 查找法律咨询人员。登录人可以通过网站提供的社区法律服务咨询人员名单，查找在其居住地附近执业的优秀律师或者法律咨询人员，以就近获得法律咨询帮助。为了帮助登录人更好地了解法律咨询人员的专业特长等，该社区法律服务咨询人员名单还详细介绍了所有获得社区法律服务质量标志（Community Legal Aid Quality Mark）的法律咨询人员的情况。[3]

4. 查明登录人是否享有法律援助资格。网站设有法律援助计算器（legal aid calculator）程序[4]，通过对登录人遇到的法律问题和经济状况进行审查和计划，以帮助登录人计算其是否享有法律援助资格，能否就某个民事案件获得法律服务委员会提供的法律援助服务。

在使用该网站时，如果登录人想发表意见和建议，可以通过电子邮件或者电话方式与法律服务委员会联系。

（二）社区法律咨询服务电话热线

社区法律咨询服务热线是一项保密性的优质免费咨询服务，因该服务产生的费用由法律援助经费支付。如果当事人经济困难，比如属于低收入人群或者靠救济金生活，则可以就遇到的债务、教育、劳动用工、住房等问题致电社区法律咨询服务热线寻求法律帮助。如果当事人不享有法律援助资格，该服务热线也可以通过转介方式，使当事人能够及时获得其他机构或者组织的帮助。该服务热线的开通时间为周一至周五的上午9：00至晚上6：30。该咨询话费非常便宜而且可以通过回拨服务享受免费服务，如果当事人使用当地座机拨打该热线，每分钟话费不会超过4个便士，用手机拨打的话，话费会贵一些。如果当事人担心话费问题，则可以通过填写回电服务表，或者编辑"legalaid"及本人姓名，发送短信至80010，申请服务热线提供回拨电话服务。收到当事人申请后，该服务热线将在24小时内给当事人提供回拨电话服务。

　　当事人拨打该服务热线时，第一个负责接听电话的人被称为接线员。这些接线员没有接受过法律培训，但他们会针对当事人遇到的问题询问一些事项，以判断当事人需要什么样的法律咨询服务。经询问当事人的经济收支状况，如果当事人符合获得免费法律咨询的条件并且想通过电话获得法律咨询，该接线员则直接将电话转至某个专业法律咨询人员。该专业法律咨询人员将接管当事人的案件，并以该当事人的名义与相关人士（当事人的房东或者债权人）进行书信等沟通交流。必要时，专业法律咨询人员还会为当事人准备大量的文书资料，以帮助当事人参与劳资审裁处（Employment Tribunal）的审裁活动。根据需要，当事人可以就其法律问题与专业法律咨询人员进行多次秘密会谈，直到法律问题得到解决为止。（一般情况下，专业咨询人员提供的所有咨询和帮助都是由政府提供经费支持的，而不得向当事人收取任何费用。）

　　提供其他类语言咨询服务、微型电脑（Minicom）和语音打字服务（Type - Talk）。针对使用英语和威尔士语之外的其他语言当事人，该电话热线可以提供免费翻译服务。通过该电话热线中的语言热线（Language-Line），可以为当事人提供170种语言的即时翻译服务。该电话热线还配备了微型电脑（Minicom）和语音打字服务（Type - Talk），其中微型电脑（Minicom）是一款电脑打字机设备，通过该设备，可以帮助聋哑人和有听力障碍的人群进行相互沟通交流，而语音打字设备则可以帮助有听力障碍的人通过接线员的免费服务以获得法律咨询。

　　（三）数码电视服务（Digital TV）

　　这是针对当事人上网不方便的情况下，设计的一种通过数码互动电视来获得公众法律咨询服务的服务方式。当事人可以使用电视遥控装置，查找本地法律咨询人员名单，获得有关债务、救济金与纳税、劳动就业和住房等方面的法律咨询，订取送货上门的法律信息传单，查阅有关法律援助服务信息等。当事人也可以使用覆盖整个英国的政府数码电视门户——当地咨询服务以获取公众法律咨询信息。如果当事人经常在外，在使用数码电视服务不方便的情况下，也可以通过手机上提供的政府公众咨询服务查找律师、订取法律信息传单或者获取法律信息等。

（四）公众法律咨询服务中心

在英格兰和威尔士地区，由地方议会和法律服务委员会共同支持，建立了许多公众法律咨询服务中心，这些公众法律咨询中心可以为当事人提供独立且保密的法律咨询和代理服务。公众法律服务咨询服务中心可以就债务、劳动就业、住房、社区保健、婚姻家庭等方面问题为当事人提供一系列法律咨询服务。这些公众法律咨询服务中心的办公地点、办公时间、服务电话、网站等事项均在公众法律服务网站上予以公示，以方便当事人随时或者通过预约寻求法律帮助。

如果当事人要求得到一般性法律咨询，那么其首次预约服务是免费的。如果当事人通过法律援助计算器发现其享有法律援助资格的话，则可以得到法律专家提供的免费法律咨询服务。在一些特殊情况下，当事人在首次预约服务时会被告知，即使他不符合法律援助条件（但必须符合其他规定标准）也可以得到专家帮助。在某个公众法律咨询中心不能为当事人提供相应帮助时，该中心会告知当事人可以通过其他方式获得帮助，比如向当事人推荐有关机构或者指导当事人获得其他法律信息等。

二、法律服务咨询事项范围广泛

英格兰和威尔士公众法律咨询服务可以就一系列日常生活中常见法律事务为当事人提供法律咨询和帮助。当事人利用 CLS 法律咨询人员名单就可以查找到相关法律领域的专家以获得法律帮助。这些法律事务范围主要包括以下方面。

（一）社会福利救济咨询服务

这方面的法律咨询主要包括当事人所享有的各种社会福利救济权利等。如为当事人提供有关住房补贴、军人抚恤金及政府救济等方面的法律咨询，帮助当事人了解社会福利救济的申请、审查及发放程序等。

（二）针对警察行为采取法律行动（Actions against the police）所需法律咨询服务

主要是为当事人针对警察的行为提起申诉而提供的法律咨询和帮助。如在发生警察殴打、擅入住所、非法拘禁、非法逮捕、妨碍财产、恶意控告或者其他滥用警察职权等行为时，针对当事人的需要，提供相应的法律咨询和帮助。

（三）劳动就业法律咨询服务

主要是为当事人提供有关劳动就业方面的法律咨询和帮助。如某个当事人认为自己被雇主不公正地解雇了，需要就雇佣合同所涉事项寻求法律咨询，或者想了解自己能否以种族（性别）歧视为由提起诉讼。又如，某个当事人想就某个罢工活动是否合法寻求法律咨询，或者想了解自己在信息保护和雇员保密性等方面所负的法律义务。

（四）婚姻家庭法律咨询服务

主要是为当事人提供有关婚姻家庭方面的法律咨询和帮助。如当事人若在离婚后仍希望与子女一起居住，他（她）是否享有这方面的法律权利，应当采取哪些措施实现该权利，而且在这种情况下另一方是否享有与子女保持联系的权利。如果当事人遭到家庭暴力时是否能够获得法律帮助以及如何获得法律帮助。如果当事人子女被政府送进管教院或者被他人收养的情况下，当事人该怎么办。

（五）住房法律咨询服务

这方面主要是为当事人提供与住房问题有关的法律帮助。如无论当事人是房主或者房屋承租人，都可以就有关房屋租赁、购房按揭贷款、房屋修缮、被房东驱逐、噪声污染或者其他妨碍行为等问题获得法律咨询或者其他法律帮助。

（六）医疗过失法律咨询服务

这方面主要是为当事人提供与医疗过失有关的法律帮助。如当事人针对公立医院和私立医院的医生等医护执业人员的医护行为提出的索赔要求时，他可以获得相关法律帮助。

（七）人身伤害法律咨询服务

主要是为受害人及其家属等针对他人、相关组织或者机构造成的人身伤害而提起的赔偿诉讼提供法律上的帮助。如交通事故的受害人及其家属等可以就如何提起交通事故索赔获得法律咨询和建议。又如，为工伤事故或者职业病受害者提供法律帮助，告知其因工伤事故或者职业病发生法律纠纷时所处的法律地位等。

（八）社区关怀法律咨询服务

主要是针对社会服务部或者医疗服务管理局在各社区开展的各项服务而为社区居民提供法律帮助。如社区居民因年老、疾病或者其他原因行动不便而没有获得相关服务或者设施帮助的情况下，需要向有关部门投诉时，社区关怀法律咨询可以为其提供相应的法律帮助。

（九）消费者和一般性合同法律咨询服务

主要是针对消费者订立的各种合同提供法律咨询帮助。如当某个产品没能按照销售者或者生产者宣称的那样发挥性能时，该产品的消费者可能会就如何提出投诉及索赔要求而需要法律咨询帮助。又如，当事人怎样做才能确保其与某个公司之间订立的合同得到履行，或者在履约行为不符合合同标准的情况下应当采取哪些补救措施。

（十）刑事法律咨询服务

主要是针对刑事诉讼活动为当事人提供法律帮助，包括在立案侦查阶段、提起公诉讼阶段和审判阶段为当事人提供法律咨询服务等。如为当事人提供有关监狱服刑期限、拘留和假释等方面的法律咨询建议。

（十一）债务问题法律咨询服务

主要是为当事人提供有关债务问题的法律咨询服务。如在当事人因破产或者无力偿还债务需要获得法律咨询服务的，或者当事人因拖欠抵押借款、应缴税款或者投资付款的情况下，想了解自身所处法律地位而需要法律咨询服务的。

（十二）教育问题法律咨询服务

主要是为当事人提供有关与教育服务方面问题（包括相关组织机构没有履行提供教育服务职责的情况）的法律咨询帮助。如当事人想知道如何通过法律途径争取教育经费或者开展针对特殊需求的教育活动等。

（十三）精神健康问题法律咨询服务

主要是为精神健康及相关问题提供法律咨询帮助。如当事人或者某个受抚养人因需要得到相关服务或者正在面临被关进某个精神病院的危险而寻求法律咨询服务的。根据《1983 年精神健康法》规定，当事人可以得到所有与精神健康有关的法律咨询服务。

此外，英格兰和威尔士公众法律咨询服务还就移民与国籍事务、公法事务为当事人提供一系列法律帮助。如在公法事务方面，针对资料保护、信息自由及如何就公共机构的决定提出异议等得到相关法律咨询服务机构的建议。

三、不同资质社区法律咨询服务机构提供的法律帮助各异

社区法律服务质量标志，是由英格兰和威尔士法律服务委员会负责制定执行的，支撑英格兰和威尔士社区法律服务计划顺利开展的一系列质量标准。在英格兰和威尔士地区，相关法律咨询服务机构只有达到了法律服务委员会规定的社区法律服务质量标准，才能在其办公场所悬挂社区法律服务标识，并开展相应级别的法律咨询服务活动。此外，法律服务委员会还要对已达到法律服务委员会规定的社区法律服务质量标准的法律咨询服务机构进行定期检查，以确保其能否持续地满足社区法律服务质量标准。

当事人如果想查找相关社区法律咨询服务机构以获得法律咨询帮助，可以其办公场所是否悬挂社区法律服务标识（the CLS Logo），或者通过查阅社区法律服务咨询者名录（the CLS Legal Adviser Directory）以查找本地区的法律咨询服务机构。在社区法律服务咨询机构名录中，共收录了两类分别达到不同质量标准的法律咨询服务机构：一类是提供一般帮助（General Help）的法律咨询服务机构；一类是提供专业帮助（Specialist Help）的法律咨询服务机构。这些名录中的法律服务提供者都提供一些或者全部免费法律服务。如包括公民咨询局和法律中心在内的许多法律服务机构都向当事人提供免费法律服务，不过当事人仍要支付复印费等个别费用。当事人可以在名录中查找这些法律服务机构的收费情况。

（一）提供一般帮助的法律咨询服务机构

提供一般帮助的、比较有代表性的法律咨询服务机构为公民咨询局和其他咨询机构。如果当事人想让人帮助查明本人所遇到问题的主要内容，并通过获得相关信息、咨询和帮助以解决本人所遇到的简单问题时，当事人就应当寻求能够提供一般帮助的法律咨询服务机构的帮助。这些提供一

般帮助的法律咨询服务机构主要为当事人提供以下服务：（1）分析当事人遇到的问题；（2）向当事人解释可以选择哪些办法解决遇到的问题；（3）帮助当事人确定下一步行动；（4）帮助当事人填写相关表格，起草法律文书、信件；（5）必要的时候，联系其他机构以获取补充信息。

此外，针对当事人遇到的案件，一些提供一般帮助的法律咨询服务机构还可以为当事人提供以下个案服务工作：（1）代表当事人采取行动；（2）将当事人的案件提交给相关人士，并说服其作出对当事人有利的决定；（3）通过电话、信件或者会见等方式进行个案协商工作；（4）为当事人提供辩护服务。比如在某些法庭的诉讼活动中，为当事人提代辩护服务。这些机构可以在不同法律领域为当事人提供具体个案服务工作。如住房问题或者与老年人有关的问题。当事人应当在社区法律咨询服务机构名录中查找相应法律咨询服务机构，以满足其具体的法律个案需求。

（二）提供专业帮助的法律咨询服务机构

提供专业帮助的法律咨询服务机构主要是事务律师、法律中心及一些公民咨询局。在日常工作生活中，如果当事人遇到了复杂的法律问题想寻求法律咨询，并需要获得包括法庭代理在内的全方位法律服务时，当事人应当寻求专业帮助机构的帮助。只要在当事人符合法律援助规定条件，并且无力支付代理费的情况下，社区法律服务专款将为当事人提供资金支持。[5]

具体说来，在遇到复杂法律问题时，当事人可以获得以下专业帮助：（1）针对当事人在特定法律领域遇到的复杂问题提供的咨询和法律帮助；（2）在条件允许的情况下，为当事人提供法庭代理服务。专业帮助机构能够在不同法律领域提供咨询服务，比如住房、债务、刑事及移民等法律领域。

此外，英格兰和威尔士社区法律服务计划还建立了一系列投诉制度。如果当事人对拥有社区法律服务质量标识的法律服务机构提供的服务不满意，有权先向有关机构投诉，若得不到满意答复，当事人可以联系法律服务委员会地区办公室，这些办公室将会调查核实当事人的投诉情况，并决定采取相应的处理措施和办法。

注释：

①也有人称之为公众法律咨询服务。

②公共法律教育服务（public legal education）：据相关学者介绍，该服务起源于加拿大。

③社区法律服务质量标志（Community Legal Service Quality Mark）。

④该计算器程序主要内容为：哪些人不能使用该计算器（比如个体户、私人有限责任公司股东、公司董事、合伙企业的合伙人、涉及刑事法律问题的人等。这些人应当寻问相关法律咨询人员，以获知其是否享有法律援助资格）；使用该计算器时，需要涉及个人可支配收及可支配资产等的信息资料（最近三个月的工资单、托儿费记录、医疗保健单、租金本或按揭发票等）；为什么该计算器计算结果不能保证登录人获得法律援助等。

⑤The Community Legal Service Fund：即为法律援助专款。

（原文发表于《中国法律援助》，2009 年第 9 期）

英格兰和威尔士法律援助网络的
创新与发展

在英国的英格兰和威尔士地区，自 2004 年以来，负责法律援助工作的法律服务委员会为了充分发挥电子政务技术在改进法律援助服务水平、缩短法律服务人员和当事人之间沟通反馈时间、提升服务效能等方面所具有的优势作用，逐步建立健全了法律援助官方网站，通过不断研发网上服务项目，打造了一个值得信任和富有活力的法律援助数字环境，为法律援助服务人员、低收入人群及广大公众提供了便捷、高效的网络化法律援助服务。通过登录法律援助官方网站，法律援助服务人员利用网页浏览器即可提交民事、刑事合同报告，申请法律援助服务费等。经过近 10 年来的发展，英格兰和威尔士法律援助网站建设取得了很大成就，网络服务功能日益强大，服务范围日益广泛，推动了英国网络数字技术的"民主化"发展。这对我们开展法律援助网络建设，提升法律援助网络管理水平，提供法律援助便民服务具有一定的启示作用。

一、改变网站设置形式，彰显法律援助体制机制变化，做好相关资料存档工作

2013 年 4 月 1 日，为了加强司法部对法律援助经费预算的控制职能，根据《法律援助、量刑与处罚法（2012）》的规定，英格兰和威尔士新成立了法律援助局，[①]负责在本地区开展民事、刑事法律援助及咨询服务。与作为独立的公共服务机构性质的法律服务委员会不同，法律援助局属于司法部的一个行政机构或者执行机构。由于法律援助局在性质上不同于法律援助委员会，其新设法律援助网的形式也发生了一些变化，但在网络信息公开力度、及时性和便捷性等方面，仍延续了法律服务委员会的工作作风。这些变化主要体现在：

（一）法律援助局不再有专门网站

法律援助局作为司法部执行机构，没有单独网站，而是通过司法部网站下的法律援助网页公开法律援助信息。点开首页上的"机构""法律援助"②和"联系方式"等栏目就会发现有关法律援助的各类信息。比如，"关于法律援助局"的介绍，③有关法律援助局总办公室、地方办公室及相关业务处室的职能、联系地址、电子邮箱、联系电话及法律服务机构和服务人员投诉程序等信息。值得一提的是，关于"机构"栏目中相关司局的排序问题，司法部各司局及所属公共机构不是按照其在司法部职能作用中的重要程度来排序的，而是按照相关司局和公共机构的英文名称的第一个单词的第一个字母在26个英文字母中的先后顺序来排列的。

（二）法律援助局拥有新的网络标志

法律援助局网页标志不同于法律服务委员会的网站标志。法律援助局网页标志由英国政府盾形纹章图标④加"Legal Aid Agency"（法律援助局）3个英文单词组成，该标志说明法律援助局是司法部的一个行政机构。而法律服务委员会作为独立的公共机构，其网站标志是由绿红相配的 Legal Services Commission（法律服务委员会）3个单词组成的，而与政府标志没有任何关系。

（三）法律服务委员会网站被作为国家档案保存

在法律援助局成立并履职后，法律服务委员会就被正式撤销了，其网站也随即停止更新使用，仅用于政府信息网络存档资料，访问者可以在司法部网站的档案性网页中找到相关信息资料。⑤另外，法律服务委员人所属的独立的法律服务研究中心也曾在法律援助研究工作方面发挥着重要作用，2013年4月1日，法律服务研究中心也被撤销了，但其原来的网络信息、研究成果也被作为重要的政府档案保留了下来，在司法部相关网页上也可以查到法律服务研究中心的信息资料和研究成果。

二、设立法律援助局主页，明确职能战略性调整，为法律援助服务人员提供技术支持

（一）"关于法律援助局"网页

通过该网页，访问者能够初步了解法律援助局的成立背景、性质、职

能、战略目标、服务类型等。

1. 描述了法律援助局的职能。其负责在英格兰和威尔地区提供民事法律援助、刑事法律援助及咨询服务。

2. 明确了法律援助局的性质和工作要义。法律援助是民事和刑事司法制度公正高效运作的必要组成部分，法律援助局作为司法部行政机构，负责授权并购买事务律师、出庭律师及非营利组织提供的法律援助服务。

3. 概括了法律援助局的成立背景及治理模式。关于法律援助局的成立背景，上文已经提到。除了法律援助局外，《法律援助、量刑与处罚法（2012）》还创设了法律案件主任（the Director of Legal Casework）办公室，由办公室主任决定法律援助个案的经费资助工作，并制定了相应的工作流程，以确保法律援助局经费资助决策的独立性。针对这些决策工作，需要公开年度工作报告。

4. 明确了法律援助局的战略目标。法律援助局的优先目标是：提高个案办理工作，以减少费用、增进管理并为当事人提供更好的服务；提高机构的工作能力，包括提高工作人员的能力和积极性，以适应未来挑战；建立并维护牢固合作关系，以确保服务质量，尽力实现更多的司法和政府工作目标。

5. 明确了法律援助局其他服务形式。一是提供公设辩护人服务，由受薪刑事辩护服务人员提供。公设辩护人服务针对刑事案件，提供独立的咨询、帮助和代理服务。公设辩护人服务可以为被羁押人员提供咨询服务，在治安法庭、王室法庭或者高级法庭上为当事人提供必要的代理服务，并且可以提供一天 24 小时，一周七天的服务。所有公设辩护人都必须遵守根据《法律援助、量刑与处罚法（2012）》制定的《公设辩护人行为规范》的规定。[6]二是提供民事法律咨询服务。在英格兰和威尔士地区，民事法律咨询服务是一个全辖区的服务，由法律援助提供经费支持。通过登录专门的法律援助咨询网页，[7]访问者可以查找更多的关于民事法律咨询的信息，网页上还可以提供语言翻译服务等。

6. 公开了法律援助管理层人员组成。比如，法律援助局局长是谁，并公开了法律援助局管理层的构成人数及各自职责。其中行政性质的成员有 7 人，分别负有不同管理职责，比如经费和绩效管理、法律援助授权及目标、案件管理或者人力资源管理；非行政性质的成员有 3 人，分别为法律援助局提供市场服务、法律专业服务或者负责审计工作。

7. 链接了相关网页。这些网页包括与法律援助服务人员相关的"法律援助"网页、⑧"法律援助局报告（corporate reports）"网页、如何索取关于《信息自由法》资料的网页、⑨"公众法律援助信息及获取法律援助途径"网页、⑩"法律服务委员会网站档案"网页。⑪

（二）"法律援助"网页

该网页的服务对象为律师等法律援助服务人员，旨在为他们提供便捷高效的网络信息技术支持，以帮助他们更好地为公众提供法律援助服务。该网页内容与公众寻求法律援助或者法律咨询无关。

1. 公开了 10 个法律援助栏目。即"最新信息""如何申请法律援助服务证书""如何领取法律援助办案报酬""法律援助服务人员如何评估其当事人的法律援助标准"⑫"各类法律援助服务合同和招标工作""办案费用评估与受援人分担""法律援助服务范围""法律援助质量控制制度""法律援助立法"等 10 个栏目，涉及法律援助服务人员工作的方方面面，为法律援助服务人员提供了便捷高效的网络化服务。法律援助服务人员只要点开相关栏目，就会轻松找到所需信息。比如，各类法律援助证书的申请、相关表格及申请指南等；关于法律援助办案报酬申领信息的填写与提交、各类法律援助案件办案报酬申领表格及其指南、办案报酬申请的审查流程和时限；王室法庭法律援助、治安法庭法律援助、值班律师等警察局服务、刑事高费用案件、监狱法律援助等服务；同行评估和法律援助质量标准体系等质量控制措施；《法律援助、量刑与处罚法（2012）》及配套规范性文件的 PDF 文本等。

2. 链接了相关网页。链接的网页包括"关于法律援助网""如何注册登录法律援助局门户网"⑬"法律援助局联系方式"⑭"民事法律援助经济标准计算器""法律服务委员会手册"⑮"法律援助培训""订阅法律援助简讯"。这些网页也都与法律援助服务人员密切相关。比如，为了帮助法律援助服务人员尽快适应近两年来的政府法律援助改革变化，减少法律援助服务工作中的失误，法律援助局编制了一项培训计划，法律援助服务人员只要点开"法律援助培训"网页，就会找到相应的培训模块，在登录栏输入自己的用户名和密码后，就可以获得相应的培训信息。⑯其中关于《法律援助、量刑与处罚法（2012）》，"法律援助培训"网页就设置了10多个培训模块。

三、专设公共信息网页，增加法律援助社会知晓程度，方便当事人高效获取法律援助服务

该网页不在司法部网站上，而是在英国政府网站"救济金"栏目的"求职者补助和低收入救济金"子栏目下。这也体现了政府近期法律援助改革的目的，即将法律援助施于最需要帮助的困难群体。

1. 明确了法律援助的方式和服务范围。即可以资助当事人获得法律咨询、家事调解、法庭及部分仲裁庭代理服务；帮助当事人解决住房、债务、家事或者教育问题；被控刑事犯罪的当事人也可以获得法律援助等。

链接了苏格兰地区和北爱尔兰地区的法律援助网。⑰苏格兰地区和北爱尔兰地区的法律援助制度与英格兰和威尔士地区不同，为了方便公众寻求苏格兰地区和北爱尔地区的法律援助，网页还链接了这两个地区的法律援助网址。

2. 明确了当事人的权利和义务。即当事人可以受资助获得法律援助咨询，或者获得某人的帮助以代其主张权利或者达成协议；在某些案件中，当事人可以获得事务律师或者出庭律师的法庭代理或者部分仲裁庭代理服务；如果当事人被控犯罪，还可以获得警察局咨询或者法庭代理等帮助。当事人有可能会需要部分承担因办理其案件而产生的法律费用。

网页还通过列举方式，详细介绍了当事人可以就下列问题获得法律援助，以便于当事人对法律援助服务范围的理解和使用：被警察逮捕、讯问或者指控；债务问题（如当事人可能会因为债务问题失去工作）；住房（如当事人可能会失去住处）；家事问题（如当事人离婚时需要调解）；教育问题（如当事人不同意其子女的特殊教育需求的决定）；社区照顾（如当事人对为其提供的老年、残疾等相关照顾服务不满意）。

明确了法律援助服务方式的种类。包括：法律帮助，即为当事人提供有关其权利和选择的咨询建议，帮助当事人进行协调谈判并准备文字材

料；法庭帮助，即在民事法庭上，由某人代表当事人发言表态，但这不属于正式的代理服务；家事调解，在不需要诉诸法庭的情况下，帮助当事人与前同居者达到协议；法庭代理，即由一位事务律师或者出庭律师准备当事人的案件并在法庭上为当事人辩护。

3. 阐明了当事人的法律援助标准。包括民事案件法律援助标准和刑事法律援助标准。比如，在民事案件上，为了获得法律援助，当事人通常需要证实自己无力支付因解决其问题而产生的法律费用并且其所涉问题严重。当事人可以通过"检查您是否能够获得法律援助"电脑程序的帮助，以检查自己是符合民事法律援助标准。当事人可以根据需要提供个人收入、福利和财产的详细情况，如果当事人是 18 岁以下，可能还需要提供其父母或者监护人的收入。另外，在刑事案件上，如果当事人不满 16 岁，或者不满 18 岁并且正在接受全日制教育的，或者享受某种福利待遇的，则可以自动获得法律援助。

网页还与各种替代性法律援助服务之间建立了指引关系，并链接了相应的网络服务地址。一是当事人在得不到法律援助的情况下，可以通过以下三种方式得到免费咨询：法律中心网[18]；公民咨询局；[19]咨询进行式。[20]二是当事人在得不到法律援助的情况下，也可以通过当地的某位法律咨询人员或者事务律师获得有偿咨询服务。[21]

4. 阐明了法律援助申请渠道。[22]如果当事人被逮捕并羁押在警察局，负责羁押的警察将帮助当事人获得法律援助。如果当事人被控刑事犯罪并被起诉到法庭的话，一位事务律师将检查当事人是否符合法律援助标准。当事人无论遇到哪种类型的法律援助案件，均可以点击"联系当地某位法律咨询人员或者事务律师"网以获得帮助。[23]而对于债务、住房、教育、家事和歧视类案件，当事人可以点击法律援助局提供的"民事法律咨询"网。[24]该网页列举了当事人在寻求法律援助的过程中需要提供的信息，包括补助金、收入、存款、开支及相关证明文件和公民保险号码（National Insurance numbers）。

为了方便当事人检查自己的经济困难状况是否符合获得法律援助的条件，是否需要付诉讼费、仲裁费，了解有关刑事法庭等的信息以及查找日常工作生活中的福利、就业、教育、住房、生老病死婚姻残疾等服务信息，这些网页还链接了相关网页地址。比如，求职者津贴及低收入人员补贴网页、[25]法庭和仲裁庭费用网页、[26]刑事法庭网页。[27]

另外，为了确保网页内容信息的准确性，法律援助申请人还可以通过网页下角的问题环节，提出对网页的更正意见和建议。

四、将原有网站信息按年归类存档，便于访问者查看使用，全面了解法律援助发展历程

（一）法律服务委员会网站主要内容

法律服务委员会网站因为法律服务委员会被撤销而停止发布新的信息，但是该网站原有信息的部分内容被作为法律援助档案资料保留了下来，访问者可以登录该网站并按年度月份（2004 年 1 月 5 日 - 2013 年 10 月 1 日）查找相关信息资料。该网站档案记录了英格兰和威尔法律援助过去 10 年间的发展历程、取得的成就等，是英格兰和威尔士政府国家级网络档案的重要组成部分。比如，2004 年的档案信息主要是关于法律服务委员会、社区法律服务计划（民事法律援助）、刑事辩护服务计划（刑事法律援助）、电子业务的建立情况；2006 年档案信息记录了社区法律服务计划通过拥有质量标志的事务律师、公民咨询组织（Citizen Advice Bureaux）及其他咨询服务机构和人员，为公众提供的法律援助服务，[28]记录了刑事辩护服务计划的服务类型、刑事辩护服务合同、服务表格、决策指南、立法文件、公设辩护人服务制度、质量标志标准等。

就年度档案信息资料的丰富程度来看，其中 2009 年度和 2012 年度网络档案信息内容最为丰富，附带的 PDF 文档最多，涉及社区法律服务计划和刑事辩护服务计划的方方面面。比如，警察局法律援助计划、法庭法律援助计划及其受援人条件，《刑事法律援助手册（2012）》《刑事法律援助手册主要变化（2012）》，法律援助案件中专家证人的作用及《专家证人付费指南》，公设辩护人服务情况及《公设辩护人行为规范》等。

（二）法律服务研究中心网主要内容[29]

法律服务研究中心成立于 1996 年，是法律服务委员会的一个独立研究部门，负责为法律援助政策和改革提供智力支持，并在民事司法、刑事司法和相关社会政策领域开展了一系列战略性的定性定量研究活动，对法律

服务委员会履职、改进司法服务等发挥了积极的推动作用。其影响主要表现在刑事和民事法律援助服务合同的订立、受援人经济状况审查、外展服务和一体化服务的研发等，并监控法律援助改革对不同类型的法律援助服务机构的影响等。2013 年 4 月 1 日，随着法律服务委员会的撤销，法律服务研究中心也被撤销了。但是，法律服务研究中心的大量调研计划及调研成果被作为国家网络档案的重要内容以 PDF 格式的形式保留了下来。比如，法律服务委员会法律援助服务多样化、民事和社会司法调查、社区法律咨询网络及调研、用户对刑事司法制度看法等调研计划以及《以系统性方法提供警察局法律咨询的调研（2013）》《英格兰和威尔士民事和社会司法小组调查（2012）》《英格兰和威尔士民事司法（2011）》等调研报告。通过这些调研计划和成果的网络存档并公开，对于人们了解英格兰和威尔士法律援助改革及相关司法服务的发展具有非常重要的意义。

五、法律援助网络建设特点及启示

从上述内容来看，经过近 10 年的发展，英格兰和威尔士法律援助网络建设呈现出诸多特点，充分体现了以广大公众和受援人，以法律援助服务机构和服务人员为中心、为工作出发点的宗旨。

（一）英格兰和威尔士法律援助网络建设特点

1. 网页内容丰富，更新速度快。网页内容丰富，可以从其所提供的信息资料上看出来，不仅有关于法律援助局设置管理的信息，而且有法律服务委员会的历史信息，不仅为法律援助服务机构和服务人员提供了广泛的信息支持，而且为广大公众提供了丰富的、与法律援助有关的信息；网页更新快，比如，《法律援助、量刑与处罚法（2012）》出台后，法律服务委员会和法律援助局不仅及时制定了配套规范性文件，开发了相关培训课件，而且及时将这些立法成果和培训课件放置于专门网页上，供法律援助服务人员学习使用。这充分体现了《信息自由法》规定的政府信息透明公开等原则。

2. 针对性强，便于登录使用。与法律服务委员会网站相比，法律援助局各类网页提供信息的针对性更强，更便于使用，更体现了以当事人为中心、以法律援助服务机构和服务人员为中心开展法律援助工作的特点。比如有针对法律援助局的专门网页，有针对法律援助服务机构和服务人员的专门网页，有针对法律援助当事人的专门网页。访问人只要登录相关网页就可以找到或者订阅所需信息。

3. 链接功能强，服务范围广。随着法律援助电子业务十来年的发展，法律援助网络链接功能更加强大，提供服务范围更为广泛。而且与法律服务委员会网站相比，法律援助局的网页栏目基本上都是开放式的，页面上都显示有相关的栏目网址。比如，"法律援助立法"网页栏目与英国政府立法网③相链接，方便法律援助服务人员及时掌握最新立法成果等信息；"法律援助"网页与"民事法律援助案件当事人经济困难资格计算器"相链接，方便法律援助服务人员计算其当事人的经济困难状况；"法律援助"网页与"法律援助培训"网页接链接，方便法律援助服务人员获得法律援助网络在线培训，尽快熟悉各类项目工作；"法律援助"网页与"法律援助简讯订阅"⑪网页相链接，法律援助服务人员通过订阅法律援助简讯，及时接收法律援助局发布的与法律援助服务有关的简讯。这继续并充分体现了法律服务委员会建立以来确立的法律援助服务无缝化原则，强调通过系统化服务方法提供网络服务的原则。

（二）从中得到的启示

2007 年，《中华人民共和国政府信息公开条例》第 15 条明确规定，行政机关应当将主动公开的政府信息，通过政府网站等便于公众知晓的方式对外公开发布。为此，近年来，许多地方都建立了专门的法律援助网站或者依据司法行政网站建立了专门的法律援助网页，这些法律援助网在公开法律援助信息，提供法律援助便民化服务等方面发挥了一定的积极作用。但是，如果认真查看并把我国目前各类法律援助网络建设情况并与英格兰和威尔士法律援助网建设情况相比较，我们仍然可以发现其中的不足之处。㉒所以，通过总结梳理英格兰和威尔士法律援助网页的信息内容，我们可以从中得出一些启示，并对其经验进行比较借鉴，以优化整合中国法律援助网站建设，科学研发法律援助网络技术支持系统，以促使中国法律援助信息公开化、服务创新化便民化工作的健康发展。

1. 加快网页更新速度，丰富网页信息资料内容。法律援助信息少，是目前我们许多法律援助网站共同存在的问题。比如，通过查看相关网上信息不难发现，为了落实好 2012 年《刑事诉讼法》，许多地方司法行政机关单独或者联合公检法等相关部门制定了一些规范性文件，但是登录相关法律援助网站，通常只能找到相关文件的名字，或者总结概括式的部分内容，而很难查到这些规范性文件的具体内容。试想，不公开这些规范性文件，办案人员如何及时了解掌握立法成果，做到依新法办案、加强部门协作，困难群众如何知晓其享有哪些法律援助权利，并依法通过法律援助维护自身合法权益呢？网站信息内容更新慢，更新工作缺少持续性，信息内容呈现碎片化，缺少针对性等，这是各地法律援助网站普遍存在的问题。这方面，我们可以借鉴英格兰和威尔士的做法，指定专人，做到网络信息的定期更新发布，明确需要更新发布的信息内容，特别是要让法律援助服务人员和公众及时全面了解与法律援助相关的信息内容。

2. 增强网站服务功能，提高信息使用价值。由于网站栏目设置欠合理，发布信息内容少，更新速度慢，导致许多法律援助网的服务性不强，实用性较低，没有发挥出网络技术在创新法律援助服务、增强法律援助便民服务中的优势作用。尤其是许多法律援助网站上发布的信息资料与法律援助服务人员和广大公众没有密切关系。比如，许多法律援助网发布的信息重在法律援助领导讲话、工作动态、经验交流等栏目，而与法律援助服务人员和广大公众密切相关的法律援助培训教育宣传、法律援助服务指南、在线服务等，却很少受到网站的重视。法律援助的目的是通过指派或者安排法律援助服务人员，为广大经济困难群体提供符合质量要求的免费法律服务等帮助。由此不难定位法律援助网站的重点服务对象和服务重点领域：一是利用网络技术，为广大法律援助服务人员提供快捷高效的以广大法律援助服务人员为中心的各类信息技术支持，丰富其专业知识，提高其办案能力和技巧，通过网络指派办案等手段，减少法律援助服务人员的非办案性业务工作量，使其专心为受援人提供符合质量要求的法律援助服务；二是紧扣现代化网络通信技术的普及程度，利用其优势作用，为公众特别是困难群体提供以受援人为中心的创新性法律援助服务，使受援人能够便捷地获得法律帮助服务。

3. 明确网页信息归类，增强网站链接功能。随意点开一个法律援助网站的首页，就可以看到大多数网站首页都缺少对法律援助机构职能的介绍，缺少法律援助机构的联系方式等。从领导讲话、工作动态，到经验交流、理论研究等，所有栏目及信息标题都集中放置在首页上。再点开首页上任意一个栏目下的某条信息的内容，不难发现主页侧栏目与主页内容基本上没有什么关系，有的法律援助网上所有主页侧栏目基本上都是重复的。相关网站链接地址也都显示在各类法律援助网的首页上，而在同一网站的其他主页上则没有与主页信息内容相关联的网站地址链接。所以说，目前各类法律援助网站网页信息归类还不明确，缺少必要的其他网站链接，以补充说明法律援助网站相关网页信息内容。对此，有必要借鉴英格兰和威尔士法律援助网的做法，按照法律援助信息发布内容，明确网页信息归类，增强网页的服务针对性，并完善相关网站链接功能，便于访问人查找获得与法律援助有关的信息资料。比如，在为法律援助服务人员提供信息的主页上，不仅可以在主页侧栏目上放置各类培训资料信息、最新立法动态，而且可以链接律师协会等网站上与法律援助培训有关的培训网址、立法机关最新立法成果的网址等，增强相关网站之间的互动功能，提高网络间信息互享的机会。

注释：

①法律服务委员会被撤销。

② http：//www. justice. gov. uk/legal－aid（2013 年 12 月 4 日访问）。

③ http：//www. justice. gov. uk/about/laa（2013 年 12 月 3 日访问）。原来的法律服务委员因为是独立的非政府性质的公共机构，所以建立有专门网站。

④ 又称为英格兰政府办公室标志，参见：http：//www. nipic. com/show/3/82/4509452k32078214. html（2013 年 12 月 4 日访问）。

⑤ http：//webarchive. nationalarchives. gov. uk/ ＊/http：//www. legalservices. gov. uk/（2013 年 12 月 3 日访问）。

⑥ 关于《公设辩护人行为规范》请参见：http：//www. justice. gov. uk/downloads/legal－aid/pds－code－of－conduct. pdf（2013 年 12 月 5 日访问）。

⑦ 关于民事法律咨询网，请参见：https：//www. gov. uk/civil－legal－

advice（2013 年 12 月 5 日）。

⑧关于"法律援助"网页请参见：http：//www. justice. gov. uk/legal
－aid（2013 年 12 月 5 日访问）。

⑨关于"如何向政府部门等索取《信息自由法》相关信息"的问题，
请参见：https：//www. gov. uk/make－a－freedom－of－information－request
（2013 年 12 月 5 日访问）。

⑩关于"公众法律援助信息及获取途径"网页请参见：https：//
www. gov. uk/legal－aid（2013 年 12 月 5 日访问）。

⑪关于"法律服务委员会网站档案"网页请参见：http：//
webarchive. nationalarchives. gov. uk/＊/http：//www. legalservices. gov. uk/
（2013 年 12 月 5 日访问）。

⑫当事人民事法律援助标准和刑事法律援助标准的评估流程不同。在
民事法律援助中，当事人的收入和资产必须在特定限额（经济情况审查）
之下，并且具有合理的胜诉可能性（案情审查），在刑事法律援助案件中，
除了需要通过别的方式审查当事人的财产状况外，当事人面临的指控和后
果越严重，越有可能获得法律援助（司法利益审查）。

⑬关于"如何注册登录法律援助局门户网"的问题请参见：https：//
lsconlinesso. legalservices. gov. uk/sso/pages/login. jsp（2013 年 12 月 5 日访
问）。

⑭关于法律援助局联系方式请参见：http：//www. justice. gov. uk/con-
tacts/legal－aid－agency（2013 年 12 月 5 日访问）。

⑮关于"法律援助手册"网页请参见：http：//www. justice. gov. uk/
legal－aid/lsc－manual（2013 年 12 月 5 日访问）。

⑯近两年来，为了确保将法律援助服务提供给最需要帮助的受援人和
最严重的案件，政府通过律援助改革活动，建立了一系列涉及面广、力度
深、耗资巨大的法律援助计划。http：//legalaidtraining. justice. gov. uk/
course/category. php？id＝87％20（2013 年 12 月 6 日访问）。

⑰关于苏格兰法律援助网和北爱尔兰法律援助网，请参见：http：//
www. slab. org. uk/public/advice/index. html；http：//www. nilsc. org. uk/（2013
年 12 月 6 日访问）。

⑱法律咨询中心网页：http：//www. lawcentres. org. uk/（2013 年 12 月 9 日访问）。

⑲ 公民咨询组织网页：http：//www. citizensadvice. org. uk/（2013 年 12 月 9 日访问）。

⑳ 咨询进行式网页：http：//www. advicenow. org. uk/about － us/（2013 年 12 月 9 日访问）。

㉑ 找事务律师网页：http：//www. lawsociety. org. uk/find － a － solicitor/（2013 年 12 月 9 日访问）。

㉒ 如何获得法律援助网页：https：//www. gov. uk/legal － aid/how － to － claim（2013 年 12 月 9 日访问）。

㉓联系地方法律咨询人员或者事务律师网：http：//find － legal － advice. justice. gov. uk/。

㉔ 民事法律咨询网：https：//claonlineadvice. justice. gov. uk/。

㉕ https：//www. gov. uk/check － legal － aid。

㉖ https：//www. gov. uk/court － fees － what － they － are。

㉗ https：//www. gov. uk/courts。

㉘ 法律服务委员会网站：http：//webarchive. nationalarchives. gov. uk/20060213210715/http：//www. legalservices. gov. uk/。

㉙ http：//webarchive. nationalarchives. gov. uk/20130315183909/http：//www. justice. gov. uk/publications/research － and － analysis/lsrc（2013 年 12 月 5 日访问）。

㉚ 英国政府立法网：http：//www. legislation. gov. uk/。

㉛ "法律援助订阅" 网页参见：http：//www. justice. gov. uk/legal － aid/newslatest － updates/legal － aid － bulletins/sign － up － for － legal － aid － bulletins（2013 年 12 月 4 日）。

㉜ 当然这些不足之处不只是法律援助网站的问题，其他许多政府网站也存在这些问题。

（原文发表于《中国法律援助杂志》，2015 年第 2 期）

英格兰和威尔士法律援助同行评估制度

在英格兰和威尔士，法律援助同行评估制度是法律服务委员会授权专门机构，根据有关法律援助质量标准规定，对法律援助办案质量进行独立评估的首要方法。近年来，法律援助同行评估方法日益流行，已成为加拿大、美国、新西兰、澳大利亚、荷兰等国家和地区法律援助质量控制制度的重要组成部分，得到了理论界和实务界的高度关注和评价。[①]

一、法律援助同行评估的概念和制度设计

（一）法律援助同行评估

法律援助同行评估又被称为"同行评议"或者"同行评审"等。根据现代汉语词典解释，"同行"是指"行业相同"或者"同行业的人"，如"他俩同行，都是学医的"[②]；"评估"是指"检查核对是否正确、妥当"（多指计划、提案、著作、个人的资历等），如"经费评估"。[③]由此可见，"同行评估"的概念是指针对某人或者机构提出的计划、提案、论文著作或者针对某人、机构是否具备提供某种服务的资历等接受同行业专家评估的过程，通过同行业专家的评估，以确定某人和机构提出的计划、提案、论文著作或者其资历是否符合相应的标准或者条件。长期以来，同行评估被各国和地区广泛应用于研究经费分配使用、学术著作发表、对大学研究机构研究成果的评价等方面。同行评估作为一个评价科学工作等的组织方法，对于判断相关工作成绩的正确性，确认工作结果的可靠性以及对有限资源的合理分配使用等方面发挥着积极的作用。[④]

而具体到英格兰和威尔士法律援助同行评估制度，根据其实际情况，可以被界定为：法律服务委员会针对法律服务机构提供的办案等法律服务，通过抽取待查法律援助服务机构一定时期内已办结的、一定数量的案件档案样本，并委托专门机构聘请资深律师等作为评估人员（专家），按

照一定的民事法律援助与刑事法律援助质量评估标准等级和评估程序，对档案样本进行审查评估，撰写评估报告，以确定在某一法律领域，待查法律服务机构为当事人提供的法律援助服务是否符合相应的质量标准的制度。由此不难看出，法律援助同行评估在性质上属于一种独立的案件档案质量审查评估方法。

（二）法律援助同行评估的制度设计

提到英格兰和威尔士法律援助同行评估的制度设计，首先要介绍一下伦敦大学高等法律研究所。伦敦大学高等法律研究所在英国司法制度发展史上的地位非常重要，是英国司法制度改革发展的重要"智库"或者说是"思想库"之一。就其性质地位来看，该研究所独立于英国政府部门之外，自发或者受相关部门委托，单独或者与其他机构合作，利用得天独厚的人才优势，就有关司法制度、政策等进行充分调查、分析及研究，产出可行性成果，供政府决策部门参考使用。它的研究成果不仅对英国司法制度，而且对其他国家和地区的司法制度发展也产生着深远影响。[⑤]本文提到的法律援助同行评估制度，就是受法律服务委员会委托，由该伦敦大学高等法律研究所单独设计开发并负责实施的。

就法律援助同行评估制度的特征来看，它与其他质量监督管理方法之间既有区别，又有联系。其区别在于，法律援助同行评估制度设计和运作方式属于外包性质，即伦敦大学高等法律研究所独立于英格兰和威尔士法律服务委员会之外，在设计同行评估制度、开展同行评估工作时不受英格兰和威尔士法律服务委员会的控制和影响。[⑥]而其他质量监督制度都是由法律服务委员会负责设计、执行的内部监督管理制度。比如，档案审查就是一种内部监督审计制度。所以，与其他质量监督管理方法相比，法律援助同行评估活动的独立性非常强，评估结果的可信性非常高，这也是法律援助同行评估制度与其他质量监督管理制度相比所具有的特点和优点。具体到法律援助同行评估与其他质量监督管理方法之间的联系，举个简单的例子，法律服务委员会工作人员在开展档案审查活动时，如果认为某个法律援助服务机构的办案质量达不到规定要求，而该法律援助服务机构又提出异议的话，就可以借助法律援助同行评估对该法律援助服务机构的办案情况进行再次审查评估，以核查该法律援助服务机构所办案件是否达到了相应的质量标准等级。

就法律援助同行评估制度的用途来看，法律援助同行评估除了用来对已有受法律服务委员会支持的法律服务机构办案工作情况进行审查评估以外，还可以有其他用途，比如作为"入门评估"方法，即某个法律服务机构如果想申请与法律服务委员会签订某种类型的合同或者参与某些计划、项目和试点活动，竞争性招投标计划，则需要证明自己的法律服务能力达到了一定的水平。而在法律援助服务机构提出签订某类合同或者参与某些计划、项目和试点活动的申请阶段（或者在履行合同期间、或者参与整个计划和项目过程中），法律服务委员会可以利用同行评估对该法律援助服务机构的法律能力和水平进行审查评估。

二、法律援助同行评估人员的选聘、培训与监督

（一）评估人员的选聘

评估人员的招录是按照公开选拔程序从全国法律援助服务机构中选聘出来的。选聘时，一般会在公共法律刊物上刊登招聘广告。申请者只有完全符合相关选聘、培训和评估条件，才能被选聘为评估人员，加入相应的同行评估小组成员名单。在某些特殊情况下，相关专业人员也可以通过接受邀请的方式获得同行评估人员的职位。[⑦]申请人除了要有丰富的实践经验和专业化知识以外，还要通过律师协会成员资格评核计划。申请人必须要证明自己至少符合以下条件：

（1）在法律领域，拥有取得资格证书后的 5 年执业经历或者相似的工作经历；

（2）拥有在法律领域从事监督管理工作 3 年的从业经历；

（3）拥有在法律服务委员会专业质量标准或者合同工作规定之下 3 年的从业经历等。

此外，申请人提出申请之时，必须是以法律援助服务人员[⑧]或者社会工作者或者监督管理人员的身份，正在从事法律服务委员会服务合同规定之下的工作。

经初步筛选入围的候选人要参加口头面试并接受书面测试。面试目的是为了查看申请者以往的从业经历，申请成为一名同行评估人员的动机是

什么，关于法律服务能力概念的认识或者看法是什么，是否具备开放式思维的能力且能够独立行事。而书面测试是为了初步判断申请人将来是否有能力开展同行评估工作。书面测试时，按要求，候选人需要利用同行评估标准，针对指定的法律援助案件档案样本独自进行一次审查评估活动。

候选人参加面试和书面测评活动时的表现将决定他们是否能进入选聘工作的下一个环节——同行评估环节。即要接受一次针对候选人本人已从事的特定类别的法律服务工作进行的同行评估。该同行评估由来自同行评估小组的一名现有成员根据规定的程序进行。经审查评估，该候选人的工作只有在被评定为"良好"及以上等级时，其本人才能被接受为同行评估小组成员。

（二）评估人员的培训

众所周知，无论国内外，私人律师是在自由执业背景下接受培训活动的，所以他们高度重视个体化的发展。另外，就英格兰和威尔士法律服务发展的情况来看，在同行评估制度建立之前，一直少有规范的法律服务执业做法。只是从1990年以来，英国法律执业课程才出现了一些规范化的发展趋势。通过参加这些法律执业课程的培训，有的律师取得了从事法律援助服务的资格。但是，许多执业者在1990年之前就获得了法律援助服务资格。由于这些历史问题的存在，在法律服务委员会管理之下的不同法律援助服务机构之间在执业等方面仍然存在着一些差别。大家都知道，大量的法律援助服务执业技能和做法是在从事法律援助服务工作中学来的。而这些法律援助服务技能技巧必然会受到上述律师个体化发展趋势的影响。由此可见，在新任同行评估人员之间存在一些意见上的分歧也就不足为奇了。为了解决该问题，法律服务委员会采取了一系列有针对性的措施。这些措施的关键之一是建立培训制度，通过开展培训活动，促进同行评估工作的一致性发展。[9]为此，通过上述面试和书面测试等活动之后，候选人还必须参加相应的培训活动。[10]

培训还包括来自于专家型执业者的人力资源的投入。这些专家型执业者既包括私人执业者，也包括来自于志愿服务组织的志愿者，他们的职责是担当被咨询人，而非同行评估人员。适当的时候，咨询服务联合会和律师协会的官员也被邀请参加培训活动。在培训时，要有一些具有指导能力的现任同行评估人员作为培训辅助人员协助开展培训工作。在如何开展档案评估和使用同行评估标准上，这些培训辅助人员可以利用他们自身已掌握的知识和经验为培训学员提供帮助和指导，负责收集学员对培训工作的反馈意见。培训结束后，伦敦大学高等法律研究所将把反馈意见纳入到对培训学员意愿的评价，以便有效地开展培训总结回顾工作。

培训活动内容主要包括什么是同行评估程序及其适用，如何使用同行评估标准、评定等级、讨论同行评估标准及相关指南说明，如何反馈同行评估报告等。

在对同行评估标准及其适用进行详细的讨论后，学员将被分成若干小组进行范例档案评估活动。在每一个小组里，每个学员都要利用同行评估标准对范例档案进行审查评估。完成审查评估后，小组成员要围绕范例档案、已给出的评定等级及其原因进行讨论，并就范例档案应当给予的评定等级达成一致意见。然后小组再针对另一组范例档案重复相同的评估练习。评估练习结束后，要将所有的学员重新集中起来，与正式同行评估人员共同讨论他们是如何发现同行评估标准的适用的，并弄清楚存在疑问的地方。

完成范例案件档案的评估练习后，学员将接受如何使用电脑数据库软件的培训。[①]在整个培训活动中，将为培训学员提供大量的指南说明。在培训工作结束时，培训学员将得到数据库的培训版本，以便他们在正式开展首次法律援助同行评估活动之前，能够利用该系统进行练习活动。

开展模拟法律援助同行评估活动。培训活动结束后，学员按要求还要进行一次模拟法律援助同行评估活动，以便评估学员是否能成为真正有用的同行评估人员，能否将他们在培训时学到的知识成功运用于同行评估实际工作。全体学员将会被分给6个规范的案件档案复印件。这些案件都是由同一个法律援助服务机构办结的案件，并且已经接受过同行评估，在此只是作为范例档案供参加培训活动的学员使用。学员要利用同行评估标准对这些范例档案进行审查评估，撰写出简单的评估报告。通过对学员给出的评估结果与标准答案进行对比，伦敦大学高等法律研究所可以发现学员给出的评估结果与标准答案之间是否存在偏差，据此确定需要采取哪些解决办法和措施。如果学员的评估结果与标准答案相一致，这些学员将被接收为同行评估小组成员。如果学员的评估结果与标准答案之间存在着细微差别，伦敦大学高等法律研究所将决定采取最适当的解决办法和措施，并与学员一起讨论存在差别的原因等。共同讨论之后，如果伦敦大学高等法律研究所认为学员已经具备了开展同行评估的能力，则将其接收为同行评估小组成员。如果某个学员的评估结果与标准答案之间的差别特别明显，则该学员要么被排除在同行评估小组之外，要么重新参加培训活动。

（三）订立书面服务合同

从性质上来看，法律援助同行评估是一种外部合同审计方法。所有经选聘或者邀请获得法律援助同行评估职位的人员都要和法律服务委员会签订合同，并且在伦敦大学高等法律研究所的监督和指导下才能开展法律援助同行评估活动。这些合同的双方主体是同行评估人员与法律服务委员会，而不包括伦敦大学高等法律研究所。其原因在于确保与法律援助档案有关的秘密，保护法律援助档案数据信息的同时，能够使法律援助同行评估人员顺利查看法律援助档案信息等。

合同内容要求同行评估人员要遵守执行伦敦大学高等法律研究所发出的指示及其下发的指南性文件，参加由伦敦大学高等法律研究所举办的培训活动。法律服务委员会在同行评估程序中的作用仅仅是承担管理职能。

合同详细规定了同行评估人员的工作任务、责任及法律服务委员会对其应负的义务。如同行评估人员的保密义务：除了一般的保密义务和根据《1988年数据资料保护法》的规定处理个人数据资料外，法律服务委员还要求同行评估人员承担不得披露信息的义务。当然，法律服务委员会也必须履行同样的保密和不得披露信息的义务。[12]

合同明确了同行评估人员的工作量。根据合同约定，每个同行评估人员每年要从事多达35天的同行评估工作（包括参加同行评估培训活动或者提供有关同行评估活动的最新信息资料所需时间）以便保持同行评估工作的一致性。如果某个同行评估人员显然不可能或者不愿意承担相应的同行评估活动工作量，他可能难以继续作为同行评估小组的成员从事同行评估工作。

合同明确了终止合同权利的情形。除了其他的终止合同的权利外，在出现下列情况时，可以终止同行评估人员与法律服务委员会之间订立的合同：

（1）如果某个同行评估人员违反了保密义务，或者在义务关系上存在利益冲突；

（2）如果某个同行评估人员本人的办案工作经同行评估，不符合相关能力要求标准的规定，不适合成为同行评估人员的；

（3）如果同行评估人员的从业情况发生变化，不在某个法律领域继续执业或者开展监督工作，而该法律领域又是他们被任命为同行评估小组成员从事同行评估工作的特定法律领域，或者同行评估人员的雇佣情况发生了变化，提出了诸如对本人开展同行评估工作需要的必要独立性和客观性等方面存在着合理的担心的。

（四）对法律援助同行评估人员进行履职核审监督

1. 通过核审监督，以确定新任法律援助同行评估人员是否具有从事审查评估工作的能力。通过对由某个新任法律援助同行评估人员开展的最初两次法律援助同行评估活动进行评估，以核查该法律援助同行评估人员的能力是否属实。这些活动采取交叉审查评估的同行评估方式，由法律援助同行评估小组中某个正式成员负责开展，以确保审查评估活动按照正确程序进行，并正确地适用法律援助同行评估标准。

如果新任法律援助同行评估人员的审查评估结果和法律援助同行评估小组正式审查评估人员的审查评估结果不一致，则要对这些不一致的地方加以研究解决。根据审查评估结果不一致的具体情况，可以重新开展交叉审查评估式的同行评估活动。如果有必要，这些新任法律援助同行评估人员也可能被要求重新参加培训。

在采取补救措施后，如果新任法律援助同行评估人员的工作仍然与其同事的工作不一致，他们有可能会被从法律援助同行评估小组中除名。

2. 在法律援助同行评估合同存续期间，对法律援助同行评估人员工作一致性进行持续性监督。对于每个法律援助同行评估人员在法律援助同行评估中作出的评定等级都要详细地记录下来，每个季度都要制作详细的记录报告，并将该报告送交伦敦大学高等法律研究所接受监督。经分析，如果发现法律援助同行评估人员审查评估工作存在着问题，在接下来的法律援助同行评估活动中，将采取同行评估交叉核查方法进行。如果评估结果之间还不一致，将通过再培训或者回顾他们以前进行的法律援助同行评估活动以研究并解决存在的差别。通过回顾活动，如果发现法律援助同行评估人员所进行的法律援助同行评估活动结果前后不一致，将由另外的法律援助同行评估人员对这些法律援助同行评估人员审查评估工作表现出的不一致现象持续期间内作出的所有"良好""合格""不合格""完全不合格"评定等级进行一次再审查评估。

采取补救措施之后，如果法律援助同行评估人员的工作仍然与其同事的工作不一致，这些法律援助同行评估人员将被从法律援助同行评估小组中除名。

除了这些监督活动之外，还要采取随机交叉核查的同行评估方式对法律援助同行评估活动进行持续性的监督，对于法律援助同行评估活动中存在的任何差别之处都要加以研究解决。

此外，还要通过开展再培训活动、标准档案评估活动及发放附带指南说明等方式方法以保持法律援助同行评估工作的一致性。每三年，要针对法律援助同行评估人员开展一次同行评估活动，以确保这些同行评估人员保持适当的工作能力和水平。每年，法律援助同行评估人员按要求要提交与其有关的最新情况信息。如他们的工作地点、所执业的法律领域、某个小组成员资格等。法律服务委员会还要进行随机检查，以确保它所掌握的法律援助同行评估人员的信息是正确的。如检查法律援助同行评估人员是否是律师协会小组成员。

三、法律援助同行评估档案评估范围、标准及评定等级

（一）评估范围

同行评估标准重在突出以下几个方面工作的质量：

（1）从当事人处及通过其他渠道获得的信息；

（2）根据已获得信息提供的咨询；

（3）根据已提供的咨询所采取的行动。

（二）民事法律援助案件质量标准

民事法律援助案件质量标准主要包括以下几个方面。

1. 与当事人沟通方面。咨询人员是否明白当事人提出的问题？咨询人员是否具备有效的沟通及与当事人打交道的技能技巧？咨询人员是否具备有效的搜集案件事实和信息的技能技巧？

2. 提供咨询方面。咨询人员给予的咨询建议是否正确合法？根据当事人指示，咨询人员提供的咨询是否全面适当？咨询人员提供的咨询是否及时？

3. 其他工作和帮助。比如，如果开展了其他工作，是否适当有效？对于当事人的合理需求，是否给予了有效的帮助？是否给予了更多的帮助？如果没有发生费用支出，是否适当？必要的时候，咨询人员是否为当事人提供了有效的指引和转介服务？

4. 评分。

（三）刑事法律援助案件质量标准

刑事法律援助案件质量标准主要包括以下几个方面。

1. 记录案件信息的能力。刑事案件档案各个部分之间是否形成了一个有机整体。记录信息的能力是否适当。在侦查阶段的记录能力是否适当。提起诉讼后的记录能力是否适当。

2. 沟通能力。应对当事人的技能技巧是否适当。是否与其他组织等进行了适当的沟通，包括是否与王室检察委员会进行了适当的沟通。[13]所有的沟通是否及时适当。

3. 信息及事实的搜集。是否有效地从当事人处获得了相关案件信息。是否有效地从警察、检察人员、其他组织和个人等处获得了相关信息。

4. 咨询和帮助。是否提供了好的咨询。针对当事人的答辩是否提供了适当的咨询？如果建议当事人（在任何阶段）作有罪辩护，那么，提出该建议的时机是太早、适当、还是太晚。提出上诉的建议是否适当。

5. 其他工作和帮助。

6. 效率。

7. 评分。侦查阶段评分；治安法庭阶段评分；王室法庭阶段评分。整个档案的综合评分。

（四）法律援助同行评估的5个评定等级及指标

这5个评定等级如下：

1. 优秀等级（excellence）。其指标主要包括：（1）能够全面适当地记录当事人的指示；（2）开展的沟通、咨询及其他法律援助服务工作符合每一个当事人的实际需要；（3）为当事人提供了准确而全面的咨询服务；（4）对所有问题的处理都能做到全面、适当且有效；（5）具有广博的知识，能够在较广泛的背景下理解问题；（6）为了使当事人得到最佳结果，能够很好地运用策略、手段、技能技巧及专业知识；（7）法律服务人员非常重视其所办理的案件能够全面积极主动地采取措施处理案件；（8）不需要大的改动。

2. 良好等级（competence plus）。[14]其指标主要包括：（1）能够适当地记录当事人的指示；（2）提供的咨询及其他法律援助服务工作符合每一个当事人的实际需要；（3）为当事人提供了准确而全面的咨询服务；（4）对所有问题的处理都能做到全面、适当且有效；（5）为了使当事人得到最佳结果，能够很好地运用方法和策略；（6）法律服务人员非常重视其所办理的案件，能够全面积极主动地采取措施处理案件。

3. 合格等级（threshold competence）。[15]其指标主要包括：（1）能够适当地记录当事人的指示；（2）能够适当但有限地与当事人沟通；（3）针对当事人提出的问题，能够提供适当但不够广泛的咨询和服务工作，且对与当事人提出的问题有关联的其他问题没能予以解答处理；（4）为了达到"优秀"和"良好"等级的工作标准，法律援助服务机构工作存在着需要改进完善之处。

4. 不合格等级（below competence）。[16]其指标主要包括：（1）不能准确记录、报告案件信息；（2）有时候，与当事人沟通能力不强；（3）提供的咨询和其他法律援助服务工作不适当；（4）对一些案件的处理缺少正确的办案技能技巧及合理的谨慎义务；（5）有时候，开展的沟通不及时、提供的咨询和其他工作不适当；（6）与规定标准的标准之间存在差距。

5. 完全不合格等级（failure in performance）。[17]其指标主要包括：（1）不能准确记录和报告案件信息；（2）有时候，与当事人沟通能力不强；（3）从总体上来看，对案件的处理缺少正确的办案技能技巧及合理的谨慎义务；（4）经常出现不能及时开展沟通工作和提供咨询或者其他工作的现象；（5）提供的服务损害了当事人的利益，或者提供的服务没有任何意义，或者提供的服务可能会损害到当事人的利益。

四、第一次法律援助同行评估程序

（一）开展法律援助同行评估的原因

在任何时候法律服务委员会都享有针对某个法律援助服务机构提供的咨询和法律工作开展同行评估的权利，且不需要指明具体原因，但是，就实际情况而言，某个法律援助服务机构为什么被筛选出来接受同行评估则是存在多方面原因的。比如，某个法律援助服务机构想申请从事某种法律援助服务的话，需要主动要求接受法律援助同行评估，或者由该法律援助服务机构所在的地区办公室查明需要对该法律援助服务机构进行法律援助同行评估。根据法律服务委员会其他审查方法的审查结果，也可以对法律援助服务机构进行法律援助同行评估，以复核法律援助服务机构的能力和水平。[18]

（二）审查评估前准备工作

1. 抽取审查评估样本。在同行评估活动开始之前，法律服务委员会首先要求待查法律援助服务机构利用电脑 SPOCC 和 SPAN 系统上报刑事和民事法律援助案件档案信息，并利用 CIS 系统确认所报信息是否符合要求，然后利用 Microsoft Access 程序分层筛选、加权平均抽取待查样本。其中被抽选出来的档案样本都是在过去 12 个月里已经办结的案件档案。[19]所抽取样本包括：

（1）抽取待查律师事务所或者其他法律援助服务机构样本量。

（2）抽取待查档案样本量。[20]

2. 因利害关系冲突导致的回避。在指定某个法律援助同行评估成员参与某个具体的法律援助同行评估活动之前，法律服务委员会要与法律援助服务机构、该成员一起检查以避免存在某种利害关系上的冲突。

就法律援助同行评估目的而言，出现这些利益关系冲突的情况包括：该成员曾经有可能就某个法律援助服务机构的工作能力水平出具过相关意见，或者在某些方面该成员对某个法律援助服务机构所持有的看法受到偏见的影响等。例如，该成员存在如下情况：

（1）本人的配偶或者直系亲属中的某个成员或者关系密切的朋友正在或者曾经在需要接受审查评估的律师事务所或者法律服务组织工作的；

（2）本人曾经为需要接受审查评估的法律援助服务机构工作过的；

（3）最近，本人与需要接受审查评估的法律援助服务机构分别是某一个案件双方当事人的代理人的；

（4）最近，本人正在作为一名代理人、作为共同被告的辩护人或者在自诉案件中作为原告的代理人等，正在与需要接受审查评估的律师事务所打交道的；

（5）本人已从需要接受同行评估的法律援助服务机构手中接手某件事情的；

（6）由于其他原因，可能影响到本人对需要接受审查评估的法律服务组织的看法的。

利益关系冲突还要考虑待查法律援助服务机构是否与该成员之间存在直接的竞争关系。该成员不能对与本人一样来自于同一个地理区域的任何法律援助服务机构进行审查评估，除非同时获得该成员和待查法律援助服务机构的同意。[21]

3. 确定审查评估地点和审查评估时间。所有法律援助同行评估活动都是在法律服务委员会或者伦敦大学高等法律研究所的办公场所进行的。不能将档案发送到法律援助同行评估人员的家中或者他们的办公场所。当待查法律援助服务机构接收到案件档案征集通知时，同时会被告知案件档案的接收地点。

针对随机分层抽取出来的案件档案样本，同行评估人员将开展第一次法律援助同行评估活动。开展一次审查评估活动，其中对档案进行审查评估大约需要一天时间，另外大约需要半天时间完成同行评估报告。[22]

（三）开展同行评估活动

1. 审查评估档案样本。审查评估过程中，法律援助同行评估人员要按照统一的评估标准及等级评定法对每一个档案样本进行审查评估。依据该评估标准规定的框架机制，法律援助同行评估人员对于法律援助服务机构从当事人处或者其他渠道获得的信息、根据该信息所提供的咨询建议及根据提供的咨询建议所采取的行动的质量进行审查评估。

2. 制作评估报告。评估结束后，法律援助同行评估人员要制作评估报告。㉓评估报告中要详细指明审查评估结果。评估报告内容要详细，要从档案中引用适当的例子以支持和证实所得出的评定等级的合理性。评估报告主要包括以下 9 个方面内容。

（1）评估活动的基本情况：主要包括接受评估的案件类别，评估时间、地点、接受评估的法律援助服务机构的名称，开展评估工作所用时间，接受评估的档案名称等。㉔

（2）值得肯定之处：用于肯定档案样本中显示的好的做法和好的经验。如果某个样本中的工作被评定为"优秀""良好"或者"合格"，则表明其提供的法律援助服务工作达到或者超过了目前合同规定的工作能力标准。

（3）有待完善之处。㉕在法律援助同行评估中，如果某个档案样本表现出来中工作能力水平被评定为"优秀"或者"良好"，则该档案样本不会存在重大问题，其他问题只需在审查评估报告"有待完善之处"予以注明就行了。

（4）存在的重大问题。㉖存在的重大问题是指对综合评定等级产生极大影响的问题。这些问题最有可能存在于提供咨询服务的质量、法律援助服务人员的专业能力或者为当事人提供服务的水平等方面，并且这些问题已经对当事人产生了不利影响，或者可能已经损害了当事人或者其他人的利益。比如，近几年，经法律援助同行评估活动查明的重大问题主要表现在以下方面。

①法律和程序上的知识——由于法律援助服务人员缺少法律知识或者对法律知识理解不正确，可能会对当事人利益产生严重损害。㉗

②咨询——咨询应当清楚、简洁，使当事人容易明白。从档案咨询措辞上来看，如果当事人对咨询措辞不明白，则该咨询有可能被认为不适当。㉘

③没有提供咨询——即根据案件情况需要为当事人提供咨询或者经当事人请求需要为其提供咨询，而没有提供咨询的情况。㉙

④对于精神疾病人或者易受伤害当事人没有给予特别关照——对于精神疾病人或者易受伤害的当事人，通常需要给予特别照顾。如果某个法律

援助服务机构没有做到对精神疾病人或者易受伤害被告人的特别照顾义务，就是一个严重的问题。

⑤法庭缺席——在法庭审理时，如果因为法律援助服务机构服务人员的缺席，导致了当事人利益受到了损害，或者导致了当事人被判定某罪并处以刑罚，这也被视为严重的问题。

⑥利益关系冲突——根据律师协会《事务律师职业行为指南》规定的情形，如果某个法律援助服务机构从事代理活动将导致某种利益关系冲突的话，即使是为了当事人的利益，该代理行为也存在着严重问题。

⑦服务费用问题——服务费用问题并不是目前法律援助同行评估制度的必要组成部分，在同行评估过程中只会适当地予以考虑。某个与费用有关的问题也许是、也许不是一个需要重点考虑的事项。

（5）存在的其他问题。是指那些对当事人没有直接影响，从而对综合评定等级也没有直接影响的问题。主要包括：

①档案没按顺序编排；

②没有遵守档案工作标准程序，档案管理工作差；

③没有履行与档案管理有关的行政职能，该不履行职能行为没有对当事人的利益造成损害；

④档案中语言文字使用不当，但如果语言文字不当误导了当事人的话，也可能转化成需要注意的严重问题。

（6）附带意见。是关于那些在审查评估报告的其他部分没有必要提及，但法律援助同行评估人员又希望引起法律援助服务机构注意的事项的意见。[30]

（7）建议完善处。目的是为了告知法律援助服务机构哪些服务工作做得不好，比如没有提供咨询、提供的咨询不正确或者提供的咨询不完整等以及会出现的结果。其意图并不是在审查评估报告中直接告诉法律援助服务机构如何采取措施以改正这些不当之处，而是应当由法律援助服务机构自己采取正确的行动计划以改正工作中存在的不当之处。[31]

（8）对法律援助费用使用情况的综合评价。即已支出的办案经费是否符合物有所值的经济原则。[32]

（9）对提供的咨询和法律工作质量的综合评价。通过同行评估，要对

法律援助服务机构提供的咨询和法律工作的综合质量给予 1 - 5 的评定等级。㉝

3. 复核审查评估结果。评估人员在完成对审查评估报告的校对工作并改正报告中的拼写与语法错误后，需要将审查评估报告提交到伦敦大学高等法律研究所接受复核。㉞

伦敦大学高等法律研究所要检查评估活动是否遵守了正确的审查评估程序及审查评估方法，以及评估报告中提出的评估意见是否正确反映了评估人员针对法律援助服务机构的服务工作所作出的评定等级，但伦敦大学高等法律研究所无权改动评估人员在同行评估报告中作出的评定等级。

如果伦敦大学高等法律研究所认为某个评估结果可能存在问题，例如，评估意见不能证实评定等级的合理性，或者某个特定评估人员在评估活动中总是不停地作出某个特定的评定等级，则在把评估报告反馈给法律援助服务机构之前，伦敦大学高等法律研究所将通过调查研究解决这些问题。

伦敦大学高等法律研究所在开展调研活动的时候，可以与同行评估人员讨论存在的问题，或者征求与该同行评估活动有关的更多信息，或者检查该同行评估人员以前曾作出的评定等级。通过调查，如果问题仍然没有得到解决，则有可能进行第二次法律援助同行评估。

伦敦大学高等法律研究所通过将每一个同行评估人员作出的评定等级与其他同行小组成员作出的评定等级进行比较分析，对同行评估活动中的数据资料进行监督检查。

4. 评估结果的上报和反馈。整个法律援助同行评估程序结束后，评估结果就得到了确认。该结果作为法律援助服务机构工作能力水平的准确反映，将反馈给提供被查法律援助服务机构并上报给法律服务委员会在将来工作中参考使用。㉟

（四）不满第一次法律援助同行评估结果的异议程序

1. 提出异议申请。在收到"不合格"或者"完全不合格"等级的第一次法律援助同行评估结果后，根据以下理由，被查法律援助服务机构享有提出异议申请的权利：

（1）对综合评定等级有异议；

（2）认为接受评估的案件档案样本不足以代表本法律援助服务机构的服务能力和服务水平；

（3）其他正当理由。

如果法律援助服务机构对审查评估结果有异议，必须在收到评估报告和档案样本原件之日起 28 日内向法律服务委员会提出异议申请。㊟如果法律援助服务机构在 28 天内没有行使申请异议的权利，则视为已经接受了法律援助同行评估决定，同时丧失了申请异议的权利。如果法律援助服务机构在收到评估报告后的 28 天内提出正当理由要求延长异议申请期限的，法律服务委员会将根据具体情况，决定是否延长异议申请的期限。

异议申请必须以书面形式提出，要填写异议申请表。法律援助服务机构在提出异议申请时，必须同时提交档案样本原件（即在第一次法律援助同行评估中提交的档案样本），否则无法审查该异议申请。

2. 开展异议审查。收到异议申请后，法律服务委员会要做好异议审查准备工作，由原第一次法律援助同行评估人员和另外一名法律援助同行评估小组中的资深成员共同进行异议审查工作。该资深成员由伦敦大学高等法律研究所从现有法律援助同行评估小组人员中指定。

经审查，如果原评估人员不同意异议申请，则应当与资深成员讨论存在异议的问题，并应当根据提出异议申请的法律援助服务机构提出的异议意见，共同作出是否需要修改评估报告和评定等级的决定。

经过异议审查，根据以下某一个可能出现的异议审查结果，原评估人员和资深成员共同制作一份异议审查结果的书面报告：

（1）维持原评定等级；

（2）改变原评定等级；

（3）需要启动第二次法律援助同行评估活动；

（4）二人没有达成一致意见。

异议审查结果报告必须上交伦敦大学高等法律研究所，并接受伦敦大学高等法律研究所的专门监督检查后才能生效。㊟伦敦大学高等法律研究所的监督检查是为了确保原评估人员和资深成员能够按照正确的审查评估程序等完成对异议申请的审查。

3. 寻求专家帮助。在个别情况下，比如相关证据证明原评定等级不适当，或者第一次同行评估的评估人员和资深同行评估人员之间不能达成一致意见时，伦敦大学高等法律研究所可能要在相关法律领域征询专家意见。这些专家由伦敦大学高等法律研究所直接任命，他们虽在相关法律领域拥有公认的专业知识，但并不是法律援助同行评估小组的成员。

专家在此发挥的作用不是确定评估评定等级，而是利用其专门知识帮助评估人员达成一致意见。[38]

4. 反馈最终异议审查决定。经伦敦大学高等法律研究所审查后，最终异议审查决定（连同作出该决定的书面原因）要在法律服务委员会收到异议申请及档案样本原件之日起 35 日内送达提出异议申请的法律援助服务机构。如果对最终异议审查决定仍然存有疑问，一般要作出有利于法律援助服务机构的解释。在少数情况下，法律援助同行评估人员会提出开展第二次同行评估的要求。

五、第二次法律援助同行评估程序

在下列情况下，应当进行第二次法律援助同行评估：

（1）如果法律援助服务机构的法律服务工作被评定为"完全不合格"，应当立即进行第二次法律援助同行评估；

（2）如果法律援助服务机构的法律服务工作被评定为"不合格"，通常要在 6 个月以后进行第二次法律援助同行评估；

（3）根据法律援助服务机构提出异议申请的原因，伦敦大学高等法律研究所要求进行第二次法律援助同行评估的；

（4）其他情况下，确需进行第二次法律援助同行评估的。[39]

一般而言，被查法律援助服务机构不服第一次法律援助同行评估结果提出异议申请是引起第二次法律援助同行评估的主要原因。[40]

第二次法律援助同行评估所遵守的评估程序与第一次法律援助同行评估所遵守的程序是一样的，但必须针对法律援助服务机构已办结的案件档案重新随机分层抽取样本，并另行安排法律援助同行评估人员进行评估工作。

如果法律援助服务机构的法律服务工作被评定为"不合格"，通常会给予 6 个月的工作改进期。6 个月工作改进期结束后，再对其进行第二次法律援助同行评估。在进行第二次法律援助同行评估时，法律服务委员会将从"不合格"等级被确认之日起法律援助服务开始办理并且已经办结的案件中抽选档案样本。然而，在某些法律领域里可能会出现这种情况（例如，家庭法和人身伤害法），即在 6 个月内新办理的案件不足以形成完整的档案样本。这种情况下，法律服务委员会可以允许将改进期延长 3 个月。如果在 3 个月的延长期结束后开展第二次同行评估时，仍然无法得到完整的档案样本，法律服务委员会可以选择在第一次同行评估时还在办理之中、但在改进期结束时已经办结、并且已完成内部档案审查活动的案件作为第二次同行评估的档案样本。在开展第二次法律援助同行评估时，评估人员将认可根据档案审查已查明并采取措施所作出的修改或者纠正之处，但对于没有查明并采取措施作出的修改或者纠正之处，评估人员在进行同行评估时，仍会予以考虑。然而，对通过监督和档案审查查明的问题所作出的频繁修改和纠正行为并不表明法律援助服务机构对其所提供的咨询工作质量进行了适当的管理改进。

另外，法律援助同行评估只针对已办结的案件档案进行评估。对于已办结案件档案进行的改动，在评估时，评估人员不会予以考虑。

六、最终审查评估结果对法律援助服务机构的影响

1. 法律服务机构被评定为"优秀""良好"或者"合格"等级的，将继续享有从事法律援助服务的资格。其中"优秀""良好"等级说明法律援助服务机构的工作能力达到了很高水平。"优秀""良好"的评定等级结果将被记录存档，如果法律援助服务机构没有大的人事变动，或者法律援助服务机构的质量档案显示其工作能力不可能降低的情况下，通常该评定等级结果的有效期为 3 年。

2. 经过第二次法律援助同行评估仍被评为"不合格"或者"完全不合格"的，将被取消继续从事法律援助服务的权利。

（1）"不合格"等级说明某个法律援助服务机构提供的咨询和法律工作低于某个当事人正当享有的、希望从某个称职的事务律师那里得到的咨询和法律工作的标准，并且违反了《一般合同标准条款》第 3.2 条规定的质量标准。

如果某个法律援助服务机构在接受第二次法律援助同行评估时，审查结果得出的评定等级仍然是"不合格"等级，通常，法律服务委员会可以终止该法律援助服务机构所享有的、在相关法律领域从事公共资助的法律援助服务活动的权利，也可以终止与该法律援助服务机构订立的整个法律援助服务合同。但是否终止该法律援助服务合同，要视该法律援助服务机构的具体情况而定，针对不同的情况要区别对待。

（2）"完全不合格"。说明法律援助服务机构提供的咨询和法律工作明显低于某个当事人所正当享有的、希望从某个称职的事务律师那里得到的咨询和法律工作的标准，并且明显低于《一般合同标准条款》第3.2条规定的质量标准（根据该合同条款规定，"完全不合格"等级下提供的法律咨询和法律工作均是明显的违约行为），通常可以终止该法律援助服务机构所享有的、在相关法律领域从事公共资助的法律服务活动的权利，并且可以终止与该法律援助服务机构订立的整个法律援助服务合同。

作为法律援助同行评估结果，如果出现了终止法律援助服务合同的情形，根据《合同标准条款》第23条的规定，法律援助服务机构享有提出复议的权利。

注释：

①有人将法律援助同行评估制度称赞为"法律援助质量控制制度中的黄金准则"。参见 http：//www. jrsconsultants - uk. com/docs/Peer _ Review. pdf；在第七次和第八次国际法律援助组织会议上，法律援助同行评估制度引起了各国和地区与会代表的关注，这对于推动法律援助同行评估制度在各个国家和地区的引入和发展起到了非常积极的作用。比如，在第八次国际法律援助组织会议上，荷兰与会代表 Guido 认为，"法律援助同行评估是最有效的、最能发挥自我激励作用的质量控制工具。说其最有效的原因在于，针对具体的法律援助案件档案，可以以合理的费用，组织法律援助同行专家对法律援助办案过程、相关知识及技能的运用进行有效评估审议；而其发挥的激励作用表现在，法律援助律师等专业人员可以从法律援助同行评估结果反馈信息中总结经验、查找不足，更好地提高法律援助办案质量"。参见 http：//www. ilagnet. org/papers/Guido% 20Schakenraad%

20Conference%20Paper. pdf。

②中国社会科学院语言研究所词典编辑室编：《现代汉语词典》（2002年增补版），商务印书馆2002年11月版，第1264页。

③中国社会科学院语言研究所词典编辑室编：《现代汉语词典》（2002年增补版），商务印书馆2002年11月版，第1124页。

④吴述尧：《同行评议》。参见http：//www. yocsef. org. cn/mcti/image/2008122517 19501. doc。

⑤如在我国，该研究所曾与深圳市法制报培训中心合作（由深圳市委政法委员会主管的涉及法律、管理等专业和综合培训机构），在深圳市设立了涉外法律工作人员培训基地，积极为中国法律界培养高素质的涉外法律服务人才。参见http：//www. edu0755. com/Html/ad/193. html。

⑥即同行评估制度设计、工作开展等不受法律服务委员会的影响和控制，是由外部机构负责开展的一个相对独立的外部监督审查机制。

⑦例如在一些较小的法律领域，经过公开招聘选择程序后，同行评估人员的职位依旧空缺，该法律领域的专业人员就可以通过接受邀请的方式获得同行评估人员的职位。

⑧Fee earner，即由法律服务委员会购买其法律援助服务的人员。

⑨这些措施还包括：建立审查评估制度标准框架等，法律援助同行评估人员可以借此作出正确判断；对法律援助同行评估人员的履职活动进行长期监督。

⑩在某些特殊情况下，经邀请获得同行评估职位的候选人，在参加培训活动时还需要持有推荐信。推荐信的内容必须包括候选人目前正执业的或者最近执业的机构的某个雇主（或者本人所在律师事务所的某位合伙人）和另外一名资深推荐人的姓名。只有在收到令人满意的推荐信后，才能向候选人发出参加培训的邀请信。此外，还要向律师协会调查小组递交有关候选人的姓名、工作地点等信息，以确保候选人或者其律师事务所不存在某类特殊问题，而这些特殊问题可能意味着该候选人或者律师事务所参加同行评估活动或者为同行评估活动提供支持工作是有害的。

⑪开展正式法律援助同行评估活动需要使用该数据库软件。

⑫参见《1988年法律援助法》《1999年获得司法公正法》的相关

规定。

⑬该王室检察委员会是英国政府的一个职能部门，其职责是负责对发生在英格兰和威尔士地区的、经警察侦查后的刑事案件提起诉讼。

⑭在别的文章中，也曾被翻译为"能力中上"。

⑮是指符合《合同标准条款》第3.2规定的相关标准。

⑯比如，法律援助同行评估工作显示，律师对合同规定工作的完成低于当事人享有的、对事务律师的合理预期标准，并且违反了《合同标准条款》第3.2条的规定。

⑰比如法律援助同行评估显示，事务律师对合同规定工作的完成远低于当事人享有的、对事务律师的合理预期标准，并明显违反了《合同标准条款》第3.2条的规定，完全不合格是根本违约的表现。此外，完全不合格的档案中至少有一个重大失误或者说是彻底失误导致所做工作不符合规定标准。

⑱值得注意的是：在针对某个法律援助服务机构的办案情况开展法律援助同行评估活动之前，法律服务委员会可以告知该法律援助服务机构开展审查活动的原因，但不能将开展审查活动的原因告诉法律援助同行评估人员，以防止法律援助同行评估人员形成先入为主的偏见等。

⑲根据《一般合同标准条款》第3.8条、第3.15条规定，法律服务委员会享有向法律援助服务机构征集案件档案的权利。《一般合同标准条款》规定，除非有正当的迟延原因的存在，为开展任何评估活动所征集的案件档案都应当在14天内提供（参见《一般合同标准条款》第3.9条规定）。如果某个法律援助服务机构没有按要求提供案件档案，法律服务委员会可能会向其下发整改通知书，并对其适用合同罚则。《法律服务委员会（信息披露）条例》（2000年，已修订）也规定了法律服务委员会享有征集和要求法律援助服务机构提供案件档案的权利（包括为开展独立的法律援助同行评估的目的）。

⑳为了使将进行的法律援助同行评估结果能够准确地反映法律援助服务机构及人员的工作能力和水平，具体样本量的大小是由法律服务委员会通过委托调研的方式确定的。

㉑法律援助同行评估人员的义务之一是，一旦出现发生任何利益关系

冲突的可能，一定要尽早查明情况并及时上报法律服务委员会。而法律服务委员会要将法律援助同行评估小组成员名单下发给法律援助服务机构，而法律援助机构要在一份利益关系冲突登记表上如实填写所有相关的利益关系冲突，并将填写后的表格上交法律服务委员会。如果某个利益关系冲突被某个法律援助服务机构或者法律援助同行评估人员查明，则该法律援助同行评估人员就不能再审查该法律援助服务机构的案件档案了。

㉒这只是针对完成一次法律援助同行评估活动所需时间的大致估计。实际工作中，对于某个法律援助同行评估人员完成档案评估活动及撰写审查报告需要多长时间并没有明确的限制性规定。

㉓由于同行评估报告及评定等级结果是由同行评估人员通过开展独立的审查评估活动后提出的，所以法律服务委员会工作人员无权解释、证实或者改动同行评估报告提出的意见。

㉔一般而言，待查案件档案名称包括统一档案编号和每一个档案的分类编号。比如，本审查是针对某某律师事务所提供的刑事法律援助案件档案样本进行的。审查地点是法律服务委员会某某地区办公室。审查时间为某年某月某日某时至某时，编制审查报告时间为某月某日某时至某时。本次审查活动对以下案件档案进行了审查：某某涉及警察局阶段的案件档案、某某涉及警察局和治安法庭阶段的案件档案、某档案没有接受审查，其原因在于：该档案涉及另外一个律师事务所提供的法律服务工作，并且和另外一个独立的案件档案有关联，而该另外一个独立的案件档案没有接受本次法律援助同行评估等。

㉕只适用在被评定为"良好"及以上等级的审查报告中。

㉖只适用在被评定为"合格"及以下等级的审查报告中。

㉗案件档案应当展现出法律援助服务人员的良好法律知识素养及对法律知识的运用能力。这不仅要求法律援助服务人员知道法律是什么，还要知道法律服务需要遵守的法律程序知识是什么。如果二者缺少其一，法律援助同行评估人员就会认为对当事人产生了某方面的严重损害。

㉘因为无论是从案件的处理方式上，或者是为了案件的进程需要当事人作出某种决定的情况下，当事人都将无法根据该不适当咨询作出合理的判断。不过，在实际工作中，事务律师是根据自己的判断办理案件，所以

当事人应当注意案件的进程及与当事人有关的所有信息。

㉙例如，某个律师事务所应当派人到警察局为当事人提供咨询，但在该律师事务所没有派人前去提供咨询的情况下，则有可能被视为将产生与提供不良咨询（giving bad advice）同样严重的问题。

㉚比如，法律援助服务机构和人员在办案中应当使用标准格式文书。

㉛采取正确的行动计划通常以下列活动为基础：监督；档案审查；培训；标准格式文书；提供全面的咨询建议；提供个性化的咨询建议。

㉜对于法律援助经费使用情况，也要利用 1－5 评定等级进行"是否符合物有所值的经济原则"的评估。该评估是针对法律援助服务机构是否有效使用了公共资源开展的。该评估要考虑，法律援助服务机构是否利用公共资源实现了当事人的利益价值及会产生的后果。该评估不产生任何后果，对法律援助服务机构的合同也不会有影响。目前，"是否符合物有所值的经济原则"的评估得分不影响法律援助服务机构的咨询、工作综合评定等级。将来，关于"是否符合物有所值的经济原则"的评估活动将会得到进一步发展。

㉝如果审查人员认为，法律援助服务机构在上述几个事项上多做些工作对于提高其法律援助服务质量有帮助的话，也可以针对法律援助服务机构在这些事项上的工作提出具体的意见。人们希望，在所有作出"合格"或者"不合格"评定等级的审查活动中，审查人员都要在审查报告中提出一些具体的工作改进意见。而被评定为"良好"或者"优秀"等级的法律援助服务机构则要考虑审查报告中"有待完善部分"提出的工作改进意见。作为说理性文件，审查报告旨在通过详细论述，以解释、证实针对法律援助服务机构工作质量评估所授予的某个特定的综合评定等级的合理性。如果法律援助服务机构在审查评估中被评定为"不合格"或者"完全不合格"等级，那么关于他的审查报告就要比被评定为"优秀"等级的法律援助服务机构的审查报告内容详细得多。通过审查报告应当能够使法律援助服务机构明白为什么审查人员认为某个具体事项存在问题，以便法律援助服务机构能够采取补救措施。同样地，审查报告还应当使法律援助服务机构清楚它被评定为某个等级的理由，及为什么不能取得更高或者更低的评定等级。如果有必要，审查报告还应当使法律援助服务机构了解，可

以通过采取哪些措施改善工作，以便在将来的评估工作中获得更高的评定等级。此外，审查报告的叙述部分应当尽可能详细具体，以便法律援助服务机构准确了解哪些是报告中提到的值得肯定的地方，哪些是存在问题的地方。其中，值得肯定部分应当指出法律援助服务机构工作做得好的地方，而存在问题之处应当通过适当的陈述，使法律援助服务机构能够采取措施，提高将来的服务工作能力和水平。总之，审查报告中的以下两个部分要尽可能清楚详细：调查结果是什么；为什么要给予某个特定评定等级。

㉞在伦敦大学高等法律研究所对同行评估评定等级及附带意见进行审查之前，不能向法律援助服务机构反馈审查报告及针对审查结果采取相应措施。

㉟法律服务委员会将对有关评估结果信息进行总结概括、按优先顺序排列，并提供给法律援助服务机构参考使用。每个季度都要进行一次这样的活动，并在法律服务委员会网站及相关出版物上公布有关活动内容。例如，帮助法律援助服务机构开展自我评估。通过法律援助服务机构根据这些调查结果开展的自我评估及采取适当的整顿措施，形成一个持续运行的、针对最常见问题或者存在好的做法之处开展的周期性检查确认活动，检查确认活动将产出一个强有力的机制，以支持法律援助服务机构不断地改进其咨询和法律工作的质量。又如，法律服务委员会通过公开一般性的、无记名同行评估信息，以帮助法律援助服务机构等能够确定哪些咨询和法律工作是最佳做法及哪些是需要改进的地方。为此，法律服务委员会还向相关监管机构，比如律师协会、移民服务委员会办公室，提供有关每一个法律援助服务机构的同行评估综合评定等级的信息。法律服务委员会通过与律师协会及其他代表机构协商，共同研究开展一些适当的活动，以充分利用同行评估结果，使全体法律援助服务机构都能从中获益。例如，根据最佳做法，开发培训课程。

㊱根据合同主体双方权利义务对等原则，法律援助服务机构只能向法律服务委员会提出异议申请。

㊲即使是该异议审查报告维持了原法律援助同行评估评定等级的情况下，也必须接受伦敦大学高等法律研究所的专门监督。

㊳这也是法律援助同行评估活动独立性的表现之一。

㊴比如，某个法律援助服务机构自愿申请成为优选法律援助服务机构，并且该法律援助服务机构在某一法律领域提供的法律服务工作已达到了"合格"等级标准，但同时该法律援助服务机构申请成为优选法律援助服务机构的相关法律领域规定，该法律援助服务机构的法律服务工作只有达到"优秀"或者"良好"等级标准时，才能成为该法律领域的优选法律援助服务提供者的。

㊵将来，某个法律援助服务机构在第一次评估时被评定为"不合格"或者"完全不合格"等级而需要对其进行第二次法律援助同行评估的，法律服务委员会要考虑该法律援助服务机构是否要交纳进行第二次法律援助同行评估所需费用（大概为1300英镑）。如果法律援助服务机构在第二次法律援助同行评估中被评定为"合格"或者以上等级的，则将该费用退还给该法律援助服务机构。

（原文发表于《中国司法》，2010年第7期）

网络技术条件下国外法律援助管理创新

近年来，以网络技术为代表的"技术革命"对各国和地区法律援助工作产生了深远影响。法律援助工作的技术化，特别是网络化发展，对于畅通法律援助服务渠道、扩大法律援助覆盖面、密切部门协作关系、尽快解决矛盾纠纷等具有重要意义。尤其是在各国和地区的法律援助经费永远难以满足法律援助需求的情况下，法律援助工作的技术化发展更突显其现实意义。本专题以法律援助制度相对发达的荷兰、苏格兰、芬兰、美国为例，对网络技术背景下国外法律援助工作亮点进行概述，以期对我国法律援助工作的发展有所借鉴。①

一、荷兰：明确区分法律服务职能，提供自助法律服务

（一）建立法律服务咨询室，明确区分法律援助服务职能

为了将法律援助信息性服务功能与法律援助服务功能严格区别开来，2003－2006 年，荷兰法律援助委员会通过建立以"法律服务柜台"命名的法律咨询室，接管了原有法律援助与咨询中心拥有的法律问题分类及信息性咨询服务功能，也即提供简单帮助的初级功能，而原有法律与咨询中心拥有的延时法律咨询和实际法律援助功能，也即提供复杂、费时的法律援助服务的高级功能，只能由私人律师和调解人员承担。②这是近年来荷兰法律援助制度的重大变化，旨在通过这种运作方式，更好地履行法律援助信息性服务职能，并从整体上增加法律援助制度的透明度等。据此，荷兰法律援助委员会将其法律援助制度界定为由公共（政府）初级服务和私人律师/调解人员高级服务构成的混合式施援模式。每年，法律咨询室能够为100 万名当事人提供便捷、免费的法律服务，成了当事人获得法律援助的首要步骤，在必要时，法律咨询室才会通过电话等方式将当事人转介给私人律师或者调解人员。③

据统计，目前，荷兰全国共建立了 30 家法律咨询室，并共享一个网络和一个电话中心。从地理位置上来看，这些法律咨询室的设置做到了均匀分布，以确保每一位荷兰人都能够乘坐公共交通工具，在大约一个小时内轻易到达离家最近的法律咨询室寻求帮助。平均而言，每一个法律咨询室至少配有 6 名法律咨询人员，而其中一些法律咨询室，特别是一些设在主要城市的法律咨询室，配有更多的法律咨询人员。由于法律咨询室服务职能是以提供信息性服务为主，不包括法庭代理等延时性法律援助职能，所以其法律咨询人员可以由律师助理担任。近年来，荷兰大学开设了相关法律教学课程，以为法律咨询室培养专门的法律咨询人才。

从装修布局上来看，法律咨询室看起来更像商店而非办公场所，以增强对当事人的吸引力。法律咨询室室内空间开阔，有一个等候区并配有三张桌子，而电话中心和会谈室都分布在等候区的后面。另外，室内还配备有宣传栏，摆有相关法律信息宣传资料。等候区配有电脑，供当事人查询有关法律文献资料等。法律咨询室的咨询人员轮流在电话中心（当事人可以通过电话或者 E-mail 寻求帮助）、柜台和会谈室值班。所有法律咨询室的电话中心都是联网的，以便在全国范围内均匀分配工作量。咨询人员都配有专门为法律咨询室研制的、完善的电脑软件系统，以帮助咨询人员正确快速地回答客户提出的问题。

（二）提供各类法律咨询服务

据 2010 年全国统计，30 个法律咨询室共提供了 770374 人次服务。从服务内容来看，大多为提供相关信息和回答相关问题，占 86％。另外，法律咨询室还通过为当事人提供转介服务，帮助当事人寻求复杂法律咨询，或者寻求律师/调解人员的专业帮助。转介服务是通过特制的电脑软件系统完成的。该电脑软件系统可以帮助法律咨询人员向经注册从事法律援助服务的私人律师均匀地分配转介任务。向这些律师分配转介服务的标准是：律师本人是否能够在特定的日期和时间段内提供服务；是否具有与被转介案件相关的法律专业知识；空间距离上是否便于当事人寻求帮助；在特定时间段内已接受的转介案件的数量等。通过电脑转介系统，律师可以了解当事人及其问题、法律咨询室为当事人提供的简单咨询服务等相关电子信息。另外，当事人也可以通过法律咨询室获得有关法律援助制度的程序性信息等。根据受援人调查反馈的信息，受援人对法律咨询室提供的信息服务的总体评价为"好"，甚至是"很好"（平均得分为8.2分），对法律援助律师提供的法律援助服务的评价为"好"（平均得分为7.9分）。

（三）制定开放性的《冲突解决指南》，提升当事人自助解决法律问题的能力

荷兰法律援助委员会强调要通过提供多样化、透明化的法律服务，帮助民众自助解决法律问题。除了上面提到的法律咨询室外，荷兰法律援助委员会还通过开放性的《冲突解决指南》（以下简称《指南》）中提出的早期诊断和分类处理法，利用网上调解功能，帮助当事人自助解决法律问题。《指南》是由荷兰法律援助委员会与蒂尔堡大学合作并在受援人及专家小组的支持下开发的服务产品。《指南》包括有"冲突解决树形图"，以便为当事人提供针对各类法律问题的定制信息，如有关如何处理家庭纠纷、消费纠纷和公共服务纠纷等的信息。荷兰法律援助委员会和大量人士都认为，通过设立法律咨询室和制定《指南》等措施，当事人能够便捷地找到解决法律问题的办法，或者得到及时的转介服务，从而使当事人免于冗长的法律程序，尽快回归正常的工作生活，并能够节省包括法律援助经费在内的司法经费。比如，利用《指南》，当事人能够更好地自主评价所遇到法律问题的成因、性质及与对方当事人的关系，查明以往类似问题的处理结果，确定可以做哪些事和不可以做哪些事，找出在现有条件下解决法律问题的最佳办法。荷兰法律援助委员会鼓励当事人通过法律咨询室和《冲突解决指南》来解决法律问题。《指南》是开放性的，根据法律援助需求的变化，荷兰法律援助委员会将适时调整补充《指南》的内容。比如，增加了电子帮助形式的"离婚模块"功能，以帮助当事人双方通过网络交流平台商谈离婚问题，避免双方的正面冲突。又如，《指南》还增加了"网络调解模块"功能，旨在提升当事人通过电子调解达成矛盾和解的目的。网络调解的优势在于，可以提高弱势一方当事人的地位，特别是在离婚纠纷中可以创造双方当事人之间的距离感，使其平静地进行交流，更好地控制个人的情感等。2010年，《指南》又增添了"事后处理网页"，为离婚当事人提供有关如何处理离婚后事务的信息帮助。目前，围绕《指南》，荷兰法律援助委员会正在研发有关解决法律冲突的"客观标准模块"

等功能，这些客观标准是当事人之间进行谈判的有效方法，有利于当事人根据外部标准解决相关法律问题。当然，荷兰法律援助委员会认为自助服务不是万能的，比如，对于处于弱势地位的当事人来说，有时候很难通过自助服务妥善解决矛盾纠纷。在这种情况下，有必要借助法律咨询机构甚至是法院等专业机构和人员的帮助，以帮助当事人处理法律问题。

此外，在开展法律援助工作过程中，法律援助委员会还注重通过网络等保持与受援人之间文化上的沟通交流互动，以增强受援人的满意度，降低法律援助支出。

二、苏格兰：利用网络技术，完善法律援助管理和服务职能

（一）完善法律援助网络管理

近年来，苏格兰法律援助委员会通过法律援助网络系统，扩大了与律师之间的网络业务。通过安全的网络系统，律师可以帮助当事人提交法律援助申请，上报法律援助开支账单等。这是近年来苏格兰法律援助委员会开展得最具有意义和挑战性的管理创新活动，表明苏格兰法律援助委员会与律师事务所之间的业务关系更加密切。[④]在成功提供网络咨询和帮助的基础上，自 2009 年 9 月份开始，苏格兰法律援助委员会确立并不断扩大了民事和刑事法律援助网络申请功能。从 2011 年 4 月开始，苏格兰法律援助委员会已不再接受法律援助纸质申请，并打算在 2011 - 2012 年度末，不再接受律师提交的纸质法律援助开支账单。

（二）为看守所被羁押人员提供法律咨询

2010 年 10 月份，英国最高法院查明，根据苏格兰法律规定，在犯罪嫌疑人无代理人的情况下，警察有权对犯罪嫌疑人进行长达 6 个小时的持续关押与讯问。最高法院认为该规定违反了《欧洲人权公约》的相关规定。为此，苏格兰议会通过了适用于紧急情况下的《2010 年苏格兰刑事程序（法律帮助、羁押和上诉）法令》，赋予了犯罪嫌疑人在接受警察讯问之前有获得律师帮助的权利。苏格兰政府认为有必要由苏格兰法律援助委员会依法开展相关项目，为犯罪嫌疑人提供法律帮助。目前，苏格兰法律援助委员的工作重点就是拟联合法律界人士、相关司法及政府部门依法开

展警察局值班律师项目，并倾向于采取混合式施援模式，施援人员由私人律师、公设辩护人和法律援助委员会专职律师组成，并借助电话咨询中心开展律师值班活动。

（三）充分利用视频会议提供法律援助服务

为了提高法律援助工作效率，节省法律援助开支，在现代化技术高速发展的时代，苏格兰法律援助委员会希望充分利用视频会议形式，开展法律援助服务。目前，苏格兰法律援助委员会正在开展跨司法部门的技术项目，以推广视频会议等现代化技术在看守所、监狱及其他相关机构中的运用，便利律师与当事人的会见活动等。

三、美国：积极做好新成果转化，自代理服务发展显著

（一）积极利用网络技术开展法律援助工作

过去十多年，在美国民事法律援助工作中，通过利用现代化技术新成就，不断扩展了民事法律援助服务渠道，完善了民事法律援助制度。这些技术成果为低收入人群提供了及时了解有关法律权利和义务、作出正确选择、获得法律服务以保护个人权益的信息平台。目前，所有的州都通过建立本州网络平台，提供有关社区法律教育、自代理法律服务、法院及其他社会服务的信息。这些信息对于法律服务人员和当事人来说，都非常有用。大部分法律援助项目都建有属于本项目的网络平台。大量的全国性网络平台为法律服务人员提供了有价值的法律信息或者为施援服务、管理服务等提供了强有力的技术支持。许多州级项目和全国性网站均安装了功能强大的 cutting - edges 软件，以开展网上法律援助申请等活动。在许多州开展的 I - CAN 项目，通过安装有 KIOSKS 系统并带有触摸屏的电脑设备，允许客户提交电子诉讼文书或者获得其他服务。目前，视频会议技术在一些州的法律援助工作中得到了运用，以便利住在偏远地区的当事人与当地法院、法律援助律师之间的及时沟通，提高包括法律援助在内的司法工作的效率，节省司法经费开支。

（二）自代理服务非常发达

近年来，在美国民事法律援助工作中，司法部门及相关组织和专业人

士利用网络技术、热线电话等，为经济困难的当事人提供法律帮助，帮助这些当事人在法庭上开展自代理服务，并取得了显著成就。比如，由资深律师、自代理服务专家 Ricard Zorza 作为协调员的自代理诉讼网络系统，通过将法院、律师行业等相关司法机构和组织紧密联系在一起，不断利用电脑技术创新自代理法律服务工作，研发了包括各种幻灯片、培训班讲义和活动手册等在内的司法课程。该课程内容包括如何帮助当事人明白潜在的问题、解决问题的方法步骤及相关信息资料手册等。而许多法院也积极利用电脑技术，为自代理当事人提供司法文书电子编写和各种信息服务，以提高法院工作效率，或者在法院建立自助服务中心，并由律师负责自助服务中心的监管工作，以密切法院和各类法律服务组织之间的合作，节省司法成本，促进司法正义的快速实现。

其中需要强调的是，许多民事法律援助项目通过与法院合作，花费大量时间和资源，积极利用电脑网络等多种形式，帮助当事人开展自代理服务，解决自代理服务中存在的问题。比如，马里兰法律援助服务局通过与当地法院订立合同，在法院为自代理当事人提供信息服务。近年来，芝加哥—肯特法学院与电脑技术服务法律指导中心合作，积极进行技术革新，建立了"接近司法正义发起人"网络工具箱，旨在通过 HOTDOCS 网络软件帮助自代理当事人参与网络调解活动，为自代理当事人收集相关法律信息，起草并向法院提交简单的诉讼文书等。同时，有些州通过与州高等法院、州法律援助协会等合作，正在开展"接近司法正义发起人"工具箱试点活动。

（三）建立医疗与法律合作施援新模式

在这种合作施援模式下，律师通过参与医护服务工作，帮助病人及其家庭解决复杂的法律问题。目前，在全国 40 个州的 190 个医院中，医生与律师在小儿科、家庭医药、肿瘤和老年病学等方面建立了医疗与法律合作关系，以帮助病人家庭解决有关吃住、收入、教育等日常生活困难。病人及其家庭成员可以向其医生反映日常生活困难，并通过医疗与法律合作施援模式，为病人家庭提供相应的法律救济。医疗与法律合作施援新模式的运作，有赖于法律援助机构利用专业法律知识，提供法律服务，同时也离不开大量律师事务所提供的公益法律服务。目前，有 100 多个公益民事法律援助项目和一半以上接受美国法律服务公司经费资助的法律服务项目正积极参与医疗与法律合作施援新模式下的工作；45 个私人律师事务所积极提供相关志愿服务活动；44 个法学院积极参与医疗与法律合作服务工作等。

四、芬兰：将法律援助作为公民法律保护工作的重要内容

（一）建立高效矛盾纠纷协调处理机制

荷兰司法部相关负责人指出，司法制度是安全性、功能性社会的有效组成部分。通过加强法院、法律援助和执法服务之间的合作，建立目的明确的功能性服务网络，可以促进公民获得便捷的法律保护。由于部分地区人口、法律事务及司法管理经费资源的集中，有必要建立该功能性服务网络，方便最有法律服务需求的地区的民众能够及时获得优质高效的法律保护。司法机构用房规划工作可以采取综合性方式和现代化方法开展，在坚持合理的设计价格的同时，确保最新信息技术的利用，办公场所的功能性运用，考虑特殊群体的需求并符合安全标准等。通过科学开展司法机构用房规划工作，由法院、法律援助机构和执法部门等在同一办公场所办公，可以提高法院、法律援助和法律服务等机构的工作能力，优化司法为民服务等。同时，通过开展电子服务等活动，做到不同地域间司法资源的公平分配，确保偏远地区的民众能够获得平等的法律保护。

要建立更加有效的行政机构协作链条。公民法律保护的有效实施需要加强不同行政机构之间的协作链条。近年来行政实践工作中的巨大变化彰显了不同行政机构之间开展协作的重要意义。目前，在不同行政机构之间开展协作所面临的主要问题是如何通过建立制度、优化职能，以实现相互之间信息和数据的充分共享使用。从理想上来说，司法机构及其职能部门应当作为同一个链条履行其职能，其中每一个职能部门作为一个环节，通过共同协作，为公民提供无缝化高效法律保护。同时要继续完善电子服务和案件管理制度，以便不同行政机构、法院和其他司法部门之间，上下级法院之间能够进行相关文件的电子交换，并达到欧盟制定的电子司法标准。

（二）建立法律援助电子服务

建立法律援助案件管理制度的目的是为了加速法律援助事务处理流程、提高法律援助工作效率、节省法律援助成本。目前，法律援助案件电子处理制度已建立起来了，主要包括法律援助网络申请、法律援助在线审批等电子服务，并正在部分法院、律师和服务中心开展试点工作。当事人可以填写电子申请表提出法律援助申请。申请人可以利用其网上银行密码登录电子申请系统。如果当事人没有网上银行密码，也可以联系法律援助办公室或者某个法律援助律师以获得相关帮助。电子申请流程能够确保法律援助审批工作的集中办理，减少法律援助办公室的拥挤现象。

（三）建立法律援助评估制度

目前，芬兰各政府部门采取的是基于结果的绩效管理制度，其特色就是对各项制度实施的有效性及其财政开支进行综合评估。而对制度实施有效性进行评价的关键是工作质量的评估。对政府法律援助质量的评估是其应有之义。为此，2008 年，芬兰司法部任命成立了由法律援助律师、法官等组成的法律援助质量评估制度研发委员会，以明确法律援助质量要素和评估方法，评价同行评估、受援人问卷等各种质量评估方法的可行性、有效性和经济性，建立系统的法律援助质量评估制度并对其运作进行有效监管。芬兰司法部认为，建立评估制度的目的不是为了控制律师或者说是作为对律师的惩罚机制，而主要是作为一种有效的质量监控及律师培训方法，以不断改进法律援助工作的质量，提高法律援助律师的能力和业务素质。目前，该委员会提出的质量评估制度主要有 5 个评估范围、38 个评估指标和 4 个评估方法组成。评估范围和指标主要包括受援人对法律援助工作的信任度，法律援助律师对双方当事人、法官、证人等的态度，法律援助事项和案件的处理程序，法律援助事项和案件得到了有效处理并且产生的花费合理，法律援助律师的能力和业务素质等方面。评估方法包括法律援助律师自评估，受援人问卷，法院负责人、检察人员及对方当事人律师问卷和同行评估。评估得分从 0 到 6 采取 7 分制，以增进评估结果的有效性和可比性，其中 3 分为绩效合格。2011 年 2 月份，芬兰司法部在部分地区开展了质量评估试点活动。从绩效评估结果来看，都在合格分数线以上，其中受援人问卷平均得分最高，为4.06分（4分为绩效良好），同行评估平均得分最低，为3.16分。根据试点评估结果，芬兰司法部将进一步完善法律援助质量评估制度。

注释：

①本文资料主要来源于2011年国际法律援助组织芬兰会议上与会代表提交的论文和工作报告中的内容。

②延时法律咨询（extended consultation），类似于国务院《法律援助条例》第25条规定的法律咨询。实际法律援助服务，类似于法律援助代理、刑事辩护等。按规定，原有法律援助和咨询中心既提供信息性服务，也提供法律援助服务，这种综合性服务职能导致难以对法律援助和咨询中心的服务流程做到有效监管，因而有必要对其职能作出严格划分。

③法律援助委员会通过降低受援人应当承担的分担费用的比例，以鼓励当事人向法律咨询室寻求法律帮助，尽量通过自助方式解决法律问题。

④英国英格兰和威尔士地区和其他一些国家和地区也都建立了完善的法律援助网上管理系统。

（原文发表于《中国司法》，2012年第3期）

加拿大布里奇斯值班律师告知权研究

从司法实践来看，通常情况下，犯罪嫌疑人被逮捕或者拘留后，面对强大的国家机器，心理状态会发生很大波动，表现出恐慌、无助、悔恨、反抗、悲观、绝望、沉默、等待等各种情绪。特别是在犯罪嫌疑人遇有身心残疾、语言障碍、受教育程度低等情况下，心理波动会更大，常常表现出对自己的处境缺乏合理的认知和判断，难以正当有效地行使法律赋予的权利。这种情况下，犯罪嫌疑人急需获得律师的专业性帮助，及时回归理性和法律的轨道，有效保护自身合法权利。所以，近几十年来，侦查阶段犯罪嫌疑人律师帮助权一直是各国和地区理论界和司法实务界的重要研究课题之一，取得了大量的研究成果。特别是随着世界各国法治化进程的发展，在被逮捕或者拘留时，享有即时律师帮助权已经逐步从理论成果走向实际，成了犯罪嫌疑人的一项重要程序性权利，得到了世界上许多国家立法实践的确认和司法实践的保护，在保持侦查阶段控辩双方武装对等、约束执法人员的执法行为等方面发挥了积极作用[①]。

如《加拿大权利和自由宪章（1982）》（以下简称《宪章》）第 10 条第 2 款明确规定，"任何人在遭到逮捕或者拘留的时候，享有即时聘请律师和向律师发出指示的权利，以及享有被告知该权利的权利"。《宪章》作为立法成果，只能是一般性的，对加拿大各地司法实践发展不平衡情况的抽象静态的概括，不可能顾及每一个可能受制于该条规定的具体案件的具体情况，不可能对来自于不同省份和地区的犯罪嫌疑人享有的律师帮助权的具体内容、警察所负有的告知义务等作出绝对化的规定。不过，加拿大作为英美法系国家的重要成员，具有长期的法官释法传统和经验，随着后来司法实践的发展，加拿大最高法院（以下简称最高法院）和各级上诉法院通过行使司法审判权，以扎实的职业素养，追求系统性良好结果的实用主义和探究真相的态度，充分考虑各种与待查案件有关的信息，并基于社会科学及环境发展的缜密理性思维，尽可能借助作为整体的司法制度来有效处理以布里奇斯案（R. v. Brydges, 1990）为代表的一系列案件，动态赋予了《宪章》第 10 条第 2 款丰富的内容，有效发挥了《宪章》在规范警察等的执法行为，维护犯罪嫌疑人、特别是经济困难的犯罪嫌疑人权益方面的积极作用②③。

一、明确将值班律师服务和法律援助纳入到律师帮助权范围

在 1990 年布里奇斯一案中，针对《宪章》第 10 条第 2 款"犯罪嫌疑人被逮捕或者拘留时享有律师帮助权"的规定，最高法院作出了具有里程碑式意义的判决。其中最突出的表现是，通过明确将值班律师和法律援助纳入到犯罪嫌疑人享有的律师帮助权范围，扩大了《宪章》第 10 条第 2 款规定的内涵，对于做好侦查阶段犯罪嫌疑人权益保护工作，发挥着显著作用。④

该案中，被告人布里奇斯是阿尔伯塔省的居民，因涉嫌发生在 Demonto 的杀人案，布里奇斯在马尼托巴省遭到了警察的逮捕。在逮捕现场，警察指控布里奇斯犯二级谋杀罪，并告诉他享有聘请律师的权利和向律师发出指示的权利。到达警察局后，布里奇斯被带到了审讯室。在审讯开始的时候，警察再次告诉布里奇斯可以联系律师。但由于自己经济困难请不起私人律师，布里奇斯询问审讯官马尼托巴省是否存在法律援助制度。来自于 Demonto 的审讯官认为马尼托巴省设有法律援助制度并正面回答了布里奇斯的问题。当时，该审讯官询问布里奇斯，既然想与律师联络，是否有什么理由。布里奇斯回答说："现在没有，没有。"在接下来的审讯中，布里奇斯向审讯官作了一些供述。后来，布里奇斯打断了审讯官的讯问并要求联系法律援助律师。通过警察帮忙，布里奇斯与法律援助律师取得了联系，律师告诉布里奇斯不要再作任何供述，审讯到此停止了。当案子被移送到法院审判时，法官发现，审讯开始时，布里奇斯确实要求获得律师的帮助，但又不确定自己是否有能力请得起律师。由于警察在布里奇斯行使律师帮助权的时候没就法律援助的可获得性问题提供帮助，审判法官裁决认为，布里奇斯享有的《宪章》第 10 条第 2 款规定的权利和自由受到了

侵犯，据此，法官排除了布里奇斯所作供述，布里奇斯被无罪释放。但是紧接着阿尔伯塔上诉法院作出的多数判决推翻了初审法院的无罪判决，要求重新审判该案。⑤后来，该案被提交到最高法院处理定夺。

从一些国家司法实践来看，在对犯罪嫌疑人进行逮捕或者拘留的时候，如果警察没有履行相应的告知义务，以确保犯罪嫌疑人及时得到律师的帮助，可能会导致非常严重的后果。在布里奇斯一案中，与初审法院法官的看法一样，最高法院同样考虑了布里奇斯被适时告知享有聘请律师和向律师发出指示的权利，但又表示自己请不起律师的事实。所以，最高法院判决认为，初审法官的审判行为正确，驳回了阿尔伯塔上诉法院的判决，并维护了初审法院作出的无罪判决。

在审查该案的时候，考虑到由政府公共财政支持的法律援助服务的快速发展与普及，最高法院对犯罪嫌疑人享有的律师帮助权作出了符合时代发展的扩大性解释，赋予了该权利开放性长远发展意义。⑥Lamer 大法官在多数判决中指出："在加拿大现代社会中，聘请律师的权利和向律师发出指示的权利已不仅仅是指聘请私人律师的权利，时下，它还意味着，当被告人符合各省法律援助计划规定的经济困难标准时可以获得免费的法律服务，以及立即获得临时性的值班律师服务且无须考虑被告人经济状况的好坏。所以，出于这些考虑，我认为，作为《宪章》第 10 条第 2 款规定的告知权利或者说是告知义务的部分内容，（警察等执法人员）应当向被羁押人告知本辖区是否建立有值班律师和法律援助服务及如何获得这些服务的帮助，以方便被羁押人员能够充分理解其享有的聘请律师的权利以及向律师发出指示的权利。"⑦

Lamer 大法官在多数判决中还指出，为被逮捕或者拘留的犯罪嫌疑人提供关于法律援助的可获得性、免费值班律师计划存在与否的有用信息，构成了《宪章》第 10 条第 2 款规定的警察告知义务的必要组成部分。"就本案的具体事实来看，法院面临着以下问题：当被告人表示本人无经济能力聘请律师时，这妨碍了被告人对律师帮助权利的行使。在这种情况下，办案警察是否有义务告知被告人本辖区内设有值班律师，并且可以申请法律援助呢？我认为办案警察有义务这样做。我这样认为的理由是，警察应当承担告知义务，这符合被告人享有的聘请律师的权利及向律师发出指示的权利的内在目的。（要求警察）即时告知被羁押人员享有聘请律师的权利和向律师发出指示的权利的原因在于，在被逮捕或者拘留的时候，犯罪嫌疑人需要及时获得法律咨询的帮助。……在被逮捕或者拘留的早期阶段，值班律师的主要功能之一是，确保犯罪嫌疑人享有的沉默权的存在，并且告知犯罪嫌疑人如何行使该权利。在遭到逮捕或者拘留的时候，犯罪嫌疑人应当立即考虑聘请律师的问题（如果聘请了律师的话，在进行法庭审判的时候，该律师应当会代表被逮捕或者拘留人出庭）。但是，实际情况往往并非如此。另外，在被逮捕或者拘留时，犯罪嫌疑人需要获得即时法律咨询的重要原因之一是，保护犯罪嫌疑人切实享有不得自证其罪的权利。[8]这也正是在犯罪嫌疑人获得聘请律师和向律师发出指示的适当时机之前，警察负有停止讯问犯罪嫌疑人的义务的原因之所在。"以此为由，最高法院在1990年布里奇斯一案中所作判决的结果是：任何人在遭到逮捕或者拘留的时候，都享有告知权，警察应当告知其法律援助和值班律师服务的可获得性。

作为布里奇斯案件的判决结果之一，通过最高法院的判例解释，犯罪嫌疑人享有的告知权内容更加丰富，实现这些权利的方法和途径更加明确，从而使得《宪章》第10条第2款的规定变得更加清晰完善，操作性更强。具体说来，在逮捕或者拘留犯罪嫌疑人的时候，警察不仅必须要告知犯罪嫌疑人享有获得法律代理的权利，而且还必须做到以下三点要求：一是如果本辖区建立有法律援助和值班律师制度的话，要告知犯罪嫌疑人法律援助和值班律师服务的存在以及如何获得这些服务的帮助；二是为犯罪嫌疑人提供适当的机会以接触值班律师或者接触犯罪嫌疑人的私人律师；三是停止对犯罪嫌疑人的讯问，直到犯罪嫌疑人有适当的机会获得法律咨询为止。这三个要求之间密切相关、缺一不可[9]。

毫无疑问，布里奇斯判决对于明确免费法律服务的性质和结构、规范警察的执法活动、厘清刑事审判中证据的可采信性、改善警察和法院对待被逮捕或者拘留的犯罪嫌疑人的态度等方面都产生了显著影响。需要特别指出的是，布里奇斯判决产生的更大影响在于，其关注点集中在为被逮捕或者拘留的犯罪嫌疑人即时提供全天24小时的值班律师服务。在加拿大每一个司法辖区内，长期以来，被告人都享有申请法律援助的权利。但被告人能否实际获得法律援助，取决于多个因素，如被告人犯罪的严重程度和收入的多少。而对于全天 24 小时的即时值班律师服务而言，只要本辖区内存在该值班律师服务，那么犯罪嫌疑人无须提出申请，就可以获得由该值班律师服务提供的即时帮助。此外，对于所有的被逮捕或者拘留的犯罪嫌疑人来说，值班律师服务都是免费的，无须考虑犯罪嫌疑人的经济支付能力。这些全天 24 小时的值班律师服务以布里奇斯服务著称，与最高法院作出的布里奇斯判决同名。⑩

布里奇斯判决还指出了布里奇斯服务与被告人可获得的其他法律援助之间存在着显著区别。一是布里奇斯服务的主要特点是，通过全天 24 小时电话服务形式提供单纯的、即时值班律师帮助（包括晚上、周末和假日）；二是犯罪嫌疑人无须申请就可以获得奇里奇斯值班律师的帮助，因为该服务是免费的，不需要考虑犯罪嫌疑人的收入状况。⑪

从布里奇斯案的审查过程可以看出，最高法院的重要职能同样在于，为了全国人民的利益对法律的原则和抽象性规定进行合理的、符合时代发展的解释，并为了公众利益，特别是困难群体的利益而厘清与宪法和其他法律有关的、具有司法全局性意义的重大问题。⑫

二、明确警察充分履行告知义务是实现律师帮助权的重要保障

1994 年，最高法院通过认真审理以巴特尔案为首的 6 个上诉案件，进一步完善了警察负有的、向被逮捕或者拘留的人充分履行"布里奇斯规则"告知义务的性质和内容。在这些上诉案件中，鉴于警察要求犯罪嫌疑人接受酒精测试，所以涉及对犯罪嫌疑人律师帮助权的解释问题。这些案件中的犯罪嫌疑人大都在深夜或者凌晨时被逮捕或者拘留，针对警察提出的酒精测试要求，急需获得法律咨询。⑬

如在巴特尔一案中，犯罪嫌疑人巴特尔因某个周六凌晨醉酒后不愿意在路边接受酒精测试而被逮捕。执行逮捕的警察照着一份定制的告知卡（该告知卡上提到了法律援助），向巴特尔宣读了《宪章》第 10 条第 2 款规定的权利。但是，该警察没有告诉巴特尔的事实是，他可以通过拨打印制在告知卡上的免费电话号码（1 - 800），获得值班律师提供的即时、简

单、免费法律咨询。在警察宣读了告知卡后不久，巴特尔就作了有罪供述。在被带到警察局后，警察又两次询问巴特尔是否想打电话联系律师，但又都没有提到可以联系值班律师的免费电话号码。对警察的两次询问，巴特尔均予以拒绝。后来，巴特尔证实，当时，他认为只有在正常上班时间才能与律师取得联系，并向一位警察表示，事情发生在晚上，不知道该与谁联系。从另一个方面，该警察证实，当被问及是否想联系律师时，巴特尔只是简单地说"不"。当该案被提交到最高法院处理时，根据上述案情，最高法院裁决认为：警察没有向巴特尔告知 1－800 电话号码，严重违反了《宪章》第 10 条第 2 款规定的犯罪嫌疑人享有的告知权，根据《宪章》第 24 条第 2 款规定，对于本案中巴特尔向警察提供的罪证供述和酒精测试结果，本院将不予采信。⑭

通过本案，最高法院表达的意见是：在被拘留人打算行使律师帮助权之前，就法律援助和值班律师服务的可获得性问题，被拘留人享有充分的告知权。正如该案中以首席大法官 Lamer 为代表的最高法院的大多数法官所说：根据《宪章》第 10 条规定的含义，为了实现犯罪嫌疑人享有的不得自证其罪的权利，并帮助其恢复自由，在被逮捕或者拘留时，犯罪嫌疑人是急需法律咨询服务的。为了满足犯罪嫌疑人的需求，保护其合法权益，在所在辖区设立有免费法律服务制度的情况下，警察必须充分告知被逮捕或者拘留的犯罪嫌疑人有关如何获得免费法律服务的基本信息。⑮例如，告诉犯罪嫌疑人可以拨打免费电话或者为其提供值班律师电话服务名单。代表多数判决意见，首席大法官 Lamer 指出："《宪章》第 10 条第 2 款规定的律师帮助权的目的是为被羁押人员提供有价值的选择。由此可以推断，在被羁押人行使律师帮助权之前，应当被充分告知可以获得哪些服务。在该案中尤其要考虑到，直到被羁押人明确表示要接触律师时，政府机关（警察）都没有履行其应当履行的附随义务。我的意见是，假如在被拘留人行使其部分权利之后，警察才按要求告知其法律援助的存在及如何获得法律援助的帮助，那么，《宪章》规定的律师帮助权难免流于形式，难以实现其应有的立法目的。"⑯

在该案中，首席大法官 Lamer 等进一步解释了警察应当负担的义务等，"《宪章》第 10 条第 2 款规定赋予了警察三个义务，一是告知被羁押人享有律师帮助权，二是为被羁押人提供合理的行使律师帮助权的机会，三是在犯罪嫌疑人享有了合理的行使律师帮助权的机会之前，中断对犯罪嫌疑人的讯问活动。其中，第一个义务是警察负有的告知义务，第二、第三两个义务是警察负有的实施义务"。在这方面，尤其需要注意的是首席大法官 Lamer 的观点。而且从实证研究的结果来看，"人们越被充分告知《宪章》第 10 条规定的权利，他们越有可能充分行使享有的权利"。[17]

另外，在 1994 年哈珀和波兹尼亚克两个案件中，最高法院作出了与巴特尔案类似的判决结果。在哈珀一案中，警察以适当的方式，即时告知了犯罪嫌疑人哈珀享有聘请律师的权利、向律师发出指示的权利，以及在无能力聘请律师的情况下，可以获得法律援助的权利。但是，警察没有告知哈珀可以拨打由马尼托巴省法律援助委员会管理的 24 小时免费电话服务。根据该案案情，首席大法官 Lamer 裁决认为，警察侵犯了哈珀享有的、《宪章》第 10 条规定的律师帮助权："告知权是犯罪嫌疑人享有的、《宪章》第 10 条规定的律师帮助权的组成部分。如果犯罪嫌疑人被拘留时，所在辖区存在各类免费即时简单法律咨询制度的话，应当告知犯罪嫌疑人这些制度的存在，并且告知他如何获得这些制度的帮助。"[18]

在波兹尼亚克一案中，被告人波兹尼亚克因为在凌晨 4 点酒后驾驶被逮捕，并被要求接受酒精测试。虽然警察告知波兹尼亚克享有可以获得由法律援助律师提供的免费法律咨询的权利，但是，没有告知他可以拨打由安省法律援助委员会管理的、可以提供 24 小时即时服务的法律援助电话（1 – 800），而该电话号码就印制在警察的告知卡上。法院裁决认为，波兹尼亚克享有的律师帮助权受到了侵害，并推断，通过酒精测试取得的证据，是违反犯罪嫌疑人享有的律师帮助权的结果，因而"可能会为行政执法工作造成恶劣影响"[19]。

而在 1994 年科巴姆一案中，最高法院审理的问题涉及全国不同辖区内存在的、各具特点的布里奇斯值班律师制度。借着审理该案的机会，最高法院又进一步阐明了《宪章》第 10 条第 2 款规定的警察应当负担的告知义务的具体内容，以适应全国范围内存在的、多样化的布里奇斯值班律师制度的现实需求。在该案中，犯罪嫌疑人科巴姆因午夜酒后驾驶被逮捕，随后又被控拒绝接受酒精测试。法院经查明：在科巴姆被逮捕的时候，所在辖区没有 24 小时免费法律援助电话。不过，阿尔伯塔的每一个警察队伍内都拥有一份愿意在非上班时间内为被逮捕或者拘留的人提供电话服务的当地律师名录。当时，虽然警察告知科巴姆有寻求律师帮助的权利，但没有为他提供当地志愿律师服务名录。据此，加拿大最高法院判决认为，科巴姆享有的《宪章》第 10 条第 2 款规定的告知权受到了侵犯。正如首席大法官 Lamber 强调的那样："根据《宪章》第 10 条告知权的规定，应当告知犯罪嫌疑人本辖区内是否存在各类免费即时简单法律咨询制度。如果本辖区确实设有这些制度的话，还应当告知他如何获得这些制度的帮助。"

在审理波路斯波一案时，最高法院又对布里奇斯服务和其他法律援助作出了明确区分。根据最高法院的意见，布里奇斯服务与被告人可能获得的法庭代理形式的法律援助律师帮助权之间存在显著区别。布里奇斯服务是指，为犯罪嫌疑人即时提供的、简单免费值班律师帮助，或者犯罪嫌疑人通过 1 – 800 电话服务有机会即时获得免费法律信息。而且难能可贵的是，在波路斯波判决书中，最高法院还通过列表的方式，对各省份和地区设立的布里奇斯服务制度进行了梳理，明确了各省份和地区布里奇斯服务之间的差异。

三、细化证据排除规则以保障犯罪嫌疑人享有的救济权

有权利就有救济。为了确保犯罪嫌疑人对律师帮助权等权利的行使，针对那些在违反犯罪嫌疑人律师帮助权的情况下获得的、可能会为司法工作带来负面影响的证据的处置问题，《宪章》第 24 条同样作出了初步的抽象性规定，为法官行使自由裁量权留有了很大的空间余地。该条第一款规定："对于任何人而言，如果他享有的《宪章》权利和自由受到了侵犯或者剥夺，可以向有管辖权的法院提起诉讼，以便法院能够适当公正地考虑其案件情况，为其提供司法救济。"第二款规定："在当事人依据第一款规定提起诉讼的案件中，如果法院推断，相关证据是在当事人享有的、本《宪章》规定的权利和自由受到侵犯或者剥夺的情况下取得的，那么，通过对案情进行全盘考虑，如果在诉讼过程中采信相关证据会给司法工作带来负面影响的话，应当将相关证据予以排除。"该条规定当然是犯罪嫌疑人享有的《宪章》第 10 条第 2 款规定的律师帮助权的重要救济制度。

司法实践中，针对非法证据的排除问题，最高法院和上诉法院严格遵守职业道德准则，运用扎实专业知识，结合丰富实践经验，彰显严谨理性思维，切实履行司法审查权和自由裁量权，充分发挥了上级法院应当发挥的作用。如在审理1987年柯林斯案等案件的时候，最高法院曾表示，如果警察没有履行对犯罪嫌疑人的告知义务，鉴于该告知义务是犯罪嫌疑人享有的《宪章》第10条第2款规定的律师帮助权的部分内容，应当将警察的这种不作为视为严重侵犯犯罪嫌疑人宪法权利的行为。在这些案件中，因为警察执行逮捕和拘留以及开展讯问时没有向犯罪嫌疑人提供适当的告知信息，那么，警察在收集证据时，因为违反了《宪章》第10条第2款的规定，所以法院不应当对相关证据予以采信。

明确非法证据排除三要素。在柯林斯一案中，最高法院裁决认为，在适用《宪章》第24条第2款规定的标准时，应当要优先考虑以下三个方面的要素：一是如果对污点证据（tainted - evidence）予以采信的话，是否会影响到审判公正；二是在收集证据时警察违反《宪章》行为的严重程度；三是排除污点证据，对司法工作声誉可能会带来的影响。

积极做好违法证据排除工作。根据最高法院判决明确的、犯罪嫌疑人在其所处现场享有关于布里奇斯服务可获得性的充分告知权的要求，如果警察在执行逮捕或者拘留的时候侵犯或者剥夺了犯罪嫌疑人享有的告知权，那么，在大多数情况下，对于违反犯罪嫌疑人告知权而收集到的证据，法院都会予以排除。如在1999年怀迪斯一案中，被告怀迪斯被判纵火罪，因不服判决向哥伦比亚省上诉法院提出了上诉。上诉法院经审查发现，在开始与警察会谈时，怀迪斯被告知享有律师帮助权，但是，警察为其提供的告知规则不符合最高法院在1994年巴特尔一案中予以明确的告知要求，下令重新审判该案，其理由是，对于怀迪斯的部分口供，初审法官不应当采信，因为这些口供是在违反怀迪斯享有的律师帮助权的情况下收集的。根据最高法院在1994年巴特尔一案中作出的判决结果，哥伦比亚省上诉法院指出，在此类性质的案件中适用《宪章》第24条第2款的规定时，一个重要的考量因素是，如果没有出现违反律师帮助权的现象，那么，"被告人是否会有不同的表现"。

在2001年尼克逊一案中，新斯科舍省上诉法院采取了类似的处理方式。该案中，尼克逊被控拒绝遵守《刑法》第 254 条第 2 款的规定以提供呼吸样本。[20]上诉法院经裁决认为，应当将尼克逊拒绝提供呼吸样本的证据予以排除，因为，尼克逊没有被告知可以获得布里奇斯服务的帮助，在发布该案判决时，Saunders 大法官引用了最高法院首席大法官 Lamber 在 1994 柯林斯一案中发表的一段意见："从被用来证明被告人有罪的拒绝证据与犯罪之间的直接联系可以得出一个强有力的推定，即采信拒绝证据会产生审判不公。其原因在于，如果被告人已经被适当告知享有律师帮助权的话，可能就不会拒绝作呼吸测试了。"该案中，Saunders 大法官同样认为，采信被告人的拒绝证据可能会"给司法工作带来负面影响"。

明确非法证据排除中的同等对待原则。在 1997 惠特福德一案中，出现的问题是，是否应当根据《宪章》第 24 条第 2 款的规定，对那些检察机关仅为了达到质疑被告惠特福德的人品可靠性的目的而采用的证据予以排除。该案中，惠特福德被控性侵犯。随后，惠特福德不服判决向阿尔伯塔上诉法院提出了上诉。在逮捕时，惠特福德表示想与法律援助沟通，但是，在提出此要求后不久，惠特福德就向警方提供了一份口供。后来，在法庭审判的交叉质证阶段，检察官以此证据对惠特福德提出了质疑。上诉法院经裁决认为，警察在为惠特福德提供合理的联系法律援助的机会之前，没有停止对惠特福德的讯问，警察的做法侵犯了惠特福德享有的律师帮助权。在发出重新审判的命令时，上诉法院指出，惠特福德的口供不应当被采信。在代表上诉法院发布多数判决时，Berger 大法官认为，在依据《宪章》第 24 条第 2 款规定解决将惠特福德口供作为"有罪证据"和检察官提出的"质疑证据"是否应当予以采信的问题时，应当严格按照同等对待原则对两类证据予以处理，并在惠特福德一案中适用了该原则："据我推断，初审时，本案的检察官作出的仅为实现对被告的质疑目的而利用被告人口供的策略性选择，并没有降低证据的可采性标准。但是，为了在初审法庭上达到战略优势，采纳低标准的证据可能会怂恿对《宪章》的破坏行为。因为，为达到质疑目的，以违反《宪章》为代价取得的口供可能会被认为总比没有口供好。在初审过程中，初审法官关注的是惠特福德本人的可靠性，而通过惠特福德上诉，我断定，采纳为达到交叉质证目的而取得的证据是不公平的。"通过对该案件的审理，上诉法院及时纠正了一审

法院在非法证据排除方面的错误做法。㉑

　　另外，通过多年的司法实践，最高法院和各上诉法院还就警察如何采取切实措施，便利被逮捕或者拘留的犯罪嫌疑人行使律师帮助权等提出了许多明确要求。如在 1995 年肯尼迪一案中，纽芬兰上诉法院判决认为，在犯罪嫌疑人行使律师帮助权的时候，警察应负担的一项重要义务是要采取适当的私密措施，保护犯罪嫌疑人与律师沟通时的隐私权。㉒这些要求都是对《宪章》第 10 条第 2 款律师帮助权规定的合理扩大与必要延伸，可以被视为律师帮助权的补充性权利或者说是保障性权利，确保犯罪嫌疑人能够有更加充分的机会和自由与律师进行有效交流和沟通，这无疑是《宪章》立法主旨之所在。

注释：

①Ed Cape：Improving Pretrial Justice：*the Role of Lawyers and Paralegals* (*Pre – PublicationDraft*)；United Nations Officeon Drugs and Crime：*Handbook on Improving Access to Legal Aid in Africa.*

②Simon Verdun – Jone sand Adamira Tijerino：*A Review of Brydges Duty Counsel Services in Canada*。

③朱苏力：《民意与难办案件》《中外法学》，2009 年第 1 期。

④同注 2。在加拿大，通常刑事值班律师制度又被称为布里奇斯服务或者布里奇斯热线，是指在全天 24 小时、一周 7 天的基础上，为所有被逮捕或者拘留的人员，或者因刑事犯罪正在接受警察或者其他执法部门调查但还没有遭到指控又急需获得法律服务的人员及时提供的免费律师咨询服务，且无须考虑犯罪嫌疑人经济状况的好坏。布里奇斯热线是加拿大值班律师制度的重要形式之一，是法律援助制度的有益补充和延伸，是最高法院和各上诉法院针对《宪章》第 10 条第 2 款规定作出的与法律援助发展环境相适应的、动态的宪法性解释的重要成果。从实践来看，布里奇斯热线在确保侦查阶段控辩双方同等武装、规范警察等执法人员的执法行为、切实维护犯罪嫌疑人合法权利、促进司法工作一体化发展和普及公共法律教育等方面发挥着重要作用。

⑤该案详情请参见：http：//scc. lexum. org/en/1990/1990scr1 – 190/

1990scr1 – 190. html。

⑥在美国一些代表性的司法判例中，联邦最高法院的大法官也是采取了类似的符合社会经济、政治和科技动态发展的判案精神和态度。参见任东来、陈伟等著《美国宪政历程：影响美国的 25 个司法大案》，中国法制出版社 2004 年 1 月版。

⑦同上注 2。

⑧任何人不被强迫自证其罪的权利，一般被认为包含两层含义：一是不得以暴力、威胁、利诱和其他方法迫使犯罪嫌疑人、被告人作出有罪供述；二是犯罪嫌疑人、被告人享有沉默权（Privilege of Silence），即有拒绝招供（Confession）的权利。前者是刑事诉讼中保障人权的最低标准，后者则是进一步要求。沉默权制度起源于 1639 年英国的李尔本案。在该案中，李尔本以"自己不能控告自己为由"反对星座法院（也称星宫法院）法官要求的纠问宣誓，并拒绝回答"无礼的"提问，被星座法院以藐视法庭罪判刑。后该判决被英国议会裁决撤销，并规定禁止在刑事案件中使用这种誓言。美国 1789 年宪法修正案第 5 条明确了反对强迫自我归罪的特权，规定"任何人都不得被强迫在任何刑事案件中自证有罪"。1966 年美国最高法院判决的"米兰达诉亚利桑那州"一案，对于沉默权制度的最终确立具有里程碑意义，该案创设了著名的"米兰达规则"，即侦查人员讯问嫌疑人时必须要告诉被讯问人：（1）有权保持沉默；（2）如果选择回答，那么所说的一切都可能作为对其不利的证据；（3）有权在审讯时要求律师在场；（4）如果没有钱请律师，法庭有义务为其指定律师，否则，被讯问人的供述一律不得作为证据使用。也是 1966 年，第 21 届联大通过的《公民权利和政治权利国际公约》第 14 条第三项规定："任何人不被强迫作不利于他自己的证言或强迫承认犯罪。"此后，不被强迫自证其罪的权利逐渐成为国际上公认的、刑事诉讼的基本原则之一和最低限度的人权标准。http：//news. xinhuanet. com/theory/2007 – 07/22/content_ 6405796. htm。

⑨同上注 2。

⑩同上注 2。具体说来，比如在加拿大安大略省，所有被警察局羁押的犯罪嫌疑人和少年犯都可以获得布里奇斯服务的帮助。通过服务，值班律师可以为当事人提供英语、法语服务，也可以在翻译人员的帮助下提供

其他语言服务。另外，该省还有其他类型的值班律师服务。详情请参见 ht-tp：//www. legalaid. on. ca/en/about/downloads/factsheet_ dutycounsel. pdf。

⑪同上注2。

⑫安东尼·刘易斯著、陈虎译：《吉迪恩的号角——一个穷困潦倒的囚徒是如何改变美国法律的?》，第20页。

⑬在加拿大，一直以来，醉酒驾车问题都非常严重，造成了许多刑事案件。据2008年统计，醉酒驾车案件占到刑事指控案件总数的12%，在单一犯罪（the largest single offence group）中，所占比例最大。据2008年的估计数据，在加拿大，每年有53000个醉酒驾车案件被听审，定罪率为73%，远远超过刑事案件13%的定罪率。参见http：//en. wikipedia. org/wiki/Drunk_ driving_ （Canada）。

⑭该案基本情况请参见 http：//scc. lexum. org/en/1994/1994scr3 - 173/1994scr3 - 173. html。

⑮在该案判决中，大多数法官还认为，在行使律师帮助权的时候，犯罪嫌疑人也要尽到合理的谨勉义务，否则，该律师帮助权并不是绝对的。另外，犯罪嫌疑人也可以放弃律师帮助权，但对于犯罪嫌疑的放弃行为，要设定严格标准。参见：http：//scc. lexum. org/en/1994/1994scr3 - 173/1994scr3 - 173. html。

⑯同上注2.

⑰同上注2。

⑱参见：http：//scc. lexum. org/en/1994/1994scr3 - 343/1994scr3 - 343. html。

⑲参见：http：//scc. lexum. org/en/1994/1994scr3 - 310/1994scr3 - 310. html。

⑳《加拿大刑法》第254条主要是关于被测试人需要作呼吸或者血液测试的条件、作呼吸测试和血液测试所需容器对被测试人的生命和健康不能产生危害、被测试人拒绝接受测试时的处理等规定。其中第二款规定主要为，如果警察有理由怀疑某个正在驾驶或者操纵（包括正在协助驾驶、操纵或者控制等）机动车辆、轮船、航空器或者铁路设施的人身体里含有酒精，而不管该机动车辆是否正在移动，该警察均可以向该当事人提出酒

精测试需求，要求该当事人提供酒精测试样本等。参见：http：//www. lawyers. ca/statutes/criminal _ code _ of _ canada _ impaired _ driving. htm。

㉑同上注2。

㉒在加拿大司法实践中，比较重视犯罪嫌疑人隐私权的保护工作，在这方面，执法人员具有很强的意识。近几年，通过中国和加拿大政府签订的中加法律援助与社区法律服务项目，加拿大已有的包括犯罪嫌疑人在内的当事人隐私权司法实践经验对我国法律援助工作等产生了一些影响。参见 http：//www. 545600. com/thread － 1908 － 1 － 1. html；http：//www. csflyz. com/news/news_ show. asp？id＝814。

（原文发表于《中国法律援助》，2012 年第 5 期）。

刑诉早期阶段法律援助
联合国非正式专家组会议综述

2013 年 5 月 27 日至 29 日，联合国毒品与犯罪办公室（以下简称毒品与犯罪办公室）和联合国开发计划署在奥地利首都维也纳共同召开了以侦查阶段为重点的刑事诉讼早期阶段法律援助（以下简称早期法律援助）问题非正式专家组会议，来自英国、美国、印度、菲律宾、南非等 20 个国家①的司法部门、警察部门、法律援助机构、民间组织以及联合国儿童基金会、联合国开发计划署民主治理工作组②、开放社会司法行动部、国际刑事改革组织③、国际法律基金会④、联邦人权行动组织⑤等国际非政府机构的代表和大学教授参加了会议。笔者有幸作为中方代表应邀与会交流讨论。会议议题由两部分组成：一是专题讨论。主要是结合各种法律援助立法和实践经验，讨论由英国西伦敦大学 Cape 教授根据《联合国刑事司法制度中获得法律援助的原则和准则》（以下简称《准则》）起草的《刑事诉讼侦查阶段法律援助：针对决策者和服务人员的手册和培训课程》（以下简称《手册》）；二是专题发言。在《手册》讨论过程中，会议方指定了 10 多名代表做了专题发言。

一、开幕式主要内容

开幕式上，会议邀请人详细介绍了本次会议的召开背景，回顾了《准则》的制定过程等。会议邀请人指出，近年来，国际社会逐渐认识到在刑事诉讼程序中提供法律援助服务对于保障经济困难的犯罪嫌疑人、被告人、受害人和证人等的合法权益，提高公众参与社会管理意识，实现社会法治化进程具有非常重要的意义。为此，为落实联合国经社理事会制定的"关于开展国际合作提高刑事司法制度下法律援助的可获得性——以非洲地区为重点"的决议［2007/24］，经联合国经社理事会要求，毒品与犯罪办公室多次召开了刑事法律援助专家组会议，并通过以非洲地区为重点开展相关刑事法律援助调研活动，积极研究在兼顾各成员国司法传统、司法实践多样化的情况下，如何找出具有普遍适用性的方式方法，以增进各成员国刑事法律援助的可获得性、加强成员国刑事法律援助制度能力建设、加强侦查和拘留场所刑事法律援助工作，从而充分发挥法律援助在实现刑事司法公正方面的重要作用。特别是2004年发表的《利隆圭宣言》的内容，构成了《准则》的最初简单框架。⑥回顾近年来的工作，在举行多次专家讨论会、开展调研活动的框架基础上，毒品与犯罪办公室认真起草、修改了《准则》，并于2012年12月获得了联合国大会的批准通过。会议邀请人概括介绍了《准则》对各成员国法律援助工作的指导意义、其所具有的兼顾各成员国法律援助工作多样化发展的开放性和概括性特征，以及主要条款内容、法律援助概念形式等。《准则》以各成员国法律援助实践和最佳做法为基础，明确了在开展刑事法律援助工作时各成员国应当遵行的主要原则和准则，拓宽了提供有效法律援助服务的方式方法，要求各成员国要重点关注困难群体的合法权益保护问题，明确了包括各种民间组织在内的各类法律援助服务主体的职责作用。会议邀请人指出，《准则》是毒品与犯罪办公室制定的一系列预防犯罪、实现刑事司法公正的规范性文件的一项重要内容，为了做好其贯彻落实工作，毒品与犯罪办公室在以合同方式委托 Cape 教授撰写《手册（草稿）》的基础上，特邀请本次会议代表结合各成员国法律援助实践，相关国际标准、地区标准以及司法案例等，对《手册（草稿）》提出修改意见和建议。会议邀请人表示，值此《准则》实施之时，非常感谢格鲁吉亚⑦、南非和菲律宾政府在其中发挥的重要作用，它们积极采取措施、广泛适用《准则》相关规定，其他许多国家政府也表示重视《准则》的适用工作。为此，毒品与犯罪办公室和联合国发开计划署、联合国儿童基金会等联合国相关机构与国际刑事改革组织、开放社会司法行动组、国际法律基金会等非政府组织之间加强了合作。会议邀请人还强调，在刑事诉讼侦查阶段提供有效的法律援助服务，对于确保犯罪嫌疑人合法权利，减少羁押时间、缓解羁押场所过度拥挤、减少重新犯罪现象、实现刑事诉讼活动高效等，都具有十分重要的作用，所以各成员国要采取措施，确保所有犯罪嫌疑人在刑事诉讼侦查阶段均享有获得法律援助的权利。

最后，会议邀请人明确了本次会议的讨论重点，各成员国应当如何采取措施，以便在刑事诉讼中，特别是刑事侦查阶段为犯罪嫌疑人提供创新有效的法律援助服务，这也是实施《准则》的重要举措和体现。为了实现此目的，特邀请大家围绕《手册》畅所欲言，提出建设性意见和建议。

二、专题讨论

（一）介绍《手册》撰写过程

在与会代表开始讨论之前，撰稿人简要介绍了《手册》的撰写背景。

首先，据撰稿人介绍，《手册》的写作素材主要来源于律师执业经验以及他本人与开放社会司法行动部的代表等在欧盟开展的两次广泛的有效刑事辩护调研活动的发现等。目前，撰稿人还正与开放社会司法行动部的代表一起在南美智利等地开展相应的调研活动。从律师执业经验和调研活动情况来看，在刑事诉讼侦查阶段提供法律援助方面，还存在很多问题。根据这些发现，确定了《手册》的基本写作框架及主要内容。由于《手册》涉及每一个国家，这是写作时面临的最大难题，这主要表现在：一是各国在刑事司法制度、资源、律师、法律援助、审前羁押等的功能设计等方面存在极大的差别，刑讯逼供、贪污受贿问题的具体表现也各有不同；二是各国司法传统不同，有的国家仍然沿用传统的法律制度；三是法律援助服务模式复杂多样。服务模式既包括由私人律师提供的法律援助服务，也包括由各类法律工作者提供的法律援助服务，以及公设辩护人计划、专业团体服务等；四是各国法律援助发展方向存在很大差别。目前，有些国家正在努力提升本国法律援助服务，而其他一些国家，比如澳大利亚一些州、新西兰、英国和威尔士等，其法律援助开支却被大幅度地降低；五是对于辩护权和律师、法律工作者辩护职责，政府持比较矛盾的态度，出现了不一致的发展趋势。比如，英国政府，在对《准则》持支持态度的同时，却通过颁布新法律，取消了独立的法律服务委员会，将法律援助管理纳入到司法部管理之中，法律援助服务的独立性被大大削弱，这显然违背了《准则》的相关规定。

其次，撰稿人认为，充分考虑各国法律援助发展的差异性，对于写好

《手册》非常有帮助。一是有助于明确《手册》的写作目的。为此，《手册》开宗明义，在综合考虑各国司法传统和法律援助实践的基础上，旨在为法律援助政策制定者、律师、法官、检察官、警察及其他法律援助相关人员提供实用性指南，以更好地贯彻执行《准则》的规定；二是有助于明确《手册》的写作框架结构及各章节的写作目的；三是为明确相关法律援助概念提供了基本素材；四是能够充分灵活运用各成员国立法和服务实例等以说明《手册》需要解决的问题。

再次，撰稿人介绍了《手册》的章节内容和主要概念等。《手册》主要有七章构成，分别是引言，早期法律援助的好处与不足，早期法律援助权利的基本制度框架，早期法律援助的组织实施体系，法律援助服务人员的职责作用，警察、检察官及法官在早期法律援助中的职责，早期法律援助的实施。另外，《手册》还包括有附件部分，比如，法律援助服务人员培训课程、警察培训课程、权利告知书模板等。《手册》涉及的关键概念主要有三个，即"早期法律援助""法律援助"和"刑事司法制度"。各国法律援助立法规定及实践不同，对这些概念做出了不同的规定。比如，对于"早期法律援助"，英格兰和威尔士地区的规定通常为不超过 24 小时，而在巴西则可能高达数月。

最后，关于《手册》的法律渊源和实例问题。据撰稿人介绍，在其撰写过程中主要参照了欧洲人权法庭的判例和欧盟颁发的部分指令，因为从世界范围来看，这些判例和指令代表了程序性权利保护的最佳做法，特别是在早期法律援助方面更是如此。至于《手册》中的实例，主要依靠相关人员提供，比如，有的国家开展的法律援助工作者计划、公设辩护人计划等，并希望通过本次讨论会能够发现更多实例，以为《手册》理论部分提供更多支撑。

（二）《手册》的主要讨论内容

本次会议主要围绕《手册》具体内容进行了讨论，而不涉及章节编排问题。在会议筹备过程中，毒品与犯罪办公室就要求参会代表结合本国法律援助实践尽快提供书面意见材料。据撰稿人介绍，与以往召开的会议相比，本次会议收到的书面意见材料是最多的。按会议方要求，笔者结合2012 年《刑事诉讼法》《条例》及相关规范性文件等，就中国法律援助立法关于早期法律援助的规定提出了相应的书面意见材料。会上讨论的问题集中体现在以下几个方面：

1. 关于法律援助相关概念的界定问题。明确相关概念，是做好早期法律援助的重要前提。与会代表围绕法律援助、刑事司法制度、刑事诉讼早期阶段等概念进行了广泛讨论。《手册》撰稿人指出，《准则》对这些概念没有做出明确界定，而考虑到各国现有立法实践的多样化，也很难对这些概念给予明确界定。比如，法律援助与免费法律援助，是否有必要将其区别开来；在某些国家，行政司法程序也具有刑事司法程序的特征，如何将两者区别开来；在刑事诉讼中哪些阶段属于早期阶段，是特指侦查阶段，还是指审前阶段者其他阶段。开放社会司法行动组的代表认为，这些概念很重要、很难界定，不过，其中刑事或者刑事司法制度的概念是相对比较容易界定的，许多国家都作了类似的规定。该代表建议，《手册》可以借用联合国相关规范性文件、欧洲委员会反酷刑标准的相关规定等对刑事司法制度和刑事诉讼早期阶段的概念作出界定。比如，刑事诉讼早期阶段应当是指犯罪嫌疑人被逮捕时，在此阶段，就应当为犯罪嫌疑人提供法律援助，而不是到了控诉阶段才为犯罪嫌疑人提供法律援助。该代表还指出，从《手册》关于法律援助和免费法律援助的概念来看，很容易使人产生误解，而《准则》关于法律援助的界定，应当是指免费法律援助，该免费法律援助应当是由政府提供的，但是又如何界定受援人支付费用的法律援助呢？有的代表提出要从资助主体的角度对法律援助进行分类界定，如政府资助的免费法律援助、非政府组织资助的法律援助及其他性质的法律援助。国际法律基金会的代表提出的建议是，各成员国均负有提供法律援助的责任，而不论其是否已将早期法律援助付诸行动，《手册》对法律援助和免费法律援助概念的界定似乎没有意义，如果《手册》某些部分确实需要强调由政府资助的法律援助的话，直接将其描述为政府法律援助就行了。奥地利林茨大学教授则认为，从《准则》规定来看，法律援助与免费法律援助紧密相关，应当将它们放在一起来界定。该教授还建议，应当对即时法律咨询和免费法律咨询等概念做出界定。

南非夸祖鲁纳塔尔大学教授对各位代表的意见进行了澄清，法律援助是包括政府法律援助、非政府组织法律援助及其他性质的法律援助在内的，而免费法律援助应当专指政府法律援助。美国华圣顿大学⑧教授认为，法律援助是一个非常开放的术语，提到法律援助的概念，通常会指法律援助服务，但如果是立法者或者法律规定，其关注点应当是法律援助的资助主体是谁，如果是法律援助组织，其关注点应当是法律援助服务实施活动，所以法律援助包含多种含义。开放社会司法行动组的代表认为，《手册》内容不能违背联合国相关规范准则等的规定，法律援助的概念虽然宽泛，但早期法律援助应当是政府的责任，政府有责任为犯罪嫌疑人提供免费法律援助，而不能将该责任加强给民间组织或者其他组织，也不能将其与律师等法律服务人员提供的免费咨询、代理等公益法律援助服务行为相混淆。许多代表认为，政府负有早期免费法律援助的责任是由该阶段的紧急性和司法利益所决定的。以色列代表认为，犯罪嫌疑人无论是在接受警察讯问时，还是被逮捕时，都需要获得由政府资助的早期法律援助的帮助。许多代表还指出，法律援助权是一个广泛的权利。关于刑事诉讼早期阶段，有的代表指出，无论是侦查阶段，还是审查起诉阶段都应当属于刑事诉讼早期阶段。开放社会司法行动组的代表指出，刑事诉讼早期阶段是一个新术语，关于早期法律援助，有的国家称为警察局法律援助咨询计划，有的称为紧急法律援助计划。《手册》撰稿人表示，将考虑与会代表提出的意见和建议，对法律援助相关概念做出修改。

2. 关于早期法律援助权利的落实问题。讨论会上，许多代表经常提到相关国际人权标准、欧盟人权标准及有关规范性文件。他们认为，犯罪嫌疑人享有刑事诉讼早期阶段律师帮助权和法律援助权是成员国遵守国际人权标准的重要体现。毒品与犯罪办公室的代表围绕国际人权标准、欧盟人权标准、律师帮助权、法律援助权、欧盟人权立法及实践现状等进行了详细讲述，并指出欧盟成员国在落实人权保护标准方面也存在许多问题。来自巴西的代表指出，联合国《世界人权宣言》等国际立法性文件非常重要，在开展早期法律援助时应当遵守这些文件规定的标准。

与会许多代表都指出，在立法和实践方面，早期法律援助权利仍然存在落实难的问题。《手册》撰稿人指出，从他们在欧盟地区开展的调研活动来看，在侦查阶段，通常警察很少能保证犯罪嫌疑人享受到充分的律师帮助权和法律援助权等。国际法律基金会负责人指出，提到早期法律援助，无论是美国的服务模式或者其他国家的服务模式，弱势群体在获得法律援助方面面临的矛盾仍然非常突出，这不仅仅是个案问题，比如儿童、残疾人群仍然很难获得法律援助，特别是在侦查阶段，情况更是如此，他们依然会受到胁迫。联合国开发计划署的代表和联邦人权行动组织的代表表示，由于儿童、妇女等弱势群体受自身能力等因素限制，在获得早期法律援助方面确实存在许多问题，所以有必要特殊问题特殊对待，通过单独制定有针对性的指南手册或者其他公共宣传品或者开展其他项目活动以为其提供早期法律援助。会议主持人表示，近年来，除了《手册》之外，联合国相关部门通过开展专题调研等活动，已经出版了一系列手册等与法律援助有关的出版物，可以供大家免费使用。

　　针对部分代表提出的有关成员国政策制定者和执法人员等在落实刑事诉讼早期阶段律师帮助权、法律援助权方面存在的问题，开放社会司法行动部的代表和《手册》撰稿人等均表示，在促进国际和国内法律援助立法、督促决策者和执法人员认真执行犯罪嫌疑人法律援助权利、保障律师介入警察侦查工作等方面，民间组织确实能够发挥重要的作用，并且它们一直在这些方面做出积极的努力。据开放社会司法行动部的代表介绍，目前，约旦、土耳其、塞拉里昂、马拉维、尼泊尔等国家的民间组织、基金会等正在开展相应的调研活动，查明早期法律援助权利的落实程度，找出存在的问题，帮助政策制定者、执法人员找出解决办法。

　　3. 关于法律援助工作的项目化管理问题。针对有些代表提出的法律援助制度设置问题，来自于国际刑事改革组织的代表认为确实有必要加强法律援助制度项目化建设。他指出，在《手册》中，有必要展现相关法律援助项目取得的成就，本人也一直参与法律援助项目工作。比如，英格兰和威尔士逐步建立了质量评估项目、值班律师项目等，这些项目的做法都非常有意义，对于《手册》而言，都是非常有用的实例。另外，他还指出，要丰富《手册》有关培训项目课程的内容。他认为，各成员国有必要通过法律援助制度项目的设置，将《准则》的规定运用于法律援助实践。其他代表也提出了类似的建议，针对这些建议，会议主持人指出，在非洲马拉维等国家，联合国开发计划署和毒品与犯罪办公室确实针对警察、法律援助服务人员开展了一系列的试点项目培训活动，并在警察局与警察、法律援助服务人员开展了合作项目活动。

4. 关于增加发展中国家法律援助实例的问题。南非夸祖鲁纳塔尔大学教授认为，《手册》不仅要包括欧盟及其他发达国家有关律师和公设辩护人服务的实例，也要包括不发达国家法的法律援助服务实例，才更能体现《手册》对发展中国家的指导意义。国际刑事改革组织的代表也指出，从国际刑事改革组织的经验来看，虽然存在不同的实践经验，但确实有许多案件形式的实例或者国家层面的实例可以供《手册》使用，希望通过三天的讨论能够为《手册》增加来自于各成员国的更多实例，进一步丰富从英国法律援助制度中得来的一般性经验，以增加《手册》的国际性，这是非常有意义的事情。部分代表表示，会后将会为《手册》提供更多的实例。

5. 关于法律援助教育培训活动。部分代表介绍了有关法律援助培训活动的经验。南非夸祖鲁纳塔尔大学教授指出，在帮助塞拉里昂、肯尼亚、乌干达等国家制定法律援助立法的时候，发现许多政策制定者、法官等仍局限于本国司法传统，而不重视或者有意回避联合国相关文件的规定，没有将相关人权标准与本国司法传统结合起来考虑问题，所以有必要针对这些人员开展必要的教育培训活动。

6. 关于加强部门之间沟通协作的问题。《手册》指出，在早期法律援助工作中，警察、检察官和法官都应当负有相应的责任。一些代表指出，从实践来看，这方面一直存在问题。比如，据美国华圣顿大学教授所说，他们在一些国家开展了类似的警察、检察官和法官法律援助合作项目，但这些执法者相互不配合的现象确实存在。对此，国际法律基金会的负责人表示，有必要加强司法部门相互之间的沟通协作，通过定期召开圆桌会议等形式，密切相互之间的关系，共同做好早期法律援助工作。

三、专题发言

在讨论《手册》草稿的过程中，会议方安排相关代表作了专门发言。其中有的发言将被作为法律渊源或者实例，写入《手册》之中。

（一）"没有律师的情况下应当怎么办"

这是马拉维法律工作者咨询服务协会①代表的发言。主要内容包括：一是法律工作者的招募工作。要向新录用人员介绍有关法律工作者咨询服务的情况，新录用人员要在其他法律工作者的帮助下开展实习活动，一周实习期结束后要接受实习评估，一旦被录用后要签名同意遵守警察局和监狱看守所服务工作行为规范。二是新录用法律工作者的培训工作。要向法律工作者介绍刑法知识的运用。法律工作者通过与警察、监狱看守所工作人员、法庭工作人员等沟通，以掌握刑法知识是如何运用于司法和法律援助实践活动的，从执业之初就与其他刑事司法从业人员之间建立起工作联系。法律工作者要参加 2－3 天的警察局活动，以了解警察局发生的情况，观察逮捕、讯问、释放等相关诉讼程序的开展，查阅警察填写的相关表格和文书等资料；旁观法庭首次出庭、保释申请、控告、即决审判及请求减刑等诉讼活动。三是为法律工作者提供服务执业技能培训。通常由两位专业导师向其讲解刑法知识、刑事程序及相关宪法规定等，并进行现场技能培训。在一位信息管理专家和一位数据资料专家的指导下，帮助法律工作者学会如何查明、收集并运用相关信息知识，相关数据信息要做到准确和及时更新，并要对法律工作者办公室收集的档案信息进行现场访问评估。四是为法律工作者提供电脑使用技术培训，帮助其掌握基本的电脑使用技术。因为，日常工作中，所有工作信息都需要法律工作者录入到一个集中式的数据管理系统中，并且要使用电脑技术开展日常工作沟通。五是向法律工作者介绍人权法知识。帮助法律工作者熟悉国际人权法，知道如何查明案件事实，如何开展案件调查工作。通过掌握相关知识技能，以使法律工作者了解在人权法框架下如何执行本国的刑事法律规定。在此过程中，将要向法律工作者介绍国际人权法、联合国规则、相关行为规范及指南性文件。法律工作者通过掌握案件调查技能，查明案件事实，学以致用，将相关"人权"规定运用于法律援助服务实践。六是学会冲突解决技能。通过与开普敦大学合作，开展了"监狱看守所冲突转化项目"，向法律工作者、监狱看守工作人员讲解冲突是什么，重点是如何在监狱看守所内建设性地解决冲突等。七是开展项目管理及领导技能培训，由项目下的专业顾问提供培训指导。八是针对法律工作者开展警察侦查讯问技能培训，帮助法律工作者了解警察讯问的目的是什么，应当如何进行讯问，以使法律工作者有信心参与警察讯问活动，知道警察积极提问与虐待性提问之间的边界是什么，以及出现警察虐待性提问的情况下，知道应当如何做以干预警察的不法行为。

（二）"尼泊尔经济困难犯罪嫌疑人法律援助问题"

这是国际法律基金会尼泊尔办公室主任的发言。主要内容为：一是相关立法难以落到实处。根据尼泊尔法律规定，犯罪嫌疑人在被逮捕时，有权依据自己的选择获得律师帮助的权利，并且经济困难的当事人享有获得免费法律援助的权利，按照宪法规定，这些帮助都是保密的。但是，在司法实践中，由于律师专业技能不足，缺乏服务主动性，导致经济困难的犯罪嫌疑人、被告人难以获得由律师提供的有效早期法律代理服务。二是通过法院判例以落实立法规定。该发言人通过两个案例指出，尼泊尔最高法院已经意识到犯罪嫌疑人、被告人律师权是公平审判不可缺少的要素之一，并强调犯罪嫌疑人在被逮捕之时，即享有律师权。三是现有法律援助组织机构体系。主要是根据1997年《法律援助法》规定成立了法律援助委员会，由尼泊尔政府提供经费支持，在全国75个县中的32个县开展法律援助服务。最高法院是历史最久最大的法律援助提供主体，通过法律援助项目，由法院指派专职律师提供法律援助服务。全国75个县法院都建立有指派律师法律援助项目，16个上诉法院均建立有一个指派律师援助项目，最高法院建立有2个指派律师法律援助项目。另外，还有包括国际法律基金会尼泊尔办公室等在内的4个民间组织从事法律援助服务。四是法律援助服务机制不健全，主要表现在法律援助报酬太低、缺少有效培训、缺少有效监管、缺少准司法机构的参与等。五是没有建立有效的法律援助绩效标准。另外，围绕法律援助机构及服务人员职责，该发言人还提出了一系列建议。比如，法律援助机构要任用有能力的法律服务人员、研发具有实用价值的手册和培训课程、针对本机构的律师制定相应的绩效指标、制定明确的监管措施和标准、为律师提供持续性职业教育、聘任必要的辅助性人员、建立数据系统以跟踪所有案件进程、建立受援人信息直接反馈机制等。

（三）"刑诉早期阶段警察、检察官和法官的职能"

这是奥地利林茨大学教授的发言题目。主要内容为：一是影响犯罪嫌疑人决定寻求法律咨询的影响因素有哪些，比如，因信息不对称导致犯罪嫌疑人做出草率决定、自身经济比较困难、低估了警察收集的信息可能带来的后果、警察告知的信息不充分等。二是公平审判的前提条件有哪些，比如，犯罪嫌疑人享有告知权、能够获得法律援助、能够得到法律咨询。三是警察的作用是什么。比如，无偏见地向犯罪嫌疑人履行告知义务，确保犯罪嫌疑人了解告知信息的内容，公正地开展侦查活动、使用预制的讯问表格等。四是实践中在审前阶段获得法律咨询的实际犯罪嫌疑人数是多少。从该教授于 2012 年参加的相关调研项目来看，在轻罪案件中，仅有 3.7% 的犯罪嫌疑人获得了法律咨询，而在重罪案件中，也仅有 18.1% 的犯罪嫌疑人获得了法律咨询。两类案件平均起来，在刑事诉讼早期阶段，仅有 7.9% 的犯罪嫌疑人获得了法律咨询。

此外，专题发言题目还包括："欧盟人权标准、刑事诉讼早期阶段律师帮助权与法律援助权的立法发展"（开放社会司法行动组代表）、"有关人权与人类发展的主要国际文件"（巴西圣保罗大学教授）、"以人权保护为中心的警察执法工作"（菲律宾国家警察部门代表）、"警察、检察官和法官的责任"（孟加拉国警察部门代表）、"早期法律援助"（联邦人权行动组织代表）、"刑事诉讼早期阶段儿童法律援助"（联合国儿童基金会代表）等。

注释：

①其中，亚洲和非洲地区的参会国家还包括尼泊尔、蒙古、约旦、孟加拉国、以色列、津巴布委、赞比亚、马拉维、尼日利亚、摩尔多瓦、乌干达。这些国家多是在联合国、国际法律基金会（美国）、开放社会司法行动组（匈牙利）等国际组织的支持下开展本国法律援助工作的。

②联合国开发计划署民主治理工作组：该工作组旨在通过各种项目活动，将相关国际非政府组织和成员国专业人员聚集在一起，增进彼此合作与共享，全面提高各成员国的参与能力、责任能力、透明性、包容性、有效性和反应性等。

③国际刑事改革组织是一个国际性的非政府组织，致力于在全球开展刑事和犯罪司法改革活动。该组织的总部设在伦敦，并在中东、北非、中东欧、中亚和南高加索设有地区办公室，通过积极开展项目活动，采取多

措施，促进这些地区的刑事司法改革。

④国际法律基金会：成立于2001年，是一个国际非政府组织，致力于帮助战后国家或处于转型期的国家建立公设辩护人制度，以为经济困难的人员提供高效优质的辩护服务。

⑤联邦人权行动组织：是一个独立的、无党派的国际非政府组织，由几个英联邦协会于1987年发起成立，主要工作任务是确保在英联邦各成员国实现人权保护。

⑥2004年11月22日至24日，来自26个国家（其中包括21个非洲国家）的128名代表聚集马拉维首都利隆圭，围绕非洲地区刑事法律援助服务主题，召开了3天的讨论会。与会代表由司法部长、法官、律师、监狱官员、学者以及国际性、地区性和国家层面的非政府组织人员组成。会议形成并经与会代表一致同意通过了《关于非洲刑事司法制度中获得法律援助的利隆圭宣言》〔以下简称《利隆圭宣言（2004）》〕。《利隆圭宣言（2004）》主要内容：如何采取切实措施，提高刑事司法相关部门和人员对法律援助工作的认识，促使其承认并支持刑事法律援助权利，在刑事司法程序所有阶段提供法律援，并鼓励律师提供公益性法律援助，以确保法律援助的可持续性及提高人们的法律素养，推动刑事法律援助工作的深入发展。会议决定向非洲人权委员会、非洲联盟和2005年在曼谷举办的联合国预防犯罪和刑事司法委员会第18次会议提交《利隆圭宣言（2004）》，《利隆圭宣言（2004）》的内容构成了《准则（草案）》最初框架。

⑦格鲁吉亚，曾为苏联加盟共和国，1991年独立。本次会议中，开放社会司法行动部的两名代表均来自格鲁吉亚。

⑧全称为"华盛顿大学和李大学"。

⑨马拉维法律工作者协会：该协会成立于2000年，是由国际刑事改革组织发起成立的，以便在全国4个民间组织与马拉维监狱看守所之间建立起沟通合作关系。

（原文发表于《中国法律援助》，2013年第4期）

论联合国刑事法律援助立法

　　近几十年来，作为各国刑事司法制度改革重点内容和成果之一的刑事法律援助制度得到了极大的发展，在各国刑事司法制度中的地位和作用日益突出，相关改革经验和成就引起了国际上的广泛关注和普遍认可。[①]但同时，各国刑事司法改革和法律援助发展极不平衡，特别是非洲等发展中国家和地区，依然面临着非常严峻的困难和问题。鉴于此，为了促进各国，尤其是非洲地区刑事司法改革中法律援助工作的共同发展，联合国相关部门、专家及学者认为，有必要在认真总结各国刑事法律援助经验和成就，并承认各国现有工作差异的基础上，找到具有相对普遍适用性、规律性的良好做法，并将其上升为国际性专门文件，以推动、指导和帮助各国深入开展、完善刑事法律援助工作，为处在刑事司法程序各阶段的犯罪嫌疑人、被告人、受害人、证人和服刑人员等提供更加便捷有效的法律援助，并最大化地保护妇女、儿童、最困难及边缘群体的利益。自 2007 年前后以来，联合国毒品与犯罪办公室召集许多法官、法律援助机构负责人、律师、专家和学者等，经过调研论证评估，起草了《联合国关于在刑事司法系统中获得法律援助机会的原则和准则（草案）》〔以下简称《准则》〕，并召开专家会议，对《准则》作出修改和补充。2012 年 4 月 25 日，联合国预防犯罪和刑事司法委员会召开了第 21 届会议，审核通过了《准则》，并于 2012 年底将《准则》提交至联合国大会获得了正式批准。本文围绕《准则》的制定背景、主要内容及对我国刑事法律援助的影响，介绍和论述了作为国际刑事司法改革重要内容的法律援助规范化发展的经验和成果。

一、《准则》的制定背景

（一）国际立法及规范性文件的支持

1. 《世界人权宣言》。《世界人权宣言》是联合国大会在总结、归纳人类文化遗产中有关自由、平等和人权等一般观念基础上，于 1948 年 12 月 10 日通过的，以维护人类基本权利为目的的公约。②从性质和效力上来看，该公约属于非强制性国际公约的范畴，但是它为之后的两份具有强制性的联合国人权公约，即《公民权利和政治权利国际公约》和《经济、社会及文化权利国际公约》的制定奠定了基础。③从司法实践来看，许多法官、律师常常引用《宣言》规定的原则和规范作为审判和辩护的依据。《宣言》规定了诸多基本原则，如法律面前人人平等，无罪推定，享有由独立公正的法庭开展的公平、公开、及时审判的权利，享有救济权等。这些原则是联合国制定《准则》的重要依据。

2. 《公民权利和政治权利国际公约》。这是联合国大会在《世界人权宣言》的基础上，于 1966 年 12 月 16 日通过，并开放给各国签字、批准和加入的一项公约。④《公约》第 14 条明确规定，被控犯有刑事罪行的任何人，均应当享有亲自出庭受审权、自辩护权和他辩护权——即享有由本人选择的辩护人，或者因司法利益需要而为其指定的法律援助进行辩护的权利以及法律援助知情权等。⑤该规定可以说是联合国制定《准则》的更加直接的原则和依据。

3. 《囚犯待遇最低限度标准规则》等。除了《世界人权宣言》和《公民权利和政治权利国际公约》以外，联合国制定的其他法律文件，如《囚犯待遇最低限度标准规则》《保护所有遭受任何形式拘留或者监禁的人的原则》《关于律师作用的基本原则》《关于协作与对策：建立预防犯罪和刑事司法战略联盟的曼谷宣言》《关于应对全球挑战的综合战略：预防犯罪和刑事司法制度及其在变化世界中的发展的萨尔瓦多宣言》等，也都从不同的角度对自辩护权、他辩护权及法律援助等作出了相应的规定。如被拘留人均有权按照法律规定为自己辩护或者得到律师等的帮助；任何没有律师代理的人，为了保护其司法利益免受侵害，按照其犯罪的性质，有权获得一名拥有相应经验和能力的律师提供的法律帮助，如果当事人无力支付律师费，则不用交纳律师费；鼓励成员国根据本国法律规定，采取有效步骤和措施，促进司法公正工作的开展，为有需求的当事人提供法律援助，使当事人能够在刑事司法活动中有效维护自身权利；建议各成员国采取积极措施，酌情减少审前羁押现象，并增加当事人获得司法保护和法律辩护的机会等。这些规定，不仅是对各国包括刑事在内的立法和司法实践经验的及时总结和归纳，而且也为制定《准则》提供了相应的法律依据。

（二）调研及会议成果的支持

1. 主要调研成果。近年来，围绕法律援助工作，特别是刑事法律援助工作，如如何为被羁押人员提供法律援助等，联合国设立试点项目，组织专业调研团队，开展了一系列调查研究活动，及时公开了调研成果，为《准则》的制定提供了理论和实践支持。这些调研成果主要包括：《非洲刑事司法制度中获得法律援助调查报告》《如何改进非洲地区法律援助工作的手册》《非洲儿童友好型法律援助》《阿富汗：刑法及刑事司法能力建设评估报告》《司法保护——法律辩护与法律援助》等。其中关于非洲地区法律援助工作的调研报告详细介绍了非洲各国法律援助立法、法律援助机构设置、监管评估机制、经费保障、法律援助服务主体和服务模式，特别是警察局、监狱及法院法律援助等的最新发展状况，并对法律援助概念给予了广义上的界定，在《准则》的形成过程中发挥着基础性作用。此外，一些国际民间组织在国际刑事法律援助领域的表现非常活跃，经常从一些国家和地区邀请刑事诉讼专家、学者等，组成专门调研团队，围绕各国刑事法律援助工作开展广泛调研活动，产出了大量调研成果，为联合国制定《准则》时所借鉴和吸收。

2. 利隆圭会议。2004 年 11 月 22 - 24 日，来自 26 个国家（其中包括 21 个非洲国家）的 128 名代表聚集马拉维首都利隆圭，围绕非洲地区刑事法律援助服务主题，召开了 3 天的讨论会。与会代表由司法部长、法官、律师、监狱官员、学者以及国际性、地区性和国家层面的非政府组织人员组成。会议形成并经与会代表一致同意通过了《关于非洲刑事司法制度中获得法律援助的利隆圭宣言》〔以下简称《利隆圭宣言（2004）》〕。《利隆圭宣言（2004）》主要内容是：如何采取切实措施，提高刑事司法相关部门和人员对法律援助工作的认识，促使其承认并支持刑事法律援助权利，在刑事司法程序所有阶段提供法律援助，并鼓励律师提供公益性法律援助，以确保法律援助的可持续性及提高人们的法律素养，推动刑事法律援助工作的深入发展。会议决定向非洲人权委员会、非洲联盟和 2005 年在曼谷举办的联合国预防犯罪和刑事司法委员会第 18 次会议提交《利隆圭宣言（2004）》。《利隆圭宣言（2004）》的内容构成了《准则》最初的简单框架。

（三）制定过程

1. 发起阶段。⑥2007 年 7 月，经来自欧盟、非洲集团、美洲地区的 16 个国家倡议，由格鲁吉亚和南非牵头进行积极集体协商，在国际层面上交流如何完善法律援助标准方面的经验的基础上，联合国经济与社会理事会通过了《关于开展国际合作以加强特别是在非洲刑事司法制度中获得法律援助机会的决议》〔以下简称《决议（2007/24）》〕，请求联合国毒品与犯罪问题办公室召开不限名额政府间专家会议，认真考虑《利隆圭宣言（2004）》及其他信息资料，研究刑事司法制度中提高获得法律援助保护的机会，探讨研发国际性的、在刑事司法制度中加强获得综合性法律援助保护机会的法律文件的可能性，比如制定基本原则宣言或者指南性文件等。

2. 撰写《准则》。自 2009 年开始，来自于五大洲的政府和非政府专家组在奥地利维也纳召开了几次碰头会，在对已有各国法律援助成功经验进行总结归纳的基础上，形成了《准则》（包括导言、原则和准则三部分内容共 66 条）。作为程序性法律文件，《准则》的内容从审前阶段到审后阶段，涵盖了刑事司法程序的方方面面，其重点集中表现在：在刑事司法程序的所有阶段提供即时法律援助；由律师、大学诊所和非律师法律服务人员（paralegals）等构成法律援助服务主体，以提供多样化的法律援助服务；建立全国性的、人力及其他资源充足的法律援助制度体系等。《准则》的宗旨是，帮助成员国设计并实施具有创新性、广泛性及可持续性的法律援助制度。⑦

3. 审议《准则》。2011 年 11 月 16 – 18 日，根据联合国经济与社会理事会《决议（2007/24）》成立的"刑事司法体系下获得法律援助问题不限名额政府间专家组"在奥地利首都维也纳召开了专家会议。来自于英国、美国、德国、南非、新加坡和中国等 40 个国家的、司法部门或者法律援助机构的 100 多名代表和大学教授等以专家身份参加了会议。联合国制度专业委员会等 7 个非政府机构向会议派出了观察员。会议主要内容为审议讨论《准则》。⑧会议围绕《准则》的制定背景、宗旨、具体条款内容、立法语言表述、相关概念等进行了认真深入的审议讨论。经专家会议审议讨论，保留了《准则》基本组成部分，仍为导言、原则和准则三部分，但具体条文增至 75 条。会后，经专家会议决定，拟将《准则》提交至联合国预防犯罪和刑事司法委员会审核。

4. 审核并正式通过《准则》。2012 年 4 月 23 - 27 日，联合国预防犯罪和刑事司法委员会召开了第 21 届会议。其中，4 月 25 日，召开专门会议，讨论审核《准则》，并已于 2012 年底将《准则》提交至联合国大会获得了正式批准。⑨

二、《准则》内容概述

《准则》包括导言、原则和准则三部分共 75 条规定，其中原则和准则部分是《准则》的核心部分。

（一）导言部分

导言部分共有 13 条规定，主要涉及法律援助的重要意义、许多国家现有法律援助的不足、《准则》的制定渊源和目的、法律援助的广义概念、法律援助服务人员和法律援助服务组织的概念，概括了各国法律援助的提供模式及《准则》对这些提供模式所持有的开放性态度，规定了妇女、儿童和特殊群体的法律援助需求，明确了《准则》提供法律援助权利保护的效力层次以及向外国公民提供法律援助时应当遵守的公约及条约等。

1. 明确了法律援助的重要意义。《准则》规定，通过当事人享有自我辩护权、法律援助辩护权和法律援助告知权等，法律援助是实现以法治为基础的公平、人道且高效的刑事司法制度的基本要件之一；是当事人享有《世界人权宣言》规定的、包括公平审判权在内的其他权利的基石和先决条件；是树立公众对刑事司法信任的重要保障；有效刑事法律援助对于及时启动刑事转处程序（diversion）⑩，减少监狱羁押人员数量、减少错判误判、减轻法院讼累、降低累犯和重复受害及缩短犯罪嫌疑人羁押时间等都发挥着重要作用；并可以保护受害人和证人在刑事司法活动中享有的权利，提高当事人对法律援助的认识，有助于预防犯罪行为的发生，推动社区更多地参与刑事司法活动，减少拘留和监禁刑的适用等。

2. 采用了广义的法律援助的概念。"法律援助"是指向被拘留、逮捕或者监禁人员，涉嫌或者被控刑事犯罪人员，受害人及证人提供的法律咨询、帮助和诉讼代理，在当事人经济困难的或者因司法利益需要的情况下，法律援助应当是免费的。此外，法律援助还包括法律教育、法律信息以及通过替代性争议解决机制和恢复性司法程序为当事人提供的其他服务等。

3. 明确了各类法律援助服务主体。第一类法律援助服务主体是律师。此外，《准则》还建议，可以将非政府组织、社区型组织、宗教和非宗教组织、专业性机构和协会及学术机构等纳入法律援助服务主体的调整范围。

4. 概括了法律援助提供模式。鉴于各国法律援助提供模式的多样性，《准则》通过列举的方式，将各国现有的公设辩护人、私营律师、定约律师、公益计划、律师协会及其他法律服务人员均纳入了调整范围，相互之间没有优先之分。

（二）原则部分

原则部分共包括 14 项原则 27 条规定，即获得法律援助原则、国家责任原则、为犯罪嫌疑人和被告人提供法律援助权利原则、为受害人提供法律援助原则、为证人提供法律援助原则、不歧视原则、及时有效提供法律援助原则、知情权原则、救济措施和保障措施原则、公平获得法律援助机会原则、符合儿童根本利益原则、确保法律援助服务主体的独立性并为其提供保护原则、法律援助服务主体的职权和责任原则以及建立国家与法律援助服务主体之间的伙伴关系原则等。

1. 国家责任。《准则》明确规定，为了确保建立综合性的、便捷有效的、可持续性的和可信赖的法律援助制度，国家应当将法律援助视为其义务和责任，酌情开展法律援助立法，甚至有必要将法律援助纳入《宪法》调整之中；应当为法律援助制度提供必要的人力和财力资源；应当确保受援人的答辩活动和法律援助服务人员的独立性；应当开展有效的、广泛意义上的法律援助宣传与教育活动，以便人们了解自身权利和义务、权利救济途径和方法以及了解什么是犯罪行为等。

2. 知情权及救济措施。一是国家应当保证，在开展讯问之前或者剥夺当事人自由之时，告知当事人享有法律援助权利和其他程序性保障权利，以及当事人自愿放弃这些权利时可能会导致的后果；二是国家应当公开刑事司法程序中的权利信息和法律援助服务信息，并为公众免费提供这些信息；三是国家应当建立有效的救济保障制度，以便当事人获得法律援助的机会受损、耽误、被拒绝或者当事人没有被充分告知法律援助权利时为其提供救济。

3. 为犯罪嫌疑人和被告人等提供便捷有效的法律援助。这些原则明确规定：一是国家应当确保被逮捕、拘留人员，涉嫌或者可能被处以徒刑或者死刑的犯罪嫌疑人或者被告人在刑事司法程序的各阶段均有权利获得法律援助；二是在案情紧急、复杂或者犯罪嫌疑人、被告人可能面临严厉处罚的情况下，应当确保犯罪嫌疑人、被告人能够获得法律援助，而无须考虑其经济条件的好坏；三是警察、检察官和法官有义务为无力聘请律师和（或者）面临困难情况的犯罪嫌疑人、被告人提供获得法律援助的机会；在不侵害或者有悖于被告人权利的情况下，国家应当酌情为受害人、证人提供法律援助；四是国家应当采取特别措施，以确保妇女、儿童和特殊群体以及生活在农村、偏远地区、落后地区等的群体享有公平获得法律援助的机会；国家应当保证向所有人提供法律援助，而不得存在歧视现象；五是国家应当在与成人相同或者更加宽松的条件下优先为儿童提供符合其根本利益的、便捷的、与其年龄相适应且综合性的法律援助，在涉及儿童的法律援助决定中，同样应当优先考虑儿童的根本利益；六是国家应当确保在刑事诉讼程序各阶段能够便捷有效地提供法律援助，该法律援助的有效性包括但不限于，被拘留人员享有顺利接触法律援助服务人员和组织的机会，对来往信件享有保密权，有接触本案案卷的机会，并且能够有充分的时间和便利条件准备并应对答辩。

4. 法律援助服务主体的独立性及其保护。本原则规定，国家有义务保证：法律援助服务主体能够有效、自由且独立地开展工作；法律援助服务主体能够独立地行使其专业职能，而不受恐吓、阻碍、骚扰或者不正当的干扰；法律援助服务主体享有在国内外出差、与当事人会谈与协商、接触案卷和相关材料的自由权和保密权；法律援助服务主体在依据公认的职业责任、标准和道德开展活动时，不得对其进行起诉，或者受到行政、经济及其他形式的制裁或者威胁。

5. 法律援助服务主体的权利和责任等。这些原则规定，国家应当建立相关机制，以确保法律援助服务主体能够获得教育和培训机会，获得与本人从事的法律援助服务工作相应的技能和经验；应当建立一个中立性机构，以便该机构依据职业道德对法律援助服务主体的违纪投诉进行查处裁决。另外，国家应当加强与各类非政府组织的合作关系，鼓励各类非政府组织积极参与法律援助工作。

（三）准则部分

准则部分共包括18项准则35条规定，是《准则》的核心内容。这些准则是法律援助服务主体、法官、检察官和警察等在参与法律援助工作时应当遵循的标准、方法和途径，具有一定的操作性。这些准则主要涉及：当事人获得法律援助服务之前的经济状况审查；与知情权密切相关的法律援助宣传的方法和途径；如何向当事人告知其所享有的权利及确保这些权利的实现；如何确保审前阶段的法律援助服务；如何确保法院审判阶段的法律援助服务；如何确保审判后阶段的法律援助服务；如何为受害人和证人提供法律援助服务；如何落实妇女享有法律援助的权利；针对儿童应当采取哪些特别措施；如何加强相关部门之间的工作协调，确保全国性法律援助制度的有效运行；国家应当采取哪些措施，鼓励法律协会、律师协会和律师积极参与法律援助工作，考虑特殊群体法律需求，建立儿童友好型法律援助制度；如何建立全国统一的法律援助机构体系，并赋予该机构体系什么样的职责等；如何建立全国性的法律援助经费保障机制，支持开展各类法律援助服务等；如何为法律援助服务提供人力资源保障；在本国律师资源有限的情况下，如何利用非律师法律服务人员做好法律援助工作；如何通过与专业协会合作，加强对法律援助服务主体的监管工作；如何与社会法律援助服务组织和大学开展合作，建立法律援助工作上的伙伴关系；如何开展法律援助研究工作，做好相关数据资料处理工作；如何开展政府和非政府等之间的法律援助技术支持工作等。

1. 灵活运用经济能力审查法。在提供法律援助方面，当事人经济能力审查通常是各国提供法律援助工作的重要起始环节，也是一个比较复杂的技术环节。为此，针对如何灵活运用当事人经济能力审查法，《准则》从以下 6 个方面作出了规定，要求凡是采取经济能力审查法以确定当事人法律援助资格的国家，都应当保证：一是对于那些经济能力超出经济困难标准但仍无能力或者聘请不到律师的当事人，如果考虑到相关情况应该为当事人提供法律援助，并且提供法律援助符合司法利益需求的话，则应当为当事人提供法律援助；二是要广泛宣传经济困难审查法确定的标准；三是对于正处在警察局、拘留中心或者法院阶段的、迫切需要法律援助的当事人，应当在对其进行经济状况审查的同时为其提供初步的法律援助服务，对于所有处在这些阶段的儿童当事人，应当一概免于法律援助经济状况审查；四是法律援助申请人享有就不予法律援助决定提出申诉的权利；五是法院针对当事人的特殊情形，考虑不为其提供法律援助的原因，并在司法利益有此需求的时候，可以指令为该当事人提供法律援助，且无须考虑该当事人是否需要分担费用；六是如果经济状况审查法是依据整个家庭的收入进行审查，但家庭成员之间存在矛盾或者不能平等使用家庭收入的话，为了实现经济状况审查法的目的，则仅需要对法律援助申请人的收入进行审查。

2. 充分保障法律援助知情权等。知情权是当事人能否享有法律援助的重要前提和基础。在保证公众法律援助知情权方面，《准则》要求成员国应当依据现代化技术等手段，督促警察、检察官和司法官员[①]等充分保障当事人的法律援助知情权：一是通过当地政府机构、教育和宗教机构并通过互联网等媒体或者采用其他手段，向社会和公众提供有关法律援助的信息资料和联系方式等；二是应当利用广播和电视节目、各类地方性报纸、互联网，召开目标群体社区会议等形式，确保偏远地区群众和边缘群体对法律援助的知情权，特别要注意将对社区产生影响的具体问题等；三是警察、检察官、司法官员和各类羁押场所的工作人员要通过出具权利证书等形式，并使用适当的文字和语言等，即时告知犯罪嫌疑人、被告人享有沉默权，与律师会谈的权利，享有法律援助的权利以及其他权利，提供与法律援助服务人员联系的方式，禁止警察在律师不在场的情况下开展讯问活动，确保信件往来的保密性等；警察，社区保健、儿童福利等机构的急救人员以及相关机构人员应当即时告知受害人、证人享有的法律援助和其他权利及实现这些权利的方式；建立健全法律援助服务人员与其他专业人员之间的合作关系和推介制度，全面了解受害人的各种状况和需求。

3. 全面落实各阶段法律援助。主要包括审判前阶段法律援助、审判阶段法律援助和审判后阶段法律援助。在这些阶段，法律援助应当遵守的准则主要包括：警察和司法机关不得任意限制犯罪嫌疑人、被告人，特别要保证这些人在警察处理阶段能够获得法律援助；确保审前和听审阶段的法律代理；便利法律援助服务人员为实现法律援助目的而有机会接触被拘留人员；监督并强制执行看守所或者其他拘留中心的羁押时间；在被拘留人员、服刑人员进入拘留所和监狱时，要以适当的方式和语言文字向其提供相关权利信息，并在拘留所、监狱的醒目位置摆放视觉教材；由律师协会、法律协会或者其他合作机构拟定律师和非律师法律服务人员名册，以便为犯罪嫌疑人、被告人、服刑人员等提供法律帮助；对于经济困难的被告人或者出于司法利益的需求，由法院为其指定法律援助；确保在法院诉讼程序的关键阶段，均有被告人的辩护人在场；确保所有经济困难的犯罪嫌疑人、被告人都有充分的时间、技术和经济保障以做好辩护准备工作；非律师法律服务人员和法学专业学生必须要在律师的监督下才能根据国内法在法庭上为被告人提供适当形式的法律援助等。

4. 建立健全全国性法律援助制度及经费保障制度。主要是各国应当考虑建立具有独立决策权、执行权的法律援助机构，该机构的权限至少要包括人事任命，法律援助服务人员的资质认证及服务指派，制定服务标准、培训要求、法律援助需求评估、法律援助预算，并负责建立独立的投诉处理机构，与相关司法部门和民间组织协商制定法律援助战略规划；确定法律援助财政拨付机制，建立充分的法律援助专项基金，如从国家刑事司法预算中拨付一定比例经费支持法律援助服务，利用追缴的赃款或者罚款为受害人法律援助提供经费支持，制定律师在农村边远等地区从事法律援助工作的鼓励措施，确保检察机构和法律援助机构之间按比例公平分配资金；明确法律援助经费的支出应当包括复印费、收集证据费，与专家证人、法医专家和社会工作者有关的费用及差旅费等；增进司法机构和卫生、社会服务、受害人服务工作者等其他专业机构和人员之间的合作关系，建立顺畅的推介制度，充分发挥法律援助的最大效能；建立与律师协会和法律协会之间的合作关系，确保刑事诉讼各阶段法律援助全覆盖；鼓励律师协会和法律协会提供公益性法律服务，采取免税、提供奖学金及旅费和生活津贴等措施，鼓励律师到偏远落后地区提供法律援助，定期开展巡回服务。

5. 充分保障法律援助人力资源。主要是国家应当预先作出适当的专门规定，以为全国性法律援助制度配备与其需求相称的人力资源；确保法律援助专业人员拥有与其从事的服务相应的资质，接受相应的培训。在缺少律师资源的情况下，可以将非律师法律服务人员纳入法律援助服务人员队伍，以推动法律职业人员的增长，消除法律教育面临的经费问题；应当与司法机构、专业协会、相关社会组织及人士等协商，制订全国性非律师法律援助服务计划，并辅之以标准化的培训课程和资质认证计划；制定非律师法律援助服务标准，确保非律师法律援助服务人员获得适当的培训并在合格律师监督下提供法律援助；与司法机构、专业协会、相关社会组织及人士协商制定非律师法律援助服务人员行为守则等；设立法律援助专款，对法律协会、律师协会、大学诊所和非政府组织等参与法律援助工作，特别是开展农村边远地区法律援助工作提供支持；与非政府组织、高校合作，针对非政府组织、高校提供法律援助服务制定标准化培训方案，并建立监督评估机制，以确保其服务质量；明确将律师法律服务类型与非律师法律服务类型区别开来；采取多种措施，全面拓宽法律援助服务人员队伍，如与律师协会、大学法律诊所、非政府组织等签订法律援助服务协议，鼓励并支持在大学法学院系设立法律援助诊所，推行法律诊所和公益法律教育等。

通过对《准则》的内容进行认真梳理概括不难发现，《准则》作为法律援助专门性国际文件，在总结联合国相关立法成果、各成员国法律援助实践和良好做法的基础上，经过历次会议专家的协商讨论，在法律援助工作规范化方面取得了进步，如进一步将法律援助明确为政府的责任，扩大了刑事法律援助的对象范围，承认了互联网、视觉系统等媒介手段在法律援助工作中应用，细化了法律援助刑事司法程序全覆盖[12]，扩大了以律师为主的法律援助服务主体的范围，确认了法律援助对刑事司法制度所具有的重要作用等，构成了联合国制定、认可或者倡导的刑事司法准则的重要组成部分。另外，据专家会议负责人介绍，《准则》作为一个指导性、宣示性文件，旨在鼓励、推动各成员国深入开展刑事法律援助服务工作，促进各成员国刑事司法制度一体化发展。同时，考虑到各成员国法律援助工作之间存在很大差别，特别是立足于非洲等不发达国家和地区的法律援助工作面临的实际困难，如经费需要有国外提供支持、律师资源严重不足，甚至面临不断的地方性冲突和战后重建等问题，所以，《准则》难以对其中的每一项条款作出更加细化的、具体的立法处理，而只能围绕法律援助工作的方方面面，作出开放性、总括式调整，具体操作细则有待于各成员国根据国内情况作出相应的规定。

三、《准则》效力及对我国刑事法律援助的影响

（一）《准则》的性质和特征

要想弄清楚《准则》的效力，首先要明确其性质和特征。关于《准则》的性质，从其立法渊源、目的和内容等来看，作为联合国制定的宣示性规则，或者说是敦促性、指导性规定，它并不属于严格意义上的、具有强制执行力的立法成果，而最多属于软法性质的法律文件或者倡议性文件。[13]《准则》具有以下特征：第一，它是由联合国倡导的，具有国际准则的权威性；第二，其渊源具有多样化的特点，包括国际公约及其他相关国际法律文件，这在本文的第一部分已经述及；第三，它涉及的问题非常广泛，涵盖了法律援助的方方面面；第四，它是一个不断发展变化的开放性体系，随着各国法律援助实践的深入发展，其范围将不断扩大，内涵将不断更新和细化；第五，它是成员国反复探讨，相互妥协，逐步形成共识的产物。[14]

从效力上讲，《准则》虽然不具有强行法或者硬法的性质，不能依靠国家强制力予以执行，但作为联合国制定的规范性文件，具有国际权威和道义上的约束力，对成员国国内法律援助和刑事司法改革将发挥参考价值。[15]做好《准则》的贯彻落实工作，不仅有助于促进成员国国内法律援助和刑事司法制度的建立和完善，实现司法公正、强化犯罪预防、节约司法资源、改善人权状况、树立司法信任，也有利于加强成员国在法律援助领

域的交流与合作，发挥成员国的国际影响，提高成员国在国际上的地位。毕竟，《准则》除了反映国际社会上已经形成普遍共识的法律援助实践经验，并对这些实践经验予以国际性确认和确信，促使成员国立足本国国情对《准则》相关规定予以细化或者援引使用外，还将引起国际社会对法律援助领域存在问题的长期广泛关注，加强彼此在该领域的合作与交流，共同探讨解决路径和方法，共同促进法律援助和刑事司法制度的完善发展。[16]

（二）对我国刑事法律援助的影响

1. 我国刑事法律援助与《准则》之比较分析。一是我国刑事法律援助与《准则》之间存在许多契合之处。这从我国刑事法律援助立法和规范化实践活动中不难看出。近年来，死刑二审、案例指导和量刑规范化等司法制度的改革发展，[17]对我国刑事法律援助工作提出了更高要求，促进了我国刑事法律援助规范化发展取得了更大进步，集中反映在新修订的《刑事诉讼法》《律师法》《条例》《公安机关办理刑事案件程序规定》（以下简称《程序规定》)、《关于刑事诉讼法律援助工作的规定》（以下简称《规定》）和《律师和基层法律服务工作者开展法律援助工作暂行管理办法》等中央与地方立法及相应规范性文件之中。如《刑事诉讼法》第33条、第34条明确规定了犯罪嫌疑人、被告人委托辩护人的程序，法律援助机构指派律师的规定，法院、检察院和公安机关负有的法律援助通知义务及其条件等；《条例》作为法律援助专门法规，对法律援助的政府责任和经费保障，法律援助机构设置、监管和协作，律师协会、社会组织参与法律援助服务，法律援助对象和事项范围，经济困难标准及审查方法，法律援助申请、审查和实施，办案补贴以及法律援助责任等作出了更加具体的规定；《程序规定》和《规定》作为《刑事诉讼法》《条例》的配套规范性文件，进一步细化了公安机关、检察院和法院对犯罪嫌疑人、被告人负有的法律援助告知义务、告知形式以及对法律援助律师办案工作的支持义务等。从实践来看，在刑事法律援助领域，各地采取了与《准则》相同或者类似的措施，进行了许多有益的探索。如在提供刑事法律援助服务方面，许多地方建立了刑事法律援助律师库，制定了刑事法律援助律师名册，设立了特殊群体法律援助工作站和维权岗[18]，开展了法律援助值班律师制度试点等[19]；在刑事法律援助调研方面，针对刑事法律援助领域存在的困难和问题，相关研究人员积极开展调查研究活动，产出了大量的研究成果。在刑事法律援助统计分析方面，每年都有专人开展全国性数据统计与分析工作，为进一步做好刑事法律援助工作提供了基础性资料等。这些都是与《准则》对成员国的要求相契合之处。

二是对照《准则》的具体规定，不难看出，我国刑事法律援助规范化发展还有需要健全完善之处。特别是由于法律援助制度在我国出现的时间相对较短，对法律援助发展规律性的认识和把握不足、内外部条件不太成熟，各地发展不平衡、现有立法效力层次低等原因，在法律援助立法和实践上还存在许多亟待解决的问题。如在刑事法律援助立法方面，内容比较分散、效力层次低、各项业务标准的构成指标或者要素缺乏细化、可操作性不强等，降低了法律援助法律法规的执行力[20]；法律援助机构设置不合理，各种性质机构并存，增加了法律援助工作的成本，降低了法律援助工作的效能[21]。法律援助机构工作人员、其他社会组织人员和大学专业学生等，也因为缺乏优秀律师的有效指导和监督，经验不足，难以胜任刑事法律援助工作的需要[22]；刑事法律援助阶段和对象没有实现全覆盖[23]；相关部门对法律援助不重视，犯罪嫌疑人、被告人等法律援助权利告知制度落实情况不理想[24]，刑事辩护率不高[25]，刑事法律援助资源有待进一步整合，刑事法律援助在刑事司法制度中的作用有待于进一步发展等。当然，这些问题中，有的具有特殊性，为中国所特有，如法律援助机构的设置和管理，法律援助经费多头管理和使用，但绝大多数问题具有普遍性，是世界各国共同面对的问题和困难。

2.《准则》的影响。通过上文对《准则》具体条文和我国刑事法律援助现有立法成果、规范性文件及实践现状进行认真比较分析，不难发现相互之间的契合之处。这说明《准则》的许多规定是适合于以追求法治为目标的、我国现有刑事司法改革和法律援助实践工作的，也应当对我国刑事司法改革和法律援助工作的发展和完善发挥应有的指导和宣示作用。但是，《准则》是否能够对我国刑事司法改革和法律援助规范化发展发挥实质性影响，取决于中国具体国情、政府法律援助责任的落实及相关部门对《准则》和法律援助工作重要性等持什么样的态度。当然，作为联合国重要成员国、负责任的发展中大国以及以法治化为目标的大国，中国一直积极有效地发挥法律援助在国内刑事司法改革中的重要作用，使《准则》规定在国内立法和实践中得到进一步的适当表达和响应。一是配合新《刑事诉讼法》的贯彻落实工作，司法行政机关、法律援助机构和律师协会等积极借助网络、报纸、杂志等媒体，通过召开法律援助立法研讨会、理论研讨会，举办以刑事法律援助培训活动等，积极推动刑事法律援助工作开展；二是在宣传新《刑事诉讼法》过程中各地采取切实措施，真正将静态的立法规定转化为动态的司法实践活动，预防并杜绝立法和司法两张皮，相关部门各自为政的现象；三是以新《刑事诉讼法》等为依据，司法部一直积极协调相关部门，推动全国人大启动法律援助专门立法工作，结合我国具体国情和法律援助工作实际，将《准则》相关规定纳入到国内立法调整之中，进一步细化相关规定，增强其操作性，加大执行性，强化法律援助在刑事司法制度中的地位和作用。

注释：

①http：//www. unodc. org/unodc/en/frontpage/2012/May/crime – commission – takes – another – step – to – protect – human – rights – in – the – criminal – justice – system. htm，2012 年 6 月 8 日登录。

②联合国大会第 217 号决议。

③参见 http：//baike. baidu. com/view/22902. htm，2012 年 6 月 5 日登录。

④联合国大会第 2200A 号决议。中华人民共和国政府于 1998 年 10 月 5 日在联合国总部签署了《公民权利和政治权利国际公约》（以下简称《公约》），并多次宣布将实施该公约，但是由于《公约》与中国现行法律存在许多冲突之处，所以国务院至今未提出报告，全国人民代表大会也未批准《公约》。2008 年 3 月，第十一届全国人大闭幕时，在记者会上针对记者就"胡佳案"提出的问题，温家宝作出如下回应，"中国是法治国家，这些问题都会依法加以处理"，并承诺尽快施行公民权利与政治权利国际公约。

⑤该第 14 条的相关表述为：凡受刑事控告者，在未依法证实有罪之前，应有权被视为无罪。在判定对他提出的任何刑事指控时，人人完全平

等地有资格享受以下的最低限度的保证：（丁）出席受审并亲自替自己辩护或经由他自己所选择的法律援助进行辩护；如果他没有法律援助，要通知他享有这种权利；在司法利益有此需要的案件中，为他指定法律援助，而在他没有足够能力偿付法律援助的案件中，不要他自己付费。

⑥第 2007 第 24 号决议。

⑦http：//www. soros. org/voices/un - recognizes - vital - role - legal - aid，2012 年 6 月 8 日登录。

⑧在会议开幕式上，首先由主持人介绍了会议的背景并选出了会议的主席、副主席和会议报告起草人，分别由南非代表、格鲁吉亚代表和以色列代表担任。据了解，以往召开的联合国相关刑事法律援助工作会议上，中国都没有派出代表参加。

⑨据了解，目前，围绕《准则》，联合国毒品与犯罪办公室正在计划开展系统宣传、调研活动等，以扩大《准则》在成员国的影响。

⑩刑事转处程序（diversion）：参见胡伟新《美国少年司法制度考察报告和我国少年司法改革的几点思考》，http：//www. lawscience. cn/news_ show. asp？id = 1781。

⑪司法官员（judicial officers）：司法官员是一个比较宽泛的概念，是指在法律适用过程中负有责任和权力作出裁决或者决定等的人员，比如法官等，具体到不同的法域，其含义不同。http：//en. wikipedia. org/wiki/Judicial_ officer。

⑫在联合国《关于律师作用的基本原则》中，就曾规定刑事法律援助适用于刑事诉讼的全过程。

⑬韩毅：《从法律的概念看国际法的性质——也谈国际的软法性质与硬化趋势》，http：//www. guofa. info/xueshu/xzlf/artile01. html，2012 年 6 月 6 日登录。关于《准则》的性质和效力问题，笔者曾于 2011 年 11 月 16 -18 日召开的专家会议上征求过会议主席的意见，即《准则》仅为一份指南性文件，对成员国在刑事司法制度内开展法律援助工作发挥指导作用，而不具有真正意义上的法律的性质和效力。

⑭陈光中等编：《联合国刑事司法准则与中国刑事法制》，法律出版社 1998 年版，第 2 -4 页。

⑮依硬法和软法的标准来划分，无论是从制定主体，还是从效力作用来看，《准则》与联合国制定的其他指导性文件相类似，虽然属于能在一定程度上约束成员国开展法律援助工作的行为规则，但从总体上来看，其实不能直接依赖于国家强制力的保障。http：//www.lawgazette.co.uk/news/legal－aid－bill－contravenes－un－convention，2012年6月8日登录。

⑯段婷：《国际软法的概念及作用分析》，http：//www.lwkoo.com/guojifa/201108/2921.html，2012年6月6日登录。

⑰如，最高人民法院、最高人民检察院、公安部、国家安全部和司法部于2010年联合下发的《关于加强协调配合积极推进量刑规范化改革的通知》对刑事法律援助提出了更高要求。

⑱广州日报：《佛山建法援律师库》，http：//gzdaily.dayoo.com/html/2008－08/18/content_291961.htm。

⑲新华网：《我国扩大值班律师试点为低收入群众提供法律援助》，http：//news.xinhuanet.com/legal/2010－04/15/c_1235531.htm。

⑳如按照《条例》第11条、第12条规定，犯罪嫌疑人、被告人、公诉案件的被害人、自诉人都是刑事法律援助的对象，都可以向法律援助机构申请法律援助，但新《刑事诉讼法》第34条规定的法律援助对象仅为犯罪嫌疑人、被告人。《条例》关于政府如何承担法律援助的责任，法律援助经费的保障等缺乏明显的细化标准。另外，《条例》和《规定》要么属于行政法规，要么属于部（院）颁规章，效力层次低，导致难以对相关部门的法律援助责任和义务作出明确规定，或者相关规定难以落到实处。这已被大量的实践经验所证实。如刑事法律援助涉及侦查机关、检察机关、审判机关、司法行政部门等多个不同的部门，由地位相对较低的司法行政部门单独负责，是难以保证刑事法律援助有效实施的。尤其是侦查机关、检察机关对于法律援助重要性的认识不到位，增加了法律援助工作的难度。从各地法律援助统计数据不难看出，在侦查和审查起诉阶段，每年各地统计的刑事法律援助办案数几乎为零。

㉑《条例》第4条、第5条虽然规定了法律援助的监督管理工作，法律援助机构的设置、职能及实施主体地位，但没有统一明确法律援助机构的性质，而是由各地根据需要确定机构设置及性质，这必然导致各种性质

的机构并存的局面，难以符合国务院《地方各级人民政府机构设置和编制管理条例》规定的适应全面履行职能的需要，遵循精简、统一和效能的原则。而且，法律援助机构与司法行政部门之间职责不清，难以独立地开展法律援助工作。

㉒关于大学学生缺乏实践经验，难以胜任法律援助工作的情况请参见：http：//www. bloglegal. com/blog/cgi/shownews. jsp？id =3650091481。

㉓从《准则》规定来看，要求成员国政府采取措施，做到刑事法律援助从侦查到审判后阶段，从犯罪嫌疑人到证人的全覆盖，贯穿于刑事诉讼的各个阶段。而我国新《刑事诉讼法》第34、第35条规定虽然将法律援助提前到侦查和审查起诉阶段，但是对于审判后阶段的法律援助工作，受害人、证人的法律援助服务没有作出明确规定。

㉔这从每年的法律援助统计数据中就能看出来，通过公安、检察院告知途径办理的法律援助案件很少。

㉕参见法制网：《中国刑事辩护率持续低迷刑辩律师专业化迫在眉睫》，http：//www. legaldaily. com. cn/index _ article/content/2008 – 11/02/content_ 972663. htm？node =5955。中国新闻网：《北京八成刑事被告人无律师辩护刑辩率低于全国》，据称，2009 年，北京80% 以上的刑事被指控人没有律师的专业法律帮助；另一项北京海淀看守所的调查显示，全部在押人员中侦查阶段律师会见率仅有14.6% ，而2010 年的调研中，有12% 的律师遇到过法院不通知律师就开庭审理的情况。http：//www. chinanews. com/fz/2011/12 –01/3499195. shtml。

（本文部分内容发表于《中国司法》，2012 年第 7 期）

第十届国际法律援助组织会议综述

——困难时期的法律援助

2013 年 6 月 12 - 14 日，第十届国际法律援助组织会议在荷兰海牙召开①，来自荷兰、英国、美国、澳大利亚、芬兰、加拿大、中国等 18 个国家②的司法部门、法律援助机构、非政府机构以及高校等的 104 位代表参加了会议。会议主题为"困难时期的法律援助"。会议代表围绕"法律援助面临的全球性问题：经费削减及其他""全球视野下新技术的运用""如何应对财政紧缩造成的后果""困难时期如何确保法律援助服务的质量""自助服务能走多远"等 9 个专题进行了发言讨论。其中，有关网络、电话热线、视频等现代化技术的运用是本届会议的重要内容，被视为应对法律援助经费缩减、密切相关部门之间协作关系、提供便捷法律援助服务等的重要举措，几乎每个专题发言都涉及了相关技术的应用问题。

一、法律援助面临的全球性问题：经费削减及其他

（一）法律援助面临的系列问题

1. 法律援助经费紧张。这是当前法律援助面临的最严峻的全球性问题，也是一个长期性难题。特别是在近年来全球金融危机背景下，英国、澳大利亚、比利时等国家和地区政府面临经费紧缩困难，不得不采取相应措施，以减少法律援助经费开支。经费问题在英格兰和威尔士表现尤为突出。如英格兰和威尔士政府不再支持社会福利法服务的开展，其主要工作任务已转变为建立"减少赤字计划"，应对公共开支赤字问题。减少法律援助开支是该计划的内容之一。通过实施"减少赤字计划"，司法部开支拟减少 23% 的比例，从 93 亿英镑减至 73 亿英镑。按照原有计划，通过实施《法律援助、量刑和罪犯处罚法》③，英格兰和威尔士法律援助开支将从整体上减少 3.5 亿英镑④。而据司法部最新估计，法律援助开支缩减计划

将节省 4.1 亿英镑，比原缩减计划高出 6000 万英镑，其中，2.5 亿英镑的节余来自法律援助范围的变化，1.6 亿英镑的节余来自法律援助服务费（包括民事法律援助服务费和刑事法律援助服务费）的变化。在美国，联邦和州也都出现了经费危机，特别是在州一级，民事法律援助很少能获得经费支持，律师信托基金也受到很大影响。

各国和地区法律援助经费消减对法律援助服务产生了极大的影响，政府不得不作出艰难选择。这些影响或者选择主要表现在以下方面。

（1）法律援助事项范围变窄，经济困难标准提高。在英国、加拿大、爱尔兰、澳大利亚等国家和地区，为了应对政府法律援助开支缩减计划，不得不收缩法律援助事项范围，提高法律援助经济困难标准。其结果是，许多案件被排除在法律援助事项范围之外，许多困难当事人不再符合法律援助经济困难标准。在英格兰和威尔士，受法律援助事项范围收缩影响最大的是家事法案件，如儿童监护协议案件、赡养案件和家庭财产分割案件等。

（2）因金融危机导致法律需求不断增长。在澳大利亚等国家，在政府减少法律援助开支的同时，同样由于受金融危机影响，在消费借贷方面，无家可归人员当中以及就业法领域，当事人对政府法律援助服务的需求却在不断地增加。为此，爱尔兰借鉴医院患者分诊法，在法律援助服务中引入法律援助申请人需求分类法，对等待获得法律服务的申请人的需求进行分类。该分类法的目标是，每一个申请人在提出法律服务申请之后的一个月内，都能得到某位律师提供的法律咨询帮助。美国等也采取了类似的法律援助分类法以及法律服务有限代理法[⑤]。

（3）法律帮助服务被取消或者减少。在英格兰和威尔士，通过法律帮助服务制度，可以为当事人提供最初法律咨询和援助。但是，自 2013 年 4 月 1 日起，在福利救济法、就业法、医疗过失法和消费者法领域，将不再提供法律帮助。在住房和移民法领域，法律帮助服务被减少到主要针对寻求庇护案件、面临住房风险案件。在澳大利亚维多利亚州，2013 年上半年，监狱访谈服务被取消，取而代之的是建立了一个专门法律帮助电话服务，但案件需要听审的除外。

（4）受援人成为法律援助制度的受害人。比利时代表指出，由于政府减资计划，导致律师从事法律援助服务的报酬降低，低于最低工资，这种情况下，寻求司法公正的受援人不仅难以获得合格的法律援助服务，反而成了法律援助服务的受害人。

（5）法律援助效能仍待提高。在各国和地区政府难以大规模增长法律援助经费的情况下，法律援助部门仍面临着如何继续提高法律援助效能的问题。对此，澳大利亚等国家的关注点主要是主动介入矛盾纠纷，提高早期干预服务的水平和效能，以避免困难群体所涉法律及其他问题的恶化；在家事法案件中，积极引入非诉讼调解法，促进家庭矛盾的良好解决；加强与其他政府和社区服务的协作沟通，确保提供无缝化服务，做好复杂问题当事人的案件管理工作，以避免问题的叠加和重复发生。

（6）法律服务机构和服务人员利益受到冲击。2012 年，英格兰和威尔士法律服务委员会与大约 270 个非营利机构、1700 个律师事务所订立了民事法律援助合同，其中许多机构专门在家事法和社会福利法领域提供法律援助，而法律援助事项范围的收缩，使得这些服务机构不再提供相关领域的法律援助服务。有的律师事务所甚至同时终止了刑事法律援助服务。许多非营利机构受到法律援助事项范围收缩的最直接影响，不得不关门停业，因为它们只在社会福利法领域提供法律帮助服务。在美国，据法律服务公司 2011 - 2012 年针对 134 个接受其经费资助的服务机构开展的调查研究表明，许多服务机构不得不削减客户服务、减少服务人员、关门歇业，法律服务与需求之间的"司法差距"越来越大[6]。

（7）政府与相关机构之间关系紧张。英格兰和威尔士民事法律援助的变化，导致许多涉法当事人难以得到救济，而一些当事人通过自代理服务提起诉讼又为民事法庭、仲裁机构带来了诸多麻烦和延误，法院等机构对政府意见很大。而在民事法律援助计划和刑事法律援助价格竞争性投标方面，司法部还在采取进一步的变革措施，在减少法律援助开支的同时，力求打造一个更加可信高效的法律援助制度。政府与新成立的司法部法律援助局、相关法律服务机构之间关系紧张，冲突摩擦还在继续，双方可能都需要作出一定的妥协与让步。

（8）法律援助机构的生存受到影响。如从 2013 年 4 月 1 日开始，作为英格兰和威尔士法律援助管理实施机构的独立的法律服务委员会被取消，并新设了受司法部直接监管的法律援助局负责开展法律援助工作⑦。而在美国，关于法律服务公司的去留问题也出现了很大的争议。在澳大利亚维多利亚州，州法律援助委员会除了对法律援助经济困难标准作出调整以外，还发起一系列行动，减少内部开支，如关闭一间地区办公室、合并办公场所、采用有效技术手段加强管理、进一步降低运营支出等。

2. 地理因素影响法律援助工作的开展。为偏远地区居民提供法律援助及其他服务是美国、加拿大、澳大利亚等国土面积较大国家和地区面临的又一个长期性难题，包括提供服务的成本、专职人员的招募和保留、交通条件不便都是需要考虑的问题。这种情况下，信息技术在服务领域的运用显得日益重要，许多国家和地区纷纷采取信息技术为居住在边远地区的居民提供法律援助及其他服务。

3. 政治事件等影响法律援助工作的开展。一些政治事件、社会突发事件和自然灾害等也是许多国家和地区法律援助发展面临的难题。如在挪威，议会选举、政府换届导致法律援助改革前景不明。2011 年恐怖事件发生后，挪威司法部将其大部分工作重点转向打击恐怖犯罪，这也是法律援助改革发展面临的一大障碍。日本海啸、台湾台风等也为法律援助工作带来了很大困难。

（二）分析比较各国和地区法律援助工作现状

通过搜集分析媒体上刊载的有关法律援助经费危机、自代理诉讼人司法服务、重塑法律援助制度、法律服务需求评估信息、研究成果以及各国代表提交的会议报告等，伦敦大学高等法律研究所所长 Avrom Sherr 教授对近 20 个国家和地区的法律援助进行了比较研究，与会介绍了这些国家法律援助工作的开展情况，包括法律援助立法、机构设置与管理、经费来源及开支、施援项目、施援模式、施援方法等。Avrom Sherr 教授得出以下两个方面的研究结论：一是为了向人们提供更加高效便捷节约的法律援助服务，许多国家和地区加大了对现代化信息技术的使用。如澳大利亚、加拿大等通过网络电话为偏远地区的居民提供法律援助服务；南非、中国、荷兰通过网络等为人们提供法律信息、自助服务咨询；美国等利用网络技术等为法律援助服务者提供相关信息和服务等。二是许多国家借助法学院学生（在有经验的专业人士的指导下）提供法律援助服务。如在南非，几乎所有的大学都建立了法律援助诊所；在澳大利亚，一些社区法律中心在政府的资助下开展了诊所法律援助项目，以便在冲突解决、帮助边远地区当事人等方面为法学院学生提供实践经验。另外，Avrom Sherr 教授还比较分析了各国和地区最近年度的法律援助经费总支出（表1）及人均法律援助支出数额（表2）。

表1　最近年度各国和地区法律援助开支数额

单位：欧元

1	英格兰和威尔士	2 467 867 500
2	加拿大	574 651 383
3	荷兰	486 000 000
4	日本	243 279 233
5	苏格兰	169 342 718
6	澳大利亚	161 714 440
7	中国（大陆）	146 964 731
8	南非	100 990 880
9	中国台湾	78 157 200
10	芬兰	63 200 000
11	中国香港	53 034 072
12	波兰	23 069 065
13	摩尔多瓦	1 568 157
14	拉脱维亚	926 227
15	平均数额	326 483 258

表2　各国和地区人均法律援助支出数额

单位：欧元

1	英格兰和威尔士	44.01
2	苏格兰	31.98
3	荷兰	29.12
4	加拿大	16.67
5	芬兰	11.73

6	中国香港	7.50
7	澳大利亚	7.25
8	中国台湾	3.35
9	南非	2.00
10	日本	1.90
11	波兰	0.60
12	拉脱维亚	0.45
13	摩尔多瓦	0.44
14	中国（大陆）	0.11
15	平均数额	0.19

二、利用网络等技术：积极应对经费紧张局面[8]

（一）积极运用网络技术，提升法律援助服务

据许多代表反映，各国和地区继续借助新技术新方法，积极应对法律援助经费紧张局面[9]。如网络技术对英国法律援助政策产生了很大影响。2012 年 12 月，在广泛调研的基础上，英国司法部公布了《数字计划》，将通过"数字默认"技术推动包括法律援助在内的新一轮司法改革活动，以节省司法服务成本、提升司法服务效能、树立司法公信等。荷兰，在刑事法律援助办案过程中，大量采用了视频咨询等技术，以为当事人提供更快捷的服务、减少时间耗费、提高服务效能、减少不必要的交通差旅费等。在住房、劳动就业、家事、消费等民法及行政法领域，荷兰法律援助委员会通过与蒂尔堡大学合作开发了通常被翻译为"冲突解决指南"的法律咨询网站，网站上设有"矛盾冲突路线图"，指导用户找到解决矛盾冲突的方法，并且能够提供网上离婚调解等服务。通过这些网络服务，以鼓励用户自助解决其法律冲突。澳大利亚"新南威尔士州法律路径"是由新南威尔士州司法部、新南威尔士州法律援助委员会及法律行业共同负责的一个项目，包括一个全州性电话呼叫中心[10]、一个信息网站、一个提供自代理服务的网站，可以为用户提供转介、法律信息、自助式援助等一揽子服

务。虽然所有新南威尔士州居民都可以使用"法律路径",但"法律路径"的主要目标人群是偏远地区的居民和残疾人士等,这些人很难通过传统"面对面"服务方式得到社区和政府服务。另外,任何人都可以通过"法律路径"获得初始信息和转介服务。美国积极利用技术创新,提升自助服务和司法协作服务。各州都建立了相应的网站,提供社区法律教育信息、自助服务以及与法庭和社会服务有关的其他信息。全国共有300多个法律援助网站,基本上大多数法律援助项目都提供有网站服务。各州都建立有一个全州性网站,利用尖端软件技术,为法律服务人员和当事人提供有用的信息,促进法庭辅助人员、志愿者、社区等积极参与公共法律教育、做好自助服务等。在许多州,用户在配备有触摸屏电脑的电话亭、报亭等,就能向法庭提交诉状、填写所得税税单或者获得其他服务。有的州还通过视频会议技术提供延展服务,以便利居住在偏远地区的用户、老年人、被监禁人员等与当地法庭、法律服务律师之间的沟通联系。在加拿大,随着互联网协议语音电话服务和自动化案件管理系统的建立,呼叫中心在法律服务中发挥着越来越大的作用[①]。

(二) 技术服务能否代替传统面对面法律服务

围绕为经济困难或者弱势人群提供的以网络技术、综合性电话系统为代表的技术服务能够在多大程度上代替传统面对面服务的问题,英国代表Roger Smith 结合荷兰、澳大利亚、英国、美国等的做法后得出的观点是,现在下结论为时过早。原因是:技术仍在不断地改善;还不确定潜在用户是否会对技术服务持抵制态度,他们的态度可能也在不断地变化;现有技术服务仍然粗糙;缺少相对典范性的服务模式;缺少可靠的相关调查研究活动等。但同时,Roger Smith 认为,可以从相关国家和地区提供的技术服务中吸取一些经验,如问题的关键不在于提供网站或者电话服务能否起到"聊胜于无"的作用,而是在于数字施援方式能够在多大程度上、针对什么样的问题、为哪些人群提供与传统施援方式相同程度的服务,而从目前的情况来看,所有国家和地区的法律服务人员都认为数字技术服务方式是非常受限的,特别是对于那些习惯于由律师提供看得见、听得到、摸得着服务的当事人而言,技术服务更不受欢迎。对此观点,许多代表持认同态度。他们认为,虽然网络、电话等服务有其优势,如当事人足不出户就可以从任何法律服务机构获得咨询建议，从法律援助机构来看可以降低开支，但对于大多数人而言，寻求法律咨询时，习惯于到某个律师事务所会见律师，而且，在有些情况下，电话咨询并不合适。如问题太复杂、当事人有特殊交流需求等，网络、电话法律服务不过是在可支付司法服务理念下产生的新服务方式。

通过认真分析新技术服务，Roger Smith 得出了以下十大结论。

1. 关于网络技术的影响力问题。对此，有人提出的预言是，网络运用于法律领域为穷人提供创新性服务能够证实新技术带来的变革性影响，在法律服务领域，新技术存在着可以直接转化为冲突解决方法的潜力。Roger Smith 认为，如果网络技术确实有这方面潜力的话，将会展示有关其作用的非常有价值的服务范例，以证实该"突破性技术"能够用另外一种方式提供服务。目前，荷兰法律援助委员会的"冲突解决"网站展示了网络技术的潜力，但同时该网站在流程服务细节方面也出现了许多问题⑫。

2. 关于网络技术的潜力问题。网络技术的潜力还在于通过改变一揽子施援服务，使施援服务方式转化为以网络咨询和信息为主，以电话服务及适当情况下的面对面服务为辅。直观而言，这种服务方式似乎最合理，澳大利亚新南威尔士州"法律路径"网站等提供的一揽子服务就是这种服务方式的一个很好的范例。

3. 网络技术需要进一步完善。网络技术服务不只是传统表格式信息活页的数字复制。为了充分发挥其潜力，网络技术需要采取以"应用为导向"的方法。通过该方法改变信息提供方式，以便引导用户能够在有限时间内利用电子屏幕查阅某个符合逻辑的"决策流程图"和大量信息。从短期内来看，现有许多网站在这方面看起来还很业余，专业性不强。

4. 施援系统只是达到目的一种手段。不可回避的事实是，无论是从实质性内容还是从适用性而言，最好的网站和电话热线要拥有最好的咨询服务，这绝对是至关重要的。

5. 施援系统的建立完善需要很大花费。建立完善施援系统仍然需要很大花费，虽然与政府为"作秀"而提供的面对面服务相比，这种花费相对便宜。从宪法层面必须决定政府是否接受为社会所有成员提供司法服务的义务。如果政府接受该义务，那么要明确私人服务者提供服务的方式是什么？如果有公设服务提供者，其职责作用又是什么？怎样才能够保障施援系统获得稳定的资金支持？

6. 需要采取激励机制以鼓励私人提供者采取服务"筛选法"。通过"筛选法"，私人提供者可以参与提供大量的免费服务。

7. 政府直接参与服务将会导致冲突的产生。如果政府更多地直接参与服务提供，将会导致有待进一步探索认识的利益关系冲突。

8. 通过建立一系列机制能够提高电话服务的有效性。从服务层次上，这些机制包括确保能够提供全面代理服务，而非仅提供信息和转介服务。从管理层面而言，涉及要保证建立有充分的电话回拨和服务跟踪程序，比如咨询确认书、接受咨询后是否采取相应行动的检查程序等。从服务人员来看，要有丰富的专业知识和服务技巧。总之，最佳电话服务应当复制面对面服务的最佳特色。

9. 面对面服务当事人的确定。对于一些当事人和案件而言，提供面对面服务是唯一有效的施援方式，但是这些当事人和案件的范围有待探索确定。如英格兰和威尔士司法部承认，通过电话提供更多咨询服务对于某些当事人来说，会因各种困难而难以获得服务。如受教育程度低、语言障碍、接受咨询后不知道如何采取行动、注意不到身体语言的暗示等。而比利时等国家的代表也反映，当事人是否可以通过网络技术获得法律服务与其拥有的网络技术知识有着密切的关系。如对于缺乏教育的人群和老年人群等某些特殊人群而言，电子司法难以发挥其优势。

10. 需要开展更多的独立调研活动。对于法律援助管理而言，目前就未来服务方式作出最后决定可能还为时太早，不过确实到了探索研究能够做什么事的时候了。

通过分析研究相关服务网站，Roger Smith 还指出了用来判断网站服务是否有效的标准。

1. 网站的设计很重要。太多的网站只提供数字活页信息，事实上许多法律咨询网站也是这样做的，而没有利用网页的互动功能。最佳网站会利用最少的文字达到最佳效果，如果当事人正通过电话寻求相关信息的话，这种做法尤其重要。

2. 查阅最佳网站对于当事人而言，就像一次旅行。正如当你订机票时，程序就会复制出要发生的事项，即你要到达的地点、日期、时间都是程序事先确定好的，你只要输入本人的关键信息就行了。目前，提供互动服务、决策流程图等应用功能的网站太少了。

3. 最佳网站会链接其他服务方式。最佳网站不会"孤立地"提供虚拟信息和以"射后不管"的方式提供服务。

4. 咨询网站需要从当事人角度提供服务，而目前太多网站是从咨询提供者的角度提供服务。

5. 为了尽可能取代面对面互动式服务，网络信息需要具有针对性、关联性和实用性。对于这些特点，很难判断把握，在对其进行定性评估时，确实需要内部专家的参与。

6. 最佳网站提高了通过争议解决程序消除咨询需求的可能性。这类网站着重于通过提供咨询化解问题以重新定义其服务任务。荷兰法律援助委员会的网站显示出了这方面的发展前景。

对于网络自助等技术服务，美国代表的看法是，就美国情况来看，许多人都认为是成功的，困难当事人对于网络自助服务的利用率越来越高。这种成功是全社会的积极意愿，是政府、法院和其他相关机构共同努力的结果，特别是政治家和社会精英对技术司法服务普遍持欢迎态度。就自助服务技术而言，其优点在于开放性、免费性，不受当事人收入和经济困难标准等的限制。对于法院和法律援助而言，自助服务技术的发展与法律援助服务要紧密结合起来。同时，通过培训，使医师、社会工作者及其他辅助人员等掌握基本法律事务，以便为当事人提供必要帮助和转介服务，并促进法庭辅助人员对网络自助服务的广泛参与，指导当事人通过网络、电话调解服务解决其法律问题。另外，通过网络等培训活动，使法官掌握与自代理诉讼人打交道的技能技巧，探索司法服务协作理念，全方位满足自代理诉讼人的需求。而从当事人的角度而言，要想做好网络自助服务，最重要的是要让公众了解相关服务信息。包括利用收音机、电视、教育图书馆或者其他媒体和服务机构等向公众开放服务信息。

三、困难时期如何确保法律援助服务的质量

（一）澳大利亚法律援助质量保证研究

在澳大利亚，由于要在 2013 年 6 月之前完成全国性法律援助服务评估活动，所以，近段时间以来，如何开展服务有效性质量评估活动一直是个热门话题。为此，作为澳大利亚首都地区法律援助委员会 2008 - 2012 年战略计划的一项内容，首都地区法律援助委员会 Andrew Crockett 等人开展了一项以"证实和确保法律援助服务质量的实践模式——应用调查活动中的案例研究"为题的调查研究活动，以确定什么样的服务质量才能产生有效的服务后果。Andrew Crockett 指出：在能够有效衡量提供服务的成本及利用该成本以提升服务效能之前，需要确立希望达到的服务结果是什么，因为有效服务并非指以低成本提供的服务，而是指以低成本想要达到的服务结果。Andrew Crockett 还指出：同样重要的是，在借助各种办法和资源以测量服务的成本之前，需要制订一个计划，以便利用好已获得或者将获得的相关信息；需要借助某个方法查明所提供服务效能低下的要素有哪些；在维护想要达到的服务结果的同时，需要通过某种对策以减少这些要素导致的成本；如果没有制订查明并解决服务低下问题的计划，对成本的测量大多是不会取得实质性意义的。

据 Andrew Crockett 介绍，按照澳大利亚国家法律援助合作协议的规定，要根据以下以当事人为中心的各种部门改革目标进行法律援助服务绩效评估：当事人能够获得综合性信息；当事人能够得到无缝转介服务；增进法律援助提供者之间的协作，使服务更具有针对性；将法律援助服务与其他服务联系，以确保提供"联合"服务。国家法律援助合作协议还要求，对法律援助委员会工作绩效开展评估的关注点在于：法律援助委员会在提高其工作效能的同时，是如何成功实现"服务结果"的，以及如何提高并指引他们的施援服务朝着预防和早期干预服务的方向发展的。由于国家法律援助合作协议没有确立适当有效的结果评估方法，所以本次调研拟通过查明有关服务质量和结果的切实可行的评估措施，及时为国家法律援助合作协议评估活动作出相应的贡献。Andrew Crockett 查明了相关结果以及经由每个结果证实的质量（表 3）。该调研还揭示了法律援助工作和法律

援助当事人所具有的复杂性特征，充分证实了自主性、创造性和协作关系的建立在实现有效或者说"成功"结果方面发挥着至关重要的作用。Andrew Crockett 认为，成功的结果必须要放在当事人的现实生活中予以具体考虑，而且还必须要在服务机构及其职能的控制范围之内。

表3 结果以及由每个结果证实的各类优质服务

	结　果	由结果证实的各类优质服务
1	会见当事人的情况良好	一体化、联合、优质、问题查明、自主权、最佳做法、早期干预、预防、积极反应、以当事人为中心、替代性争议解决方法、针对性、专业知识
2	视情况而定，被判最低刑，未经证实的指控被驳回	法治、高效、最佳做法、专业知识
3	当事人能更好地处理其法律事务	早期干预、预防、自主权、最优做法、以当事人为中心
4	当事人与法律制度间的互动关系得到了改善	早期干预、预防、自主权、以当事人为中心
5	法庭或者仲裁庭上，由于律师发问或者讲述当事人的经历，加深了（法官、仲裁人员）对当事人问题的思考	法治、话语权、灵活性、最佳做法、以当事人为中心、积极反应、替代性争议解决方法、专业知识
6	当事人能更好地理解其法律处境，并作出相应的选择	早期干预、预防、自主权、最佳做法
7	当事人能够得到倾听、尊重，并针对其法律处境获得相应的建议，而不必有所顾虑	以当事人为中心
8	与其他法律和非法律辅助机构建立信任关系，当事人能够得到转介和帮助	早期干预、预防、一体化、联合、最佳做法、优质
9	通过协作、网络化、社会法律教育和联合服务为当事人提供了一体化服务	最佳做法、以当事人为中心、问题查明、协作、预防、早期干预、一体化、联合

Andrew Crockett 发现，在社区法律教育项目、保证当事人理解所获咨询、向其他机构转介方面，服务质量还有待提高。如据相关受访机构反映，社区法律教育项目需要提高针对性、增进效能，以确保符合受众的需求；虽然所有接受调研访谈的律师都认为，他们的当事人在接受咨询后，对于与其案件相关的法律有了更好的理解，但只有 75% 的当事人对律师的这种看法持认同态度。这说明，律师应当给当事人留出更多的提出问题的时间，并且要求当事人以自己的话反过来向律师解释本人关于下一步行动的打算；在接受过法律援助首问帮助的受访当事人中，有 50% 的人反映曾被转介到其他服务机构，安排转介一个案件需要花费 75 分钟的时间。这充分说明，"友情"转介很浪费时间，尤其在缺少有效转介协议时，更是如此。为此，有必要采取一体化综合服务方式，达到节省时间和成本的目的。

关于如何确定有效的法律援助付费办法，也是比较复杂的问题。对此，Andrew Crockett 指出，澳大利亚正在结合服务时间人工记录法和作业计算法确定某种服务付费模式，利用技术自动记录服务时间或者服务活动，尽可能避免服务时间人工记录法和作业计算法的不足之处。如服务时间人工记录法很难保证律师准确地记录时间，因为律师更喜欢估算服务时间，而具体到法律援助领域，由法律援助专职人员或者当事人计算服务时间，缺乏主动性，因为他们从中得不到直接好处。另外，以服务时间记录法作为收取专业费的依据，存在的问题是，它并不必然反映为当事人提供的服务的价值，并且会鼓励低效的服务。

（二） 南非法律援助质量保证

南非法律援助委员会业务主管 Brian Nair 介绍了本国在法律援助质量保证方面的做法。与其他国家和地区一样，南非法律援助也面临各种与服务质量有关的问题。据 Brian Nair 介绍，虽然南非已经建立了相关服务质量管理项目，指定了地方性质量管理人员，定期对服务人员进行服务质量评估，但法律援助质量仍然面临一些问题。如需要建立更加独立的质量报告制度，因为现有的质量管理人员同时要对本部门的服务质量负责，他们既当运动员，又当裁判员，导致服务质量评估得分的可信性不高；各地服务质量评估活动缺乏一致性，不同地方的质量管理人员采取的评估方式不同，有的评估比较严格，有的评估比较随意，相互之间难以进行有效比较；现有质量评估工具只关注服务产出，而不关注服务结果，导致评估活动在服务产出与服务结果之间难以做到适当平衡。

对各种服务质量评估方法的考虑。Brian Nair 指出，南非法律援助委员会曾考虑过以下质量评估方法：一是独立的同行评估法。但是，这种评估方法的缺点是，花费高，难以长期为其提供经费支持。另外，不同的同行评估小组成员来自不同的地区，也会导致评估活动不一致的问题。二是外部法律顾问定期评估法。但是，这种评估方法的花费也高，不可能经常开展，而且只能对少量的案件档案样本进行评估。三是相关机构意见反馈法。各地法律援助中心通过召开定期会议，获得相关机构的关于服务质量的反馈意见。虽然相关机构的反馈意见很重要，但该方法并不是独立质量评估的唯一方法。四是当事人意见调查法。包括要求当事人在适当时候填写客户意见调查表。由于是通过律师获得当事人的反馈意见，难以保证反馈意见的真实性，所以这种获得当事人意见的方法已经不再适用。其他调查当事人的方法还包括委托某个外部公司开展调查，但是在全国范围内开展这样的调查项目花费太高。Brian Nair 还表示，最近南非法律援助委员会正在启动一个项目，利用电话呼叫中心致电当事人，征求他们对于所获服务质量的看法。电话呼叫中心是在非上班高峰时期致电当事人，所以对正常的电话业务不会产生影响。

据介绍，为增进全国服务质量报告工作的一致性，使服务质量控制项目从只重服务产出转向服务产出与服务结果并重，2009 年，南非法律援助委员会还成立了法律质量控制科。法律质量控制科由 1 名主管、6 名法律审计员和 1 名管理员组成，并对岗位候选人设定了严格的条件，包括需要在相关法律领域拥有 10 年以上的工作经验，至少有两名审计员要具备民法领域的丰富技能。法律质量控制科不仅对内部专职人员的服务质量进行检查评估，也对私人法律服务人员的服务质量进行检查评估。每两年，法律质量控制科会对所有内部专职人员进行一次质量评估，每年则会对 200 个私人法律服务人员进行质量评估。

注释：

①本届会议得到了苏格兰斯凯莱德大学法学院、苏格兰政府、北爱尔兰法律服务委员会、北爱尔兰司法部法院与仲裁服务局、荷兰安全与司法部、英格兰和威尔士法律服务委员会、荷兰法律援助委员会、爱尔兰法律援助委员会、澳大利亚司法部的大力支持，会场设在荷兰安全与司法部办公大楼内。

②包括我国香港法律服务局和台湾法律援助基金会的代表。

③自2012年5月1日起实施。

④律师等大量专业人士对政府法律援助减资计划提出了强烈抗议。

⑤在美国，法律服务有限代理是法律代理的一种方式，即经代理人和当事人同意，在诉讼或者其他法律事务中，对代理人的代理事项范围作出限定，并将其他事项留给当事人自己来处理，以为当事人节省费用。

⑥2010－2011年，因为经费削减，受助服务机构共裁减了923个专职职位，包括385名律师、180名律师助理和358名辅助人员，这表明过去两年约有10.3%法律援助人员失去了工作机会；56%的受访机构表示，2012年项目赤字达到了2200万元；由于经费削减，76%受助服务机构表示，2012年将对客户服务作出重大调整。

⑦据了解，法律服务委员会95%的雇员被直接转化为司法部法律援助局工作人员。

⑧会议专题二、五、六和七涉及网络、电话等新技术新方法在各国和地区法律援助工作中的运用问题。其中：专题二为"荷兰法律援助制度的近期发展：来自于全球的经验"；专题五为"全球视野下新技术的运用"；专题六为"服务新模式与网络技术"；专题七为"有关技术的调研为政策制定者带来了什么"。

⑨其他服务方法还包括：设立法庭工作者、使用律师助理、促进早期争议解决、加强与法学院等机构合作、提供分类服务、设立有针对性的值班律师项目等。

⑩呼叫中心雇有28个专职客服人员、12个法律工作者。除了节假日以外，呼叫中心每周工作5天，每天上班时间为早上9点到下午5点；2011－2012年度，呼叫中心为195165人提供了援助。

⑪在加拿大，通过法律援助项目网站，当事人可以获得公共法律信息及相关资料。如果当事人与其代理人不能面对面会见，也可以通过视频会议系统进行交流。视频会议系统不仅能够便利当事人的会见活动，而且拓展了法庭工作方式。网络等技术在加拿大法律援助项目中运用的例子还包括：提供预防性服务、提供直通当事人服务、提供即时咨询等分类服务、提供跨行业跨机构协作服务。

⑫关于荷兰法律援助委员会"冲突解决"网站，以往参会文章中曾提到过，本届会议也多有代表提及，荷兰法律援助委员会非常重视该网站的建设完善，颇以此为傲，Roger Smith 也对该网站非常推崇。

（原文发表于《广西政法管理干部学院学报》，2013 年第 11 期）